大学生の学びをつくる
New Basics for
Collegiate Learning

〈私〉をひらく社会学

若者のための社会学入門

豊泉周治・鈴木宗徳
伊藤賢一・出口剛司 著

大月書店

はじめに

　本書は，大学に入学してはじめて社会学を学ぶ大学生を対象として，さらには大学の学問と教養の世界にはじめて出会う若者を対象として，編集された社会学の入門書である。タイトルは「〈私〉をひらく社会学」。いま，若者が社会学を学ぶ意義は，何よりも「〈私〉をひらく」ことにあると考えるからだ。

　これまで数多くの社会学の入門書が書かれてきた。大別すれば，社会学の知識・理論をわかりやすく解説したものか，日常的な社会・文化現象を具体的に取り上げて社会学的な解説をほどこしたものか，そのどちらかである。よくある学生たちの反応は，「煩雑で難しかった」か，「具体的でおもしろかった」か，あるいは「社会の多様な見方がわかった」である。それぞれ大切な学びだが，それらに加えて，まれに「自分を見つめ直すきっかけになった」，「(自分の不安が理解できて) 楽になった」，「ちょっと勇気がわいた」といった反応が返ってくることがある。いま若者が社会学を学ぶ意義は，こんな言葉のなかに隠されていると思う。なぜかといえば，社会学はもともと人びとの社会的経験の危機を見つめ，これを理解し乗り越えるための学問だからである。

　「〈私〉をひらく」とは，どのようなことを意味するのであろうか。「ひらく」に漢字を充てると，「拓く」や「啓く」の意味を含みながらも，やはり「開く」が先に来るであろう。〈私〉に閉じこもりがちな若者の経験の世界が広がっているように思えるからだ。本書でふれられる「自閉化」や「個人化」の経験，あるいは「孤独」や「自己責任」の感覚は，読者の大学生にとっても身近なことであるにちがいない。そこでは，〈私〉と社会とのつながりは容易には見えてこない。実際に若者と政治との距離感は大きい。2012年12月の衆議院選挙における20歳代の年齢別投票率は37.9%で，全年齢の59.3%を大きく下回って最低であった。そんな若者の経験と行動にとって，社会とは何か。そして〈私〉をひらくために，社会学は何を語ることができるのであ

ろうか。

　本書の構成に即して，各章のねらいを述べておこう。

　いまの若者にとって最大の困難の一つは，それぞれが個人化された世界にあたかも幽閉(ゆうへい)されて，「社会」（連帯と協働）をリアルに経験できないということにある。「いまの若者は社会への関心がない」と批判されるが，「社会」の経験を剥奪(はくだつ)する社会にあって，それはむしろ当然のことであろう。だから，社会学は，「社会」の経験を剥奪するものとして，あるいは隠蔽(いんぺい)するものとして，現代の社会を発見することから始めなければならない。

　第Ⅰ部「見えないものを見る」は，あたかも不可避な自然現象のように拡大する格差や貧困の根源に資本の力を（第1章），女と男それぞれの個人的な生きづらさの根源にジェンダー規範の不平等を（第2章），そして安定した秩序を求める一人ひとりの道徳的なまなざしの根源に権力の存在を（第3章），浮かび上がらせる（「社会の出現」）。

　本書の大きな特色の一つは，他のすべての章も含めて，それら社会の根源をつねに社会学（社会科学）の古典や最新の社会理論を駆使して明らかにしていることである。もちろん学説の紹介が目的ではない。なじんだ世界のなかで「見えないもの」を見えるようにする社会学という学問の本質にふれてもらうためである。そこで出現する社会は，未知の理論のテキストのなかからではなく，一人ひとりが直面し，自分の世界に抱えこんだそれぞれの困難さのなかから見えてくるはずである。第Ⅰ部では，この時代を生きる学生一人ひとりの困難さが，現代社会における資本の支配やジェンダーの不平等，不可視な権力のメカニズムと深く結びついていることを学んでほしい。見えにくかった社会は，それぞれの苦境や生きづらさ，居心地の悪さなど，一人ひとりのなじみの経験のなかから発見されるであろう。言い換えれば，自己となじみの世界は根源的に社会に織りこまれ，社会の力によって構成されているのである。

　第Ⅱ部「構成された自己と世界を問う」は，社会によって構成された自己と世界についてねばり強く問い返す「社会との対話」の営みである。

　たとえば，やっと念願の大学に入学したばかりなのに，すでに「就活」を

意識しはじめた自分に居心地の悪さを感じている大学生は少なくないのではないか。最近では、身も心も学生生活すべてを就活にそそぐ「全身就活」という言葉さえ生まれた。「働きたい」自分と「働きたくない」自分（第4章）、あるいは「やりたいことがわからない」自分（第9章）。そんなリアルな思いのなかで、近代社会の勤労の考え方と現代社会の雇用の流動化のはざまに投げこまれた現代の若者の、労働とライフコース（人生）をめぐって引き裂かれるような社会との対話が始まっているのである。同じように、モノではなく「幸せ」がほしい〈私〉は、最新型のiPhoneから目が離せない〈私〉であり（第5章）、「自分らしさ」を何よりも大切と考える〈私〉は、およそ「私は価値のある人間だ」と思えない〈私〉である（第6章）。読者は、このアンビバレントな〈私〉が、現代の消費社会に特有な「魔術」のなかに生き、20年前とはまったく異なる青年期を生きていることを知らされるであろう。さらに「心」や「愛情」という〈私〉のもっとも深いところにあると考えられる世界でさえも、資本や権力によって社会的に構成され、管理され、しかもそのことが隠蔽されることを知って、やりきれない思いを抱くかもしれない（第7章、第8章）。

　「社会との対話」は、発見の喜びに満ちているというよりも、どちらかといえば憂鬱な発見の連続であるかもしれない。私たちの身も心もつらぬいて作用する、あたかも重力のような社会の力を知るとき、これまで楽しんできた自由がすっかり奪われてゆくような重苦しさを感じるかもしれない。たしかに社会学とは、この重力のような社会の見えない力を発見し、その仕組みを明らかにする学問なのである。ただしそのことは、私たちが社会の重力から逃れられないことを証明するためではない。フランスの社会学者ブルデューが、「重力の法則があればこそ、飛ぶこともできるのだ」と述べたように、社会学は社会の重力から自由になる、そのはじまりなのである。「社会学は、人を自由の幻想から解放することによって……人を自由にする」（ブルデュー『構造と実践』1991年［1987年］）。

　「全身就活」にすっかりとらわれた〈私〉は、自分を「就活」に駆り立てる日本社会の仕組みを知ったとき、「全身」就活とは異なる立ち位置から就

職活動に臨むことができるのではないか。「自分のもの」と信じていた経験がこの社会の支配や権力と一体となって構成されたものであることがわかるとき，これまで自明と思われていた閉ざされた自己と世界に亀裂が走り，そこから新しいつながりを発見し，よりよい「社会」を紡ぎ出す可能性も生まれるであろう。

　第Ⅲ部「新たな社会を紡ぎ出す」は，形骸化の懸念される現代の民主主義を思想の根源から問い返し，連帯と協働に基づく「社会」を構想するための現代的意義を，そこに再発見する「民主主義・再考」の提案である。

　20歳代の若者の低投票率については，すでにふれた。その背景には，結局，数の論理（多数決）でしかない日本の民主主義と政治の実態に対する若者の深い失望感がある。一方，民主主義とは何かを問われて，少数意見の尊重といいつつも，最終的には多数決であるというのが多くの学生の本音であろう。ここでも民主主義をめぐってアンビバレントな〈私〉が登場する。それに対して第10章では，この不安定な民主主義（多数決）が独裁へと反転する危険性を指摘しつつ，それを回避する条件として，代表制（代議制）には「討議による合意形成」の理念がふまえられていることが明らかにされる。そして第11章では，ドイツの社会学者，ハーバーマスの理論をもとに，人びとの討議が民主主義による社会づくりの根源であり，近年，熟議（討議）デモクラシーの考え方とその実践が広がっていることが示される。

　民主主義についてのこうした考え方は，民主主義を数の論理として断念する〈私〉にとって，空虚な理想主義のように思われるかもしれない。そこでは，〈私〉を構成する社会の力（資本や権力）ではなく，それに対抗する「社会」（連帯と協働）の力が試されているからである。よりよい合意をめざす討議型の民主主義は，容易に合意にいたらない場合も含めて，対等な承認関係のもとで相互に〈私〉をひらき，連帯と協働を強化し，「社会」を形成するプロセスなのである。第12章の議論もその延長線上にある。排外主義的な愛国主義が懸念される昨今の日本の風潮に対して，ドイツにおける「憲法愛国主義」の考え方が紹介される。そこで提案されるのは，討議型の民主主義の理念（第9条）を先駆的に表明した日本国憲法の「普遍性」であり，そこに依

拠した「日本人」のアイデンティティ形成であり，新たな国の「カタチ」の選択なのである。

　以上のように，本書は社会学の入門書であるとともに，若者の視点に立った現代日本社会論でもある。現代の日本社会に生きる若者それぞれの〈私〉が社会を発見し，社会的に構成された自己と世界についての理解を深め，自由の可能性に向けて〈私〉を「社会」にひらくこと。本書がそのような学びの導きになることを願っている。社会学は見えない社会を分析する学問であるとともに，同時に紡ぎ出される「社会」についての学問でもあるからである。

　本書は，哲学・思想系の学術研究団体である唯物論研究協会（1978年創立）の出版企画として編集された。唯物論の研究および現代の社会と文化に関する批判的研究の発展と交流を進めてきた同協会の自由で闊達な研究の成果が，本書でも随所に活かされていることを付言しておきたい。

2014年2月

豊泉周治

目 次

はじめに iii

第Ⅰ部 見えないものを見る —— 社会の出現

第1章 格差と貧困の時代をどう見るか
―― マルクスと現代社会学（豊泉周治）……………… 2
1. 拡大する格差と貧困 ……………………………… 2
   コラム1　相対的貧困率の上昇が意味すること　6
2. 資本主義の根源 —— マルクスに学ぶ ……………… 9
3. 生活世界の社会学的批判 ……………………………… 13
   コラム2　会社は誰のものか —— マルクスの株式会社論　14
   コラム3　「リア充」という言葉　19

第2章 なぜ女は生きづらいのか，なぜ男は生きづらいのか
―― 格差社会のジェンダー（豊泉周治）……………… 21
1. 不可視化されるジェンダー ……………………………… 21
   コラム4　「セックスはつねにすでにジェンダーである」（バトラー）　23
2. 「生きづらさ」とジェンダー ……………………………… 29
   コラム5　「草食系」の社会学　31
3. ジェンダー平等の社会へ ……………………………… 35
   コラム6　女性の労働力率と従業者率——日本とスウェーデンとの比較　39

第3章 〈権力〉への欲望
―― 犯罪者に対する道徳的なまなざし（鈴木宗徳）……………… 41
1. 権力の歴史／権力の社会学 ……………………………… 42
   コラム7　自由と学問　45
2. 監視社会化 ……………………………… 46
   コラム8　ナチスと健康増進　47
   コラム9　情報化社会の危険性　50
3. 貧困の犯罪化 ……………………………… 52

第Ⅱ部 構成された自己と世界を問う —— 社会との対話

第4章 働くことの意味
—— 勤労倫理の歴史と現在（鈴木宗徳） …… 58

1. ヴェーバーと勤労倫理 …… 59
   - コラム10　ヴェーバーの官僚制論　62
2. 雇用をとりまく現状 …… 63
   - コラム11　日本的"集団主義"？　65
3. 勤労倫理のゆくえ …… 69
   - コラム12　「就労意欲のない若者」という語られ方　71

第5章 ほしいものは何ですか？
—— 社会のなかでつくられる欲望と消費（伊藤賢一） …… 77

1. GDPで幸福は測れるか …… 77
   - コラム13　GDPは何を表しているか　78
2. 欲望を喚起する社会 …… 79
   - コラム14　記号の体系としての消費社会　84
3. モノをとりまく意味的世界 …… 86
4. 新しい消費スタイルの模索 …… 90
   - コラム15　近代社会と時間　93

第6章 「自分らしさ」の迷宮を抜ける
—— いま，エリクソンを読み直す（豊泉周治） …… 95

1. 内閉化する〈私〉たち …… 95
   - コラム16　「青年」から「若者」へ —— 青年期の誕生と変容　99
2. 「自分らしさ」とアイデンティティ …… 100
   - コラム17　「私」とは何か ——「I」と「me」（ジョージ・H. ミード）　102
3. 変容する青年期とアイデンティティ形成 …… 108
   - コラム18　人生前半の社会保障　112

第7章 〈心〉を自己管理する時代（鈴木宗徳） …… 114

1. 心の危機の現在 …… 115
   - コラム19　病人という社会的役割　118

2. 自己コントロールの要請 ………………………………………………… 119
　　　　コラム 20　知識のストックは役に立たない？　120
　　3. 自己啓発がもたらすもの ………………………………………………… 123
　　　　コラム 21　疑似科学とポジティブ思考　124

第8章　〈メディア〉が生み出す欲望と愛情
　　　――「本当の恋愛」と「究極の純愛」のはざまで（出口剛司）…… 127
　　1. 欲望の三角形 ……………………………………………………………… 127
　　　　コラム 22　承認をめぐる闘争　132
　　2. メディアと欲望の構造 …………………………………………………… 133
　　3. 現代恋愛事情 ……………………………………………………………… 139
　　　　コラム 23　シミュラークルとシミュレーション　140
　　　　コラム 24　恋愛と贅沢と資本主義　141

第9章　やりたいことがわからない
　　　――自由化／個人化の帰結（伊藤賢一）……………………………… 146
　　1. 強要される生き方の"物語" ……………………………………………… 146
　　2. やりたいことがわからない ……………………………………………… 147
　　　　コラム 25　メンバーシップ型社会における就活　150
　　3. 揺らぐ雇用環境，揺らぐ人間関係 ……………………………………… 154
　　　　コラム 26　雇用の流動化と「社縁」の衰退　156
　　4. かけがえのないものをつくりだす ……………………………………… 161
　　　　コラム 27　「シェアハウス」を謳った違法ハウス　162

第Ⅲ部　新たな社会を紡ぎ出す――民主主義・再考

第10章　民主主義を支える〈最初の約束〉
　　　――代表制と多数決のよりよい理解をめざして（出口剛司）…… 166
　　1. 二つの選挙から …………………………………………………………… 166
　　　　コラム 28　自由からの逃走と自由のパラドックス
　　　　　　　　　　――ファシズムを引き起こしたもの　171
　　2. 制度の弱点と問題点を洗い出す ………………………………………… 172

3. 理想＝理念を制度化する ……………………………………… 175
      コラム29 現代の契約論としての正義論
             ――ジョン・ロールズにおける「無知のヴェール」と格差原理 177
      コラム30 価値の共有と市民宗教――ルソーとベラーの市民宗教 181

第11章 公共空間をつくりだす
―― 公共圏とコミュニケーション（伊藤賢一）……………… 185
   1. インターネットは民主主義の敵か ………………………… 185
   2. 討議することはなぜ重要か ―― 公共圏の登場と変質 ……… 187
   3. 理念がもつ現実的機能 ……………………………………… 191
      コラム31 人の好みは説明できないか
             ――ハーバーマス『コミュニケイション的行為の理論』 193
   4. ミニ・パブリックスの可能性 ―― 討論を機能させる仕組み ……… 196
      コラム32 日本でも行われた原発をめぐるDP 198
      コラム33 アーキテクチャによる制御 201

第12章 愛国心から国の「カタチ」へ
―― 憲法パトリオティズムを考える（出口剛司）……………… 203
   1. 国民国家の二重性 …………………………………………… 203
      コラム34 日本における外国人労働
             ――外国人研修制度から経済連携協定まで 204
      コラム35 国家をめぐる概念の多義性
             ――家族国家観とnationを中心に 209
      コラム36 ゲマインシャフト／ゼルシャフトと近代化論 211
   2. 国語，日本文化，日本人アイデンティティ ……………… 212
   3. 代用宗教としての伝統か，憲法パトリオティズムか ……… 216

あとがき 222

索　引 225

第Ⅰ部
見えないものを見る
社会の出現

第 1 章

格差と貧困の時代をどう見るか

―― マルクスと現代社会学

1. 拡大する格差と貧困

「格差社会」の神話

　「格差」の実感は，大学生にとっても無縁ではないはずである。中学校や高校の同級生のなかに，経済的理由のために大学進学をあきらめざるをえなかった友人はいなかったであろうか。その後，失業中の者，フリーターを続けている友人はいないであろうか。いまの日本では，10代で学校を離れた若者が労働市場に参入して正規雇用の職に就ける可能性は50％にも満たない。2012年の総務省「就業構造基本調査」によれば，47％にとどまる。10代で学校を離れ，その後，非正規の職を転々とする境遇が「下流」の典型なイメージであろう。

　かつての同級生のことばかりではない。大学生という相対的に恵まれた境遇にあっても，安定した職に就けるかどうか，「中流」を生きられるかどうか，将来についての不安は尽きないのではないか。実際に2012年3月の大学卒業者を見ると，正規雇用の職への就職者は61.6％（研修医を含む）で，大学院等への進学者13.8％を除いても，22.9％が安定した職に就いていない（文部科学省「学校基本調査」）。しかも「正社員」として就職できたからといって，安泰なわけではない。厚生労働省の調査によれば，2010年3月の大学新卒者の31％が3年以内に離職しており，業種によっては50％を超える。違法な働かせ方で若者を使いつぶす「ブラック企業」が社会問題となっているように，大卒者にとっても安定した職に就いて働きつづけることは容易なこと

ではない。若者の生きづらさが語られて久しいが、その底流には、大人へのこの危うい道のりを手探りで進むしかない若者の将来への不安がある。

　現代の日本社会は「格差社会」であるといわれる。かつて「一億総中流」といわれたことが嘘のように、ここ10年あまりの間、所得格差をはじめとする格差の拡大がさかんに論じられてきた。当初は「中流崩壊」の真偽を争う専門家たちの議論が中心であったが、山田昌弘の『希望格差社会』(2004年) が話題になった頃から、「格差社会」という言葉が広く人びとの関心を集めるようになり、2006年にはこの年の流行語大賞にノミネートされるほどであった。要するに、人の人生には「上流」と「中流」そして「下流」がある、というわけである。そうした「格差」が多くの人の実感となり、「総中流」から「格差社会」へという構図が広く受け入れられた。

　たしかに、日本社会の様相がこの間、大きく変化したことはまちがいない。上記と同じ調査でかつての若者の雇用状況を見ておこう。バブル経済が崩壊する1990年代初めまで、様相はまったく異なっていた。20年前の1992年、10代で学校を離れた若者の71.3％が正規雇用の職に就いており、大卒者の就職率は81.5％、進学率は7.6％で、安定した職に就いていない大卒者の割合は6.6％にすぎなかった。学歴による格差があったとはいえ、若者はそれぞれに新規学卒者として一括して正規採用され、それぞれに将来の「中流」を思い描くことができた。

　では、なぜ、このような大きな変化が生じたのであろうか。「総中流」から「格差社会」へという構図によって、この変化の本質がとらえられるのであろうか。ここは注意してみなければならない。かつての「一億総中流社会」という神話がそうであったように、いままた「格差社会」という神話が、私たちの社会を見る目をくもらせているように思えるからだ。

　かつて小泉元首相は、「格差が出るのは別に悪いことではない。能力のある人が努力すれば報われる社会にしなければならない」と、国会で答弁した (2006年2月)。この答弁は批判も浴びたが、格差の拡大を許容する時代の気分をあからさまに表明したものでもあった。一般に、格差拡大の指標の一つとしてあげられるのは所得格差を表すジニ係数の上昇だが、元首相によれば、

そこで示される個人間の格差は，要するに努力の結果なのであり，そもそも「格差のない社会はない」というのである。そうした格差神話のなかで，「勝ち組」と「負け組」という言葉が流行し，「下流」を生きる者の「意欲の低さ」がいいつのられ，その結果はもっぱら「自己責任」であるとされた。その種の論調はいまも根強い。かつての「総中流」こそが幻想なのであり，いま自覚しなければならないのは「格差社会」の現実を各自がどう生きるかだ，という新たな神話が広がっているように思える。

　なぜ，「神話」なのか。かつて「総中流」の神話が，実際には当時も歴然と存在した経済的・社会的な格差を不問にし，それを生み出す社会構造を不可視にしたように，現代の神話は格差を不可避のもの（あるいは不可欠のもの）として，それを生み出す社会構造を不問とし不可視とするからである。「格差社会」の神話によれば，社会とは経済的な富をめぐる人びとの競争の世界であり，その結果として生まれる格差からなる秩序だということになる。競争と格差だけが存在するかのような，いわば「社会なき社会」が人びとの生きる世界として観念されるのである。その神話の世界に生きるかぎり，人びとはたえず競争にとらわれ，格差に翻弄され，なぜ競争に駆り立てられるのか，なぜ格差が拡大するのか，生きづらい社会の仕組みが問われることはない。

貧困の「再発見」

　拡大する格差の先には貧困が生まれる。「格差社会」の神話ははじめから「負け組」の苦境を前提とするものだが，その結果，貧困が大きく拡大し，社会に暗い影を落とすまでにはさして時間はかからなかった。「格差社会」という言葉が社会に広まるとともに，それを追うようにして，日本社会に広がる貧困をめぐる議論も活発化した。とりわけ2008年9月のリーマン・ショック後の経済危機のなかで，職を失い，路上に放り出される人びとが急増し，マスコミの注目を浴びた。そこには，かつて見られなかった若者の姿も目立った。大きく報道された「年越し派遣村」の窮状は，高度経済成長以降，モノのあふれる「豊かな社会」といわれつづけた日本社会にあって，人

びとが貧困を「再発見」した象徴的な出来事となった。

　民主党政権が発足した2009年秋には，厚生労働省が06年の日本の相対的貧困率を15.7％と発表し，OECDから指摘を受けた日本の高い貧困率（2000年代半ばで加盟国中第4位）を追認するかたちとなった。さらに，子どもがいる一人親世帯の場合には，相対的貧困率は54.3％にも達し，OECD加盟国中，最悪の水準にあることもあわせて公表され，国民に衝撃を与えた。日本人の6人に1人近くが，そして一人親世帯の半数以上が，世帯所得の中央値の半分（2006年では一人世帯で127万円）以下で暮らしていることになる（コラム1参照）。この発表は，政府が「総中流」を否定して，はじめて「貧困」を政治問題として公認したことを意味する。とりわけ一人親世帯と子どもの貧困に焦点があてられ，その後の「子ども手当」の実施にかかわる政策の推進がはかられた。

　貧困が「再発見」され，久しく日本人の心を支配してきた中流幻想が取り払われ，子どもの貧困への対策が政治問題として大きく浮上したことは，経済成長の政治に終始してきた戦後日本の歴史から見れば，画期的なことであった。所得制限をもうけない「子ども手当」の実施は，家族に依存する福祉からすべての個人を対象とする普遍主義的な社会福祉への先駆けとなる可能性も含んでいた。とはいえ，「子ども」の貧困への注目は，子どもに「自己責任」が問われないがゆえに，貧困という現実を政治問題へと浮上させやすかった面もある。そこでは貧困の原因となる「格差社会」の仕組みが正面から問われることはなく，「格差社会」の神話は手つかずのまま維持された。いまも貧困は，若者や成人の場合であれば，依然として「働く意欲」の問題であり，「弱さ」の問題であり，「自己責任」の問題なのである。そして2012年末，自民党の政権復帰によって「日本経済再生」を掲げる経済成長優先の政治が復活し，再び「成長戦略」の陰で貧困問題が見失われることが懸念される。

　貧困の「再発見」は，かならずしも格差を生む社会の再発見には通じていなかったのである。なぜ格差が拡大し，貧困が拡大するのか。格差神話に立ち止まるのではなく，成長神話に立ち返るのでもなく，格差と貧困を拡大す

コラム1：相対的貧困率の上昇が意味すること

　厚生労働省の「国民生活基本調査」によると，2009年の日本の相対的貧困率は16.0％に達し，過去最悪を記録した。1985年の12.0％からほぼ一貫して上昇し，いまや6人に1人が相対的に「貧困」ということになる。とはいえ，いまも日本はＧＤＰ世界第3位の経済大国であり，1人あたりGDPも高い水準にある。平均的に見れば，日本よりも生活水準の高い国はそう多くはない。多くの日本人にとっていまも貧困といえば，世界銀行が1日1.25ドル未満と定義するような，飢餓にさらされる絶対的貧困のイメージであり，相対的貧困のイメージはなかなかつかみにくい。

　相対的貧困率とは，世帯の可処分所得を世帯人数の平方根で割って1人当たりの金額（等価可処分所得）を算出し，その額が全国民の等価可処分所得の中央値の半分（貧困線）に達しない人の割合のことである。実際の数値で見ると，2009年の等価可処分所得の中央値は250万円で，貧困線は125万円である。じつは，この貧困線は生活保護制度の最低生活費よりも低い。最低生活費は地域と年齢で異なるが，2級地－1（前橋市など地方の主要都市），20〜40歳の一人暮らしで見ると，2009年の最低生活費は，生活扶助と住宅扶助の合計で年額132万4440円である。生活保護法によれば，生活保護は日本国憲法第25条に基づいて，「困窮するすべての国民」に「最低限度の生活を保障する」ことを目的とする。つまり最低生活費を欠く「困窮する国民」はすでに相対的貧困率の16.0％をしのぐ水準にまで拡大しているのである。ところが2009年の保護率は人口1000人あたり13.8人（1.38％）にすぎない。生活保護水準の「最低限度の生活」を保障されない国民がいまや6人に1人以上に達する。近年の相対的貧困率の上昇は，日本における格差の拡大とともに，生存権の保障の脆弱さを露呈させているのである。

る現代社会の仕組みについて，自分たちの生きづらさの足下から再発見してゆく必要がある。

モザイクのかかった世界

　リーマン・ショックの起きた2008年は，『蟹工船』ブームの年でもあった。戦前のプロレタリア文学の代表作として知られる小林多喜二の小説『蟹工船』（初版1929年）がこの年，文庫で年間60万部に迫る異例のベストセラーとなり（オリコン発表）世間を驚かせた。小説では，戦前の軍国主義の時代，オホーツク海で操業する蟹工船（蟹漁・蟹加工を行う工場船）を舞台として，国家と結びついた資本による労働者の非人間的な搾取，過酷な労働と暴力的な支配に対して立ち上がった労働者の闘いが描かれた。それは，80年も前に書かれた，北海道という「植民地」での「原始的」な搾取の時代の話である。ところが，その無権利な労働者の姿に，苦しい生活をよぎなくされる現代の非正規労働者の過酷な境遇が重ねられ，突如として『蟹工船』はフリーターや派遣労働者などの若い読者の心をつかみ，一大ブームを巻き起こしたのである。「私の兄弟達が，ここにいる」，私たちは「『蟹工船』の状況のなかを生きている」と。

　現代社会の仕組みについて，自分たちの生きづらさの足下から再発見してゆく必要性について述べたが，『蟹工船』を読んだ若者たちの発見は，その点で特筆すべき実例となるように思える。『私たちはいかに「蟹工船」を読んだか』という，若者の作品集がある。ブームが本格化する少し前の2008年1月，小樽商科大学（前身の小樽高商で多喜二は学んだ）と白樺文学館が実施した「『蟹工船』エッセーコンテスト」で入賞した，10代から30代半ばまでの若者の作品17編が収録されている。いずれの作品も，遠い過去の過酷な労働に想いを馳せるだけのエッセーではなく，そこを起点として自分の経験と生き方を振り返り，現在の自分の，あるいは身近な者たちの労働経験を通して，現代の社会を照らし出そうとしている。たとえば，ネットカフェから発信された応募作品には，次のような一節がある。

アスベストの建物は　無数に存在している。
　そこでコンビニのマスクを買って　夜中いっぱい働く僕達に　助かる手はない。
　足場を組んだ高層ビルは　冬の海と同じで　落ちたら助からない。
　でも落ちていなくても　もう死んだも同然の僕だ。

　派遣労働者として働く若者にとって，現代の「蟹工船」的状況は生々しい。そして，多くの作品に共通するのは，そこに存在するはずの搾取，暴力と支配が「見えない」という指摘である。『蟹工船』では，浅川という名の「監督」が暴力的な資本家の目に見える体現者として登場する。そして監督の理不尽な暴力的支配への怒りが，分断されていた労働者たちをしだいに団結させ，ストライキへと立ち上がらせた。若者たちは，「『蟹工船』で描かれた暴力と支配は，今も見えない形で——私たちが自覚できない形で続いている」という。だが，「モザイク」をかけられた世界のなかで，「現代の監督者たち」の姿は見えない。「監督は，鉄棒やピストルという人間を外側から傷付ける凶器から，人間を内側からえぐるように傷付ける凶器に持ち替えたのである」。そして，「『蟹工船』に書かれている『原始的搾取』はより巧妙でステルスな『近代的搾取』へと姿を変え，現代の社会を支配している」，というのである。
　20代の3人の入賞作品からそれぞれ引用したが，「見えないものを見る」という本書第Ⅰ部のねらいが，みごとに言い当てられた観がある。ここで若者たちが再発見している暴力と支配を隠した社会の仕組みとは，何よりも「見えない」ということなのである。しかも「私たちは現状への虚無感を抱えて，彼らのようには立ち上がれないと思っている」と，深い絶望感のなかでかつての時代の団結した労働者の姿に想いを馳せる。『蟹工船』を読んだ若者たちにとって，「見えないもの」は，見えない凶器を隠しもつ「現代の監督者たち」の姿ばかりでなく，「真っ暗な海を漂う透明なくらげのような」自分たち自身の孤独な姿であることが痛切に意識されている。
　2008年秋のリーマン・ショック以降，働く若者の「蟹工船的」状況は正規・非正規を問わずさらに過酷さを増し，いまや「見えない」支配は「ブラック

企業」という「若者を食いつぶす妖怪」にさえ喩(たと)えられる。次節ではその「妖怪」の根源を見るために、マルクス経済学と史的唯物論の創始者、カール・マルクスについて学ぶ。さらに本章に続く各章では、ここで指摘された「現代の監督者たち」の見えない姿について、「人間を内側から傷付ける凶器」について、あるいはステルスな「近代的搾取」について、社会学の視点を駆使してさまざまな角度から論じてゆくことになる。

2. 資本主義の根源——マルクスに学ぶ

人間の疎外

「万国のプロレタリア団結せよ」と唱えたのは、よく知られているように『共産党宣言』のマルクスとエンゲルスだが、資本家（ブルジョア）の支配に対して団結して立ち上がる労働者たち（プロレタリア）を描いた『蟹工船』もまた、マルクスらの思想を背景としている。ところが、『蟹工船』に深く共感する現代の若者たちは、それでも「私たち若者は、……団結することはないだろう」、「いや、その言葉に不信感さえ感じている」と述べている。過酷な労働条件は共通するが、この点で、かつてのプロレタリアートと現代日本のプレカリアートとの間には大きな違いがある。

「プレカリアート」とは、precario（不安定な）と proletariato（プロレタリアート）を結びつけた造語で、2003年にイタリアの路上に「落書き」として登場し、その後、労働運動の世界で広く使われるようになったという。経済のグローバル化とともに推し進められた雇用の流動化によって「中流」の解体が進み、新たに生み出された「無安定階級」のことである。日本で最初にその波に直撃されたのが、多くの若者たちだったのである。

この言葉を日本に広めた雨宮処凛(かりん)は「不安定を強いられた人々」と定義して、生きづらさを抱えた若者の窮状を訴えている（雨宮、2007年）。すでに述べたように、「強いられた不安定」は非正規の職に就く若者に限らず、いま

の「格差社会」のなかで大人への道を手探りで進む若者全般に通じるものとなっている。ところが，一人ひとりを分断するその不安定さのために，孤独に生きる若者は状況の過酷ささえも互いに共有できず，『蟹工船』の労働者のようには団結できないというのである。拡大する格差と貧困とともに，そこには現代の生きづらさのもう一つの焦点がある。

　この二つの焦点をめぐって，いま私たちは，新たに社会に参加しようとする若者を先頭にして，見えにくい社会の軌道を不安定にさまよっているように思われる。それがどのような軌道なのか容易には見極めがたいが，かつて「団結せよ」と明快に進むべき軌道を指示したマルクスの思考にいったん戻って考えてみることができるであろう。80年どころか160年以上も前のことだが，当時マルクスは，歴史の舞台に登場しはじめた労働者階級（プロレタリアート）の貧困と人間的苦境とを追究し，社会発展の経済学的分析によって，貧困と人間的苦境とが不可視化される仕組みの解明に着手していたからである。もとより160年も前の話である。『蟹工船』を読んだ若者が感じたように，マルクスの議論はそのまま現代に引き写せるわけではないが，むしろその点から，現代社会の社会学的分析の必要性も明らかになるであろう。

　そこで，まず注目したいのは「人間の疎外」というマルクスの議論である。現代の生きづらさを考えるとき，本書の第7章でも見るように，一般にそれは心の問題やメンタルヘルスの問題として語られ，個人の問題として理解され，処方される傾向が著しい。だが，初期のマルクスが述べたように，それは現代社会における「人間の疎外」，つまり「人間からの人間の疎外」の結果なのである。「人間が自分自身と対立する場合，他の人間が彼と対立しているのである。……一般に，人間の類的存在が人間から疎外されているという命題は，ある人間が他の人間から，またこれらの各人が人間的本質から疎外されているということを，意味している」（マルクス，1964年［1844年］）。「類的」という表現は，人（＝人類）が本質的に共同的な存在であることを意味する。哲学的な表現だが，現代の生きづらさの核心を突いているように思われる。たしかに現代社会において，人はたえず自己否定にさいなまれ，敵対的な対人関係に苦しめられ，家族関係というもっとも基礎的な共同体でさえ，

いまや崩壊の危機が語られる。そうした共同的な人間のあり方からの疎外こそ，現代の生きづらさの核心にある問題なのではないか。

いまや「団結」という言葉に若者が違和感を感じるほどに，現代社会は「人間の疎外」に満ちており，そのために多くの人びとは宗教に救いを求め，あるいはカウンセリングに処方を求めている。だが，マルクスの見方からすれば，宗教やカウンセリングは類的存在（共同的な人間のあり方）をもっぱら観念の世界で回復しようとするばかりで，問題の本当の所在を見えなくするものである。問題の解決の鍵は，宗教やメンタルヘルスのほうにではなく，「人間の疎外」という社会の現実のほうにある，というのである。そのためには社会の現実において「人間の疎外」はなぜ生じるのか，その仕組みが明らかにされなければならない。その仕組みをマルクスは，この時期，緒に就いたばかりの経済学の研究をもとにして追究し，最終的に『資本論』（原著1867年）に結実する資本主義社会の分析へと踏み出したのである。

貨幣の力

「すべてに値段がついているいうことは，お金で買えないものはないということです。プロ野球の球団だって，女心だって買える」（堀江，2005年）。かつて，株式会社ライブドアの元社長，ホリエモンこと堀江貴文は，「世の中にカネで買えないものなんて，あるわけがない」と言い放って，年長の世代のひんしゅくを買ったが，一方，一部の若い世代からは古い権威と闘うヒーローとして喝采を浴びた。一般には，堀江の言葉は高慢な拝金主義として受け取られたが，そこにこめられた堀江自身の意図はもう少し複雑である。さらに堀江は，「カネで買えないものは，差別につながる。血筋，家柄，毛並み。世界で唯一，カネだけが無色透明で，フェアな基準ではないか」（『日経ベンチャー』2005年2月号），と述べていたからである。

堀江が時代の寵児としてマスコミにもてはやされた2004〜05年は，「格差社会」が人びとの実感となりはじめた時期であり，実際に，大学在学中に創業したIT企業を急成長させて，「勝ち組」のトップに躍り出たのが堀江

であった。その堀江に対して,「負け組」に転落しかねない多くの若者が喝采を送ったのはいささか奇妙に思えるが,堀江の後段の言葉を考えあわせるなら,そこには「格差社会」が神話として人びとに受け入れられる思考の道筋が見えてくる。カネで買えない「血筋,家柄,毛並み」が差別を生むのに対して,カネだけが「フェアな基準」だという主張はいかにも乱暴な主張だが,拡大する格差に脅かされ,その前提にある差別的な社会の構造に憤りを覚える者にとって,むしろ共感しやすい議論であったにちがいない。政治家の「世襲」に典型的に見られるように,「総中流」の時代は平等神話の陰で,しだいに社会の階層化を進行させ,階層の固定化した差別的な構造へと社会を変質させていたからである。その後に訪れた格差の拡大は,そうした差別的な構造に基づいており,けっして「フェアな基準」によって進んだわけではなかった。それに対して堀江は,「血筋,家柄,毛並み」がモノをいう差別的社会に挑戦し,誰もが平等に参加できる,カネを基準とした透明でフェアな競争社会を疾走するトップランナーとして,「格差社会」の神話の伝道師となったのである。

　ところで堀江は,その後,企業買収(M&A)の手法などが証券取引法違反の罪に問われて服役し,刑期を終えたいま,「お金より大切なもの」は「信用」だと説く(堀江,2013年)。現在の堀江の読者なら,ここでの堀江への言及は済んだはずの過去を持ち出す不当な批判と思うかもしれない。だが,ここで堀江の言葉に注目したのは,道義的な批判のためではなく,それが「見えないもの」を見えなくする貨幣の力を的確に言い当てていたからである。じつは,「カネで買えないものはない」ことを強調した点で,マルクスもまったく同様であった。

　「人間の疎外」について経済学的な研究を進めるなかで,マルクスは「全能な存在」「目に見える神」としての貨幣について述べている。「私が代金を支払うもの,すなわち貨幣が買うことのできるもの,それは,貨幣そのものの所有者たる私である。貨幣の力が大きければ,それだけ私の力も大きい。……貨幣は最高の善である。だからその所有者も善良である。……この私は,人間的心情が渇望する一切のことを,貨幣を通じてなしうるのだから,私は

一切の人間的能力を所有しているのではないか！」(マルクス, 1964年[1844年])。このようにマルクスは貨幣の「神的な力」を確認している。ただし，堀江がそこに「唯一のフェアな基準」を見出し，その力を自明なものとして追求したのに対して，マルクスは，すべてを「転倒させる力」をそこに見出し，類的存在からの人間の疎外の根源をその点から追究したのである。

　堀江の言葉が興味深いのは，それが露骨な拝金主義だからではなく，新自由主義の素朴なイデオロギー的表現だからである。社会をもっぱら自由競争と市場原理に還元することが新自由主義のイデオロギーだが，それは市場に君臨する貨幣を社会の「唯一のフェアな基準」と見ることであり，その結果，「格差社会」もまた不可避な現実として肯定され，神話化されるのである。それに対してマルクスの社会認識は，そのような格差を神話化するイデオロギーを批判して，貨幣という「目に見える神」が見えなくしている経済的な社会関係（生産関係）の現実を明らかにすることだったのである。

　カネ（貨幣）という経済的カテゴリーが「基準」であるのは，資本主義という社会関係の反映なのであり，堀江はカネを「世界で唯一，フェアな」と神秘化することによって，カネの支配する世界を，そこで生じる格差と貧困も含めて「永遠の真理」にすり替えた。だが，マルクスによれば，貨幣が神のように支配する社会関係は，資本主義社会の成立とともに生み出された一つの現実なのであり，「歴史的・一時的な産物」にすぎない。そうした歴史的な現実としての資本主義社会の経済的な仕組みを明らかにすることが，マルクスの「経済学批判」であり，『資本論』に結実する経済学的な社会認識だったのである（コラム2参照）。

3. 生活世界の社会学的批判

日常生活の宗教
　『資本論』においてマルクスは，商品と貨幣というもっとも基本的な経済

コラム2：会社は誰のものか――マルクスの株式会社論

「会社は誰のものか」。2005年に当時のライブドア社長のホリエモン（堀江貴文）が仕掛けたニッポン放送・フジテレビの買収劇によって広く関心を集め，いまも論じられるテーマである。会社は株主のものなのか，それとも従業員のものなのか，あるいは社会のものなのか，というわけである。会社の法的な所有者は株主であり，当然「会社は株主のもの」とするアメリカ流の株主主権が主張される一方，従業員あっての会社であり「会社は従業員のもの」とする日本的な従業員主権が唱えられ，さらに法人たる「会社は社会のもの」であるとして社会的責任が問われてきた。じつに，この議論の紛糾にこそ資本主義における株式会社の矛盾が現れているというのが，『資本論』におけるマルクスの議論なのである。「株式会社の形成。……それは，資本主義的生産様式そのものの限界のなかでの，私的所有としての資本の廃止である」。

マルクスによれば，貨幣と生産手段（資本）の私的所有に基づいて資本を投下し，より多くの利潤を獲得することが資本主義的生産の目的であり，資本家の役割である。ところが株式会社の形成によって，かつてない巨大な資本の集積が可能となる一方で，資本の所有は多数の出資者による集団的な所有となり，経営はもっぱら経営者にゆだねられ，資本の所有と経営とが分離された。そこにマルクスは，資本主義的生産様式のもとで進行する「私的所有としての資本の廃止」を見たのである。つまり「会社は株主のもの」とする私的所有の主張はすでに自明ではない。社会的生産を担う法人（会社）は私的に所有されない社会資本（「社会のもの」）なのであり，社会的に制御されなければならない。新たな生産様式を展望するマルクスにとって，それは資本の私的所有から生産者たちによる社会的所有（「従業員のもの」）への通過点と目されたのである。

学的カテゴリーの分析から始めて，その一見，平凡な，しかし神秘的な性格を追跡して，資本主義的な生産様式に特有な生産過程と流通過程，その過程における労働による価値形成と資本による剰余価値の搾取のメカニズムを明らかにしている。資本主義に特有な社会的生産過程，つまり資本と賃労働との関係が規定的関係となり，剰余価値の生産が規定的動機となったその生産関係のもとで，労働のすべての社会的生産力は「資本に属する力」として現出する。この「転倒された世界」のなかで，資本（資本家）による労働力（労働者）の搾取は覆い隠されている。そして利潤や地代を手にする資本家や土地所有者は，このような「経済的神秘化」を自明なこと，自然なこととして日常的に生き，俗流の経済学はその日常的な観念を教義のように体系化し，永遠の正当化をはかったというのである。マルクスは，資本主義社会のそうした神秘化を「日常生活の宗教」と呼んだ（マルクス，1972年［1894年］）。

　『資本論』の内容に詳しく立ち入る紙幅はないが，150年以上も前のイギリスを範例としたその分析は，近年の日本における格差と貧困の拡大を見るとき，驚くほどよくあてはまる。すでに非正規労働者の「蟹工船」的状況について述べたが，そこでは，かつての時代を再現するかのような，フリーターと呼ばれる「自由な労働者」を暴力的に搾取する現代の資本の生産過程と，それにともなう労働者の不安定化・窮乏化の現実を見ることができる。近年の雇用環境の悪化は，しばしば「就職氷河期」などと自然現象のように語られるが，実際には，経済のグローバル化のもと，1990年代後半から急速に進められた「構造改革」（労働法制の規制緩和など）によって，低賃金の非正規雇用が新たに若年層を巻きこんで急速に拡大した結果である。そして一方，この時期に会社を設立し，「規制緩和」の波に乗って爆発的に経営を拡大し，企業買収（M&A）を繰り返して巨富を手にした若き経営者の一人が堀江であった。そこには，新規に参入した資本のむき出しの流通過程と価値増殖の過程を見ることができる。マルクスに学んでいえば，かつて堀江が豪語したカネの力は，この「転倒された世界」における資本の力のことであり，総資本として見れば，その力の源泉は労働者の賃労働に由来し，巨富は労働者の搾取に由来するのである。

こうしてマルクスは，資本主義社会の神秘化の仕組みを経済学的社会認識によって体系的に明らかにし，目に見えるものとした。その仕組みによって支配されるプロレタリアートの歴史的使命を予告して，「万国のプロレタリア団結せよ」と唱えたのである。格差と貧困を不可避と見る現代の「格差社会」の神話を前にして，そのイデオロギーを克服する認識の土台として，マルクスの経済学的社会認識の意義はいまも大きい。『蟹工船』の若い読者が気づいた「見えないもの」を覆うモザイクが，経済学的社会認識によって解かれるからである。新自由主義経済が主流となり，「規制緩和」が推し進められた近年の経済社会の状況が，マルクスの社会認識をいっそう現代に引き寄せたともいえる。『蟹工船』がブームとなったのは，けっして偶然ではなかったのである。とはいえ，「団結せよ」というマルクスの呼びかけが容易に共感を生まなかったように，マルクスの議論によって現代の社会認識が尽くされるわけではない。

　もう一度「日常生活の宗教」という言葉に注目したい。マルクスによれば，この言葉は，資本が利子を生み，土地が地代を生み，労働が労賃を生むという日常的観念（「三位一体定式」と呼ばれる）のなかで，労働のすべての社会的生産力が「資本に属する力」となって現れる「経済的神秘化」を意味していた。そこでは，人はただ「経済的カテゴリーの人格化」としてのみ登場する。その場合の「日常生活」には現実的な生活内容が欠けているのだが，マルクスは，プロレタリアートはまさに現実的生活を剥奪されて抽象的な労働を強いられるがゆえに，この神秘化の苦悩に目覚め，資本主義を変革する歴史的使命を負う，と考えたのである。

　だが，やはりその議論は経済学的社会認識にとどまるものと理解すべきであろう。経済が「土台」であるとしても，人はいまも昔も経済的な生産過程のみを生きるわけではないからである。少なくとも現代の労働者の日常生活についていえば，人びとは経済的カテゴリーの人格化に還元されるわけではなく，その神秘化との緊張をはらみつつも，家族や友人，その他の人間関係・社会関係が織りなす多様な生活世界に生きている。それは，依然として「カネで買えないもの」が重要な意義をもつ世界であり，いまの堀江が説く「信

用」がものをいう世界でもある。社会学が主として関心を払うのは，こちら側の現実的な生活内容をともなう日常生活の世界，あるいは日常の生活世界である。現代を特徴づける生きづらさの感覚が生まれるのも，格差と貧困の拡大を背景としながらも，まずはこちら側の世界においてである。そして現代の「格差社会」の社会学的社会認識にあたって課題となるのは，この矛盾に満ちた生活世界の現実に注視し，「日常生活の宗教」との緊張関係に分け入り，モザイクで覆われた「格差社会」の特質を生活世界の現実から可視化することなのである。

生きづらさを生むシステム

「生活世界」という概念が社会学に登場したのは，1960年代のアメリカにおいてウィーン出身の社会学者，アルフレッド・シュッツが再評価され，その影響下に現象学的社会学と呼ばれる学派が形成されたことによる。タルコット・パーソンズの機能主義の社会学が全盛のその時代，社会システムの構造機能分析の精緻化と一般化がはかられたのに対して，この学派では，社会科学において「忘れられた人間」を復権し，生活世界（日常世界）における社会的現実とアイデンティティの構成を究明することが課題とされた。それは，アメリカをモデルとする戦後の豊かな経済社会の発展を背景として，社会システム論が「一般理論」を自称する時代のなかで，「意味」によって成り立つ人間の営みがシステムの「機能」へと物象化（モノ化）される危険を予示するものであった。そして1980年代には，ドイツの社会学者ユルゲン・ハーバーマスがマルクスの物象化論を再構築する意図をもって，近代社会におけるシステムと生活世界との分断と相互関係を追究し，システムによる「生活世界の植民地化」の理論を提唱した（ハーバーマス，1987年［1981年］）。その理論は，高度な経済発展を遂げた西欧社会において，かつてマックス・ヴェーバーの予言した近代の合理化のもたらす危険が生活世界の病理（物象化）となって出現するなかで，その病理を解明するとともに，これに抵抗する批判の論理を基礎づけようとするものであった。

ここで「システム」というのは，政治と経済という二つの下位システムからなり，権力（法）と貨幣によって制御される社会のメカニズム（社会システム）のことである。一方，「生活世界」とは，私生活の領域を核として，人びとがコミュニケーションの行為によって相互に了解しあい，人格相互の関係（連帯）によって形成される社会関係の世界のことである。一般に人が社会について語るとき，この社会の二重性については無自覚だが，人びとの暮らしはそれらの相互関係のなかで営まれており，そこに社会についての分裂的な経験も生まれる。人びとは生活世界に生き，労働者ないし消費者として経済システムにかかわり，貨幣を仲立ちとして暮らしを営む。また納税者ないし有権者として政治システムにかかわり，権力（行政サービス）を仲立ちとして市民生活を営む。「生活世界の植民地化」というのは，この生活世界とシステムの相互関係のなかで，貨幣と権力のメカニズムが生活世界の内部にまで深く浸入し，生活世界の了解的な構造を掘り崩してゆく事態をさす。それは，たとえば「カネ」や「自己責任」の論理で生活が追いまくられるように，人格相互の連帯で成り立つはずの私生活の領域においてさえも貨幣や権力の論理が支配的になり，人びとの自由と生きる意味が奪われてゆく事態である。

　今日の若者の生きづらさも，現代の社会システムの脅威にさらされる生活世界の内部から生じていることがわかるであろう。すでに見てきたように，この間，新自由主義政策に基づく政治・経済システムの「構造改革」によって，労働市場における格差と排除をめぐる競争が格段に強化され，それが人びとの生活世界の基盤を不安定化させ，格差と貧困のリスクを増大させてきた。それは現代社会を襲った全般的な動向だが，なかでも生活世界に依存する子ども期からシステムの担い手となる成人期への移行を模索する青年期の若者にとって，とりわけ過酷な変化であった。第6章で詳しく述べるように，かつてエリク・H. エリクソンが述べた青年期のモラトリアム（猶予期）の様相とは異なり，いまや若者の移行期は，歴然と格差づけられた経済システムへの参入の成否が争われる競争的な行程となり，しだいに格差が顕在化し，たえず排除と貧困のリスクに脅かされる過程となったのである。それは，ある若者が語ったように「人間を内側から傷付ける凶器」のようにして，「団結」

コラム３:「リア充」という言葉

　「リア充」とは「バーチャルな世界ではなく，リアルな現実生活が充実していること，人。彼氏，彼女がいる人」のことである。2000年代の半ばからインターネット上で使われるようになり，その後一般に普及して2009年には『現代用語の基礎知識』に登場し，上記のように定義された。「彼氏，彼女がいる」ことが強調されるが，「友だちが多い」「サークル活動への参加」など，ネット上に居場所を求める「非リア充」に対して，対人的なコミュニケーションの活発さをさす。この言葉が社会学的に見て興味深いのは，現実（リアリティ）が社会的に構成されること，その際に親密な関係性が決定的に重要であること，そして現代の若者にとってリアルな現実生活がかならずしも容易ではないことを，はからずも言い当てているからである。

　生活世界という概念が社会学で用いられるようになったのは，社会システムのメカニズム（貨幣と権力の支配）が私生活を広く覆い，社会的な現実から意味が剥奪され，アイデンティティの危機のリスクが高まったためである。システムの脅威にさらされる現代の生活世界は，家族であれ学校であれ職場であれ，もはや人びとに意味と連帯を保障する自明な世界ではない。そして今日，もっとも深刻なリスクにさらされる若者にとって，リアルな現実はますます親密圏の対人的なコミュニケーションに依拠するものとなったのである。ところが安定した生活世界という基盤を欠くコミュニケーションはいよいよ不確かであり，あたかもそれは「コミュニケーション・サバイバル」の様相を呈する。「リア充」に対して，ネット上に非対人的なコミュニケーションを求める「非リア充」。若者同士の対立として語られがちだが，いずれも意味と連帯を保障しない現代の生活世界の危機に際して，現実を再構成しようとする若者のそれぞれの「適応」であることを見ておかなければならない。

という言葉に不信感を抱くほどに，若者の生活世界に深刻な痛手を与えていたのである（コラム3参照）。

その苦悩を，本章では『蟹工船』を読んだ若者たちの言葉から見てきた。そして同時に見てきたのは，かつての「団結」への密かなあこがれが暗示されたように，生活世界の連帯への希望は貨幣と権力の論理によって完全に駆逐されることはない，ということである。いまの多くの若者が感受する生きづらさの感覚は，そのことの証左なのであり，それゆえに目下の政治・経済システムを社会として対象化し，生活世界の側から生きづらさを生むシステムを問い直す起点となるのである。

とはいえ，そうした起点となる経験は，現代日本の生活世界に広く拡散しており，社会は容易には見えがたい。その見えがたさから出発し，起点となる経験に目を凝らし，それを社会学的に可視化することが本書のテーマである。各章で追究される生活世界の社会学的分析と批判は，とりわけ若者の生活世界の内部に深く食いこんだ，システムと生活世界との軋(きし)みあう関係に照準を合わせている。いずれも，現代における連帯と協働の可能性（「社会」の経験）を紡ぎ出し，私たち自身と社会との新たな関係に視野をひらくことをめざすものである。

参考文献
雨宮処凛『生きさせろ！――難民化する若者たち』太田出版，2007年
小林多喜二『蟹工船・党生活者』新潮文庫，1953年（初版1929年）
今野晴貴『ブラック企業――日本を食いつぶす妖怪』文春新書，2012年
白樺文学館多喜二ライブラリー『私たちはいかに「蟹工船」を読んだか――小林多喜二『蟹工船』エッセーコンテスト入賞作品集』遊行社，2008年
ハーバーマス，ユルゲン『コミュニケイション的行為の理論（下）』（丸山高司ほか訳）未來社，1987年（原著1981年）
堀江貴文『儲け方入門――100億稼ぐ思考法』PHP研究所，2005年
堀江貴文『ゼロ――なにもない自分に小さなイチを足してゆく』ダイヤモンド社，2013年
マルクス，カール『経済学・哲学草稿』（城塚登・田中吉六訳）岩波文庫，1964年（原著1844年）
マルクス，カール『資本論（8）』国民文庫，1972年（原著1894年）
山田昌弘『希望格差社会――「負け組」の絶望感が日本を引き裂く』筑摩書房，2004年

（豊泉周治）

第2章

なぜ女は生きづらいのか，なぜ男は生きづらいのか

――格差社会のジェンダー

1. 不可視化されるジェンダー

ジェンダーという言葉

　「ジェンダーという言葉を知っていますか？」という質問から始めなければならないかもしれない。ジェンダーという言葉を聞いたことがない，あるいは聞いたことはあるが意味はわからないという大学生が，実際に最近では少なくないからだ。私の経験では，いまの新入生の半数程度はそうした学生なのではないかと思う。数年前までは一度も聞いたことがないという大学生はほとんどいなかったし，「社会的・文化的性別」という訳語も含めて，この言葉が何を問おうとしているのか，おおよその理解があった。ところがいまはまったく知らないか，あるいはむしろ忌避すべき言葉として漠然とした印象をもっている場合も少なくない。ジェンダーをめぐる若者の認識は，十数年も前の水準に戻った観がある。

　若者がジェンダーについて無関心になった，不勉強になった，といいたいのではない。こうした状況が生まれた理由ははっきりしている。高校生までの若者がジェンダーという言葉にふれるほとんど唯一の機会であった学校教育の場で，この言葉が使われなくなり，教科書からほとんど姿を消したからである。なぜ使われなくなったのか，その理由もはっきりしている。1990年代に教育現場に広がった「ジェンダーフリー」の教育に対して，2000年代に入ると，それを「男らしさ」や「女らしさ」をすべて否定する過激な思

想であるとして、「保守派」の知識人や政治家による激しい批判がマスコミや地方議会、国会において展開されたからである。やがて教科書検定においても「ジェンダーフリー」という言葉の使用は不適切とされ、さらには「ジェンダー」という言葉までもが教育現場で使用が控えられるようになった。ジェンダー論の視点からすれば、2000年代は「保守派」の知識人や政治家、マスコミによって繰り広げられたかつてないバックラッシュ（反動）の時代だったのである。そして2000年代半ば以降、多くの若者にとってジェンダーはまともに学ぶ機会のない言葉となり、マスコミを通じて漏れ聞くジェンダー批判のために、むしろ漠然とした忌避感を抱かせる言葉となった。

このようにジェンダーという言葉はきわめて政治的な言葉である。しかし、なぜ「男らしさ」や「女らしさ」の問題が「政治的」なのであろうか。「政治的」とは、一般に権力の配分関係にかかわることを意味するが、この言葉はいかなる権力関係にかかわるのか、あるいは「保守派」とされる人びとはどのような権力関係を保守しようとしているのか。そうした点を念頭におきながら、ジェンダーという言葉の意味を確認しておこう。

ジェンダーという言葉が『広辞苑』に登場するのは1991年の第4版からである。そこには「生物学的な性別を示すセックスに対して、社会的・文化的に形成される性別。作られた男らしさ・女らしさ」とある。今日、こうした説明が広く通用しているが、近年ではセックスも生物学という文化的営みによって定義されるのだから、ジェンダーに含まれるとする議論も有力である（コラム4参照）。ここではセックスの定義の文化的相対性も含めて、生物学的な性別と社会的・文化的な性別の違いを理解しておこう。そのうえで、この区別がなぜ政治的なのかといえば、ジェンダーの思想を育んだ1960年代以降の第二波フェミニズムの運動において、「女らしさ」への賛美が現代社会における女性の抑圧の根源として発見されたからである（フリーダン、2004年［1963年］）。

第二波の前には、第一波フェミニズムの運動があった。第一波フェミニズムは女性参政権の獲得をめざした19世紀以降の運動であり、20世紀前半には多くの国々で女性の参政権が実現した。ところが、その後も女性たちは「女

コラム4：「セックスはつねにすでにジェンダーである」
　　　　　（バトラー）

　本文では、ジェンダーの概念について、「生物学的な性別を示すセックスに対して、社会的・文化的に形成される性別。作られた男らしさ・女らしさ」という『広辞苑』の説明を引いた。おそらく多くの読者はこの説明を見て、生物学的性別は不変のものだが、ジェンダーという「作られた男らしさ・女らしさ」は社会的・文化的に形成されたものだからつくりかえることができる、と理解したことであろう。それは第二波フェミニズムの基本認識でもある。ところが1990年代になるとポスト構造主義フェミニズムと呼ばれる理論によって、こうしたセックス／ジェンダーの二分法は批判されることになった。それを代表するのが、ジュディス・バトラーのこの言葉である。バトラーによれば、セックス／ジェンダーの二分法は、ジェンダーという文化的構成物に先行して「自然なセックス」が存在するかのような理解を導くが、自然な事実のように見えるセックスも、さまざまな科学的言説によってつくりあげられた文化的構成物なのである。ところがこの二分法によって、オスとメスという「自然なセックス」が実体化され、その結果、ジェンダーの概念も「男らしさ」と「女らしさ」という二分法の罠にとらわれているというのである。

　こうした議論によってバトラーが浮き彫りにするのは、セックスの二分法をあたかも自然な事実とし、それに基づいて異性愛を自然なものとして強制する、ジェンダーの政治的力学（異性愛のマトリクス）なのである。ここではジェンダーの問題は、「男らしさ」と「女らしさ」をめぐる文化的解釈の問題ではなく、「男」と「女」との区分を当然のこととし、階層化する政治（言説）の問題でなのある。バトラーの議論は難解だが、同性愛や性同一性障害、トランスジェンダーなどの性的マイノリティをめぐる問題が広く知られるようになった今日、そこで提起された問題はすでに私たちの目の前にある。

らしさ」にとらわれて家事・育児を「女の役割」とし，競うように主婦となって家庭に入り，社会参加の道を閉ざされて人間としての自己喪失感に苦しんでいた。その現実を前にして，第二波フェミニズムは，「女らしさ」や「女の役割」は生物学的な性差（セックス）による運命ではなく，社会的・文化的に形成された性差（ジェンダー）の神話であり，その神話を打破することが真に女性を解放し，性役割にとらわれない平等な社会を実現する鍵だと唱えたのである。

つまりジェンダーという言葉は，社会的・文化的に形成された男女の不平等を，生物学的な性差として自明視させ，隠蔽する現代社会の仕組みを批判する言葉として成立したのである。そして「ジェンダーフリー」という和製英語は，そうした「女らしさ」や「女の役割」，したがってまた「男らしさ」や「男の役割」という固定観念から自由に（フリーに）なり，「自分らしく」生きることをめざす標語として，1990年代の日本で広がった。なかでも，男子優先の男女別名簿に見られるように「男」と「女」がたえず区別され，序列化される学校教育の現場は，「男らしさ」「女らしさ」の規範を育てる温床となりやすく，「ジェンダーフリー」の教育が求められた。それは，「保守派」の批判が歪曲するような性差の全否定なのではなく，現代の固定的な性役割規範の偏り（ジェンダー・バイアス）に対して敏感になり（ジェンダー・センシティブ），ジェンダーに由来する現代社会の生きづらさと不平等（権力関係）とを教育実践のなかから問い直してゆくことであった。

「個性」とジェンダー

ジェンダーという言葉がどのような意味と背景をもつかを述べた。いまの大学生にはずいぶんと古くさい話のように感じられたかもしれない。家事・育児に専念することが「女の役割」だと信じている学生はほとんどいないであろうし，小学校の頃からずっと混合名簿で学び，男女別名簿の存在すら知らない学生も少なくないであろう。性差に固執する「保守派」の議論は，内容を見れば，いかにも時代錯誤と感じられるであろうし，一方，「男らしさ」

「女らしさ」から「自分らしさ」へという「ジェンダーフリー」の標語も，「個性」が大切といわれてきた学生たちにとって新鮮味はないであろう。ジェンダーという言葉に接する機会がないと述べたが，それ以上に重要な問題は，いまの若者にとって，ジェンダーという言葉が映し出す現実にあまりリアリティを感じられない，ということなのかもしれない。もとよりそのことは，いまの日本でジェンダーの問題が存在しないことを意味するわけではない。問題がいっそう複雑に，そして見えにくくなった，ということである。

かつて「男らしさ」「女らしさ」から「自分らしさ」へという標語は，ジェンダーについて学びはじめた初学者にとって，とりわけ女子学生にとって衝撃的な言葉であった。はじめてこの言葉を聞いて「涙が出た」という女子学生の話はめずらしいことではなかった。学校はまぎれもなくジェンダーの砦であったからである。「男女の特性」を掲げて1958年に導入された中学校技術・家庭科の男女別履修が解消されたのは93年，高校家庭科の女子のみ必修が男女共修となったのが94年のことである。十数年前まで日本の公教育は，これから社会に出ようとする女子学生に対して厳として「家庭責任」を求め，「女らしさ」の教育を行ってきたのである。自分の性（セックス）の「特性」として「女らしさ」を強いられて違和感を感じてきた女子学生にとって，ジェンダーという言葉との出会い，「女らしさ」に制約されない「自分らしさ」の発見は，なるほど鮮烈な体験であったにちがいない。それは，「女らしさ」と絡みあった学校の不可解な生きづらさから女性たちが解放される第一歩であった。

たしかに，男女混合名簿の普及をはじめとして，「ジェンダーフリー」の教育がこのような学校を大きく変化させたことはまちがいない。しかし，次項で見るように，依然として日本のジェンダー格差はきわめて大きい。では，なぜ今日，ジェンダーという言葉のリアリティが失われることになったのか。

事態はなかなか複雑であるが，ここで注目したいのは，1990年代が「ジェンダーフリー」の教育の時代であっただけでなく，同時に新自由主義化する社会の流れを背景として，「個性重視」の教育が強力に推進された時代でもあったことである。その時代は，臨時教育審議会（1984～87年）が明治期，

戦後に次ぐ「第三の教育改革」を標榜して「個性重視の原則」を打ち出し、「個性」を教育改革のキー概念としたことに始まる。その後に改訂された学習指導要領を見ると、「各学校においては……個性を生かす教育の充実に努めなければならない」と、「教育課程編成の一般方針」が今日まで一貫して述べられている。「関心・意欲・態度」を重視する「新学力観」であれ、自ら学び自ら考える「生きる力」であれ、「男女の特性」にもはや言及することなく、一人ひとりの「個性」つまり「自分らしさ」を生かす教育が追求されてきたのである。

「個性を生かす教育」といわれて反対する者はいないだろう。それは「自分らしさ」へという「ジェンダーフリー」の方向とも一致するように見える。だが、実際には、その教育はようやく見えはじめたジェンダーの問題を再び見えにくく、感受されにくくする方向で強力に作用したのである。

一般に「個性」であれ「自分らしさ」であれ、一人ひとりの違いを大切にして多様性を尊重する言葉として歓迎されるが、それが日本の学校教育という大衆的な競争の仕組みのなかにおかれたとき、様相は一変する。「個性を生かす教育」が最初に謳われた指導要領が中学校で実施された1993年から高校入試の改革が進められ、それまでの「偏差値重視」から「個性重視」へと変わり、内申書による「個性」の評価（！）が入試の合否を大きく左右するようになった。「個性を生かす教育」は「個性」の評価に基づく高校入試を生み、「個性化」の競争という皮肉な結果に直結したのである。それは市場競争を原理とする新自由主義化の流れに見合うことでもあった。「個性」という概念に隠されたそうした内実は、一連の教育改革が大学にまで及んだとき、「競争的な環境の中で個性が輝く大学」という「21世紀の大学像」（1998年の大学審議会答申）の言葉となって、いっそう露骨に表明されることになった。

「個性」が「競争的な環境の中」にあって輝くものであるとすれば、「個性重視」のなかで中学生たちは、「自分らしさ」を求めれば求めるほど競争的な環境にとらえられ、他人と切り離された孤独な「自分らしさ」に分断されることになりかねない。「ジェンダーフリー」の標語において鮮烈に自覚さ

れた「自分らしさ」の価値とジェンダー規範（「男らしさ」「女らしさ」）とのせめぎあいは感受されにくくなり，仲間からも社会からも切断された「自分らしさ」の孤独と不安が募るばかりであろう。「自分らしさ」に追い立てる「個性重視」は，一人ひとりを「個性化」の競争に巻きこんで，むしろ生きづらさを生む源泉となるのである。その孤独と不安から逃れようとすれば，むしろそれは「みんなと同じ」という同調圧力を高め，自分を「男らしさ」や「女らしさ」に一体化しようとする動きに変わっても不思議ではない。そこでは「男らしさ」や「女らしさ」の規範とのせめぎあいは自覚されようもなく，「政治的なもの」としてのジェンダーのリアリティは失われることになる。

個人的なことは個人的？

　「個人的なことは政治的である（The Personal is Political）」というのが，ジェンダーの概念を鍛えた第二波フェミニズムの運動を象徴する標語であった。いまこの言葉の意味を大学の教室で伝えるのはなかなか容易ではない。多くの若者にとって「個人的なことは個人的なこと」だからである。

　この標語は，20世紀後半のフェミニズムの発展にとって，さらには近代社会そのものの発展にとって，画期的な意義をもつものであった。家族の私生活のなかで幸せなはずの「女の役割」にいそしみながら，得体の知れない生きづらさの感覚に悩まされていた女たちが，その悩みは個人的なことではなく，性役割に基づいた近代社会の支配関係に由来することを発見したとき，この言葉が誕生した。そして，公的な政治の領域とはいかにも無縁に見える個人の私的な領域に支配と権力の根が見出され，その関係を変革する新しい政治が始まったのである（フリーダン，2004年［1963年］）。20世紀後半，この新しい政治が世界中に広がり，古い政治を動かし，男女の平等に向けて文化と社会を大きく変革した。日本もこの変革の動きと無縁ではなかったが，いまや日本の遅れが目立つ。

　世界経済フォーラムが発表する「ジェンダー格差指数」によれば，2013年の日本の順位は136か国中の105位であり，2006年の80位から後退を続

けている。国際的に見て，日本はジェンダー格差のきわめて大きい国の一つなのである。経済的参加，教育達成，健康・寿命，政治的エンパワーメントの4領域のデータから格差が割り出される。日本は経済的参加が104位，教育達成91位，健康・寿命34位，そして政治的エンパワーメントが118位で，総合105位という結果となった。とくに経済と政治の領域での男女格差が大きく，それらの領域が日本では依然として「男の役割」であり，第二波フェミニズムの掲げた女性の経済的，政治的エンパワーメントが立ち後れていることがわかる。

だが，この大きなジェンダー格差もいまの多くの若者にとって，そして格差にさらされる女性の側にあってさえも，自分の性という「個人的なこと」に根をもつ「政治的なこと」だと理解されるわけではない。たとえば，「男女平等」が当然のように謳われる教育の領域においても，日本の順位は91位にとどまり，男女格差は大きい。格差の主たる理由は大学・大学院など高等教育への進学率の男女差だが，学生たちは，西欧諸国で女性の大学進学率が軒並み男性を上回っている事実を知っても驚くばかりで，そのことを「政治的なこと」だとは考えない。大学進学という教育達成は，本人の選択と努力によって決まる「個人的なこと」だと考えるからである。進学の問題はどこまでも「個人の問題」であって，他人や社会とは関係がなく，ましてや「政治的なこと」ではない。

では，ジェンダーの視点から見ると，教育達成という「個人的なこと」はどのようにして「政治的なこと」なのであろうか。2012年度の日本の大学(学部)進学率は，男子56.6％，女子45.8％で，10ポイントのひらきがあった。主な進学先を専攻別に見ると，男子の場合は社会科学38.7％，理学・工学・農学30.0％，人文・家政・教育・芸術16.2％，女子の場合は社会科学22.0％，理学・工学・農学9.3％，人文・家政・教育・芸術42.6％であり，明白に男女の偏りがあった（文部科学省「学校基本調査」）。大学進学は受験生一人ひとりの選択と努力の結果だが，この数字に表れた明白な男女差はもちろんこの年かぎりの偶然ではなく，誰もが承知しているように例年どおりの結果なのである。

「男女平等」の日本の学校において，なぜこのような男女差が生じるのか。教育社会学の知見によれば，進路の性別分化を誘う「隠れたカリキュラム」という見えない仕組みが作用しているからである（木村，1999年）。「男女の特性」を掲げたかつての技術・家庭科のような，「目に見える」男女別カリキュラムはすでに廃止された。しかし，いまも学校では多くの場面で男女別・男子優先の文化が生きつづけている。男子優先の男女別名簿が批判されたのはそのためだが，ほかにも男性教員中心の学校運営や男子中心の学級運営，男女別の役割分担など，思いあたる節はたくさんある。それらが，学生たちにとって，男女の異なる特性や役割を期待する社会のメッセージとなり，進路選択の男女差や偏りを生んでいるのではないだろうか。そして，大学進学時点でのこの男女差が，卒業後の男女の就職先の違いやその後の処遇の格差に，さらにはジェンダー格差指数で示された経済や政治分野での大きな男女格差に通じていることは，容易に予想がつくであろう。進学という「個人的な」教育達成は，このようにしてジェンダー・バイアスと不可分であり，したがって「政治的なこと」なのである。

2. 生きづらさとジェンダー

自傷するジェンダー

　若者論を中心として「生きづらさ」が時代のテーマとなったのは，ここ10年あまりのことである。その転機の一つが「個性重視」の教育であったことはすでに述べた。そして若者の生きづらさの問題は，当初は主として不登校や引きこもりにかかわる心の問題として，その後はそれに加えて学校から社会への移行期にかかわる格差や貧困の問題として，今日までさかんに論じられてきた。最近の日本青少年研究所の「高校生の心と体の健康に関する調査」（2011年）では，自分は「価値のある人間だと思う」かと問われて「そうだ」と答える日本の高校生の割合は，「まあそうだ」を含めても36.1％に

すぎず，89.1％のアメリカ，87.7％の中国，75.1％の韓国と比べて著しく低かった。生きづらさの感覚はいまも日本の高校生を広く覆っており，ここでとくに注目したいのは，その傾向が女子の側で顕著なことである。「そうだ」と答えたのは男子44.0％に対して，女子26.8％であった。そして女子の51.5％が「あまりそうではない」，21.0％が「全然そうではない」と回答し，じつに「そうではない」が7割以上にのぼった。他の3国の場合はほとんど男女差がないのにもかかわらず，である。本章の表題で「なぜ女は生きづらいのか」と，「なぜ男は……」に先立って問われる理由がある。

　一般に若者の生きづらさは，個人の心の問題として，あるいは格差や貧困の問題として扱われ，ジェンダーの視角から論じられることは少ない。だが，この問題がジェンダーに深く刻印されていることは明白であろう。若者の心の問題の典型として，しばしば引きこもりや摂食障害があげられる。多くのデータによれば，引きこもりの80％は男性であり，摂食障害の90％は女性であるという。この男女間の大きな偏りは明らかにジェンダーに起因するものだが，多くの日本人にとってそれは疑問の対象ではなく，なぜかと問われることも少ない。しかし，どちらも思春期以降の若者が社会へと移行し，成人として自立しようとする際に現れる困難であり，そこには「自傷するジェンダー」ともいうべき，いかにも対照的な男女の生きづらさの実態が顕在化している。

　精神分析の立場からこの点に注目した斎藤環の議論は，精神分析と社会学との視点の違いを浮き彫りにしている点で興味深い。斎藤の仮説によれば，男と女の最大の差異は，「所有」と「関係」をめぐる行動原理の違いである。男性は「所有」に駆り立てられ，社会的成功へのプレッシャーにさらされるために引きこもりやすく，女性は結婚のような「関係」に生きることを求められ，関係性のプレッシャーのなかで摂食障害に陥りやすいというのである（斎藤，2009年）。「所有」と「関係」への注目は，現代における男女の性役割の特徴を見るうえで，社会学的にも重要な指摘である。斎藤は，男女の差異を「脳」のような生物学的性差に還元する議論に反対し，社会的・文化的な性差としてのジェンダーに注目する点で社会学に近づく。ところが「所有」

コラム5：「草食系」の社会学

性交経験率の推移

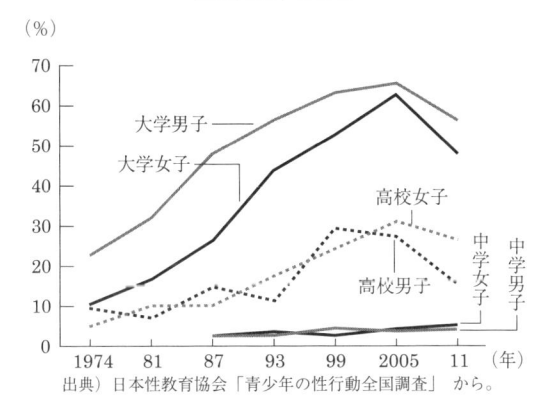

出典）日本性教育協会「青少年の性行動全国調査」から。

　「女子も『草食化』，経験率減る」。『朝日新聞』は日本性教育協会の「第7回青少年の性行動全国調査」の結果について，このように報じた（2012年8月4日）。グラフのとおり1974年の調査開始以来ずっと上昇を続けていた若者の性交渉の経験率が，前回の2005年から下落に転じたことが2011年の調査で明らかになったのである。半世紀にわたって続いた若者の性文化の傾向が2000年代になって変化していることがうかがわれる。それがいま「草食化」という言葉で表現される。

　「草食化」という言葉が生まれたのは2006年。コラムニストの深澤真紀が2006年に「肉」欲に淡々とした若者を「草食男子」と命名した。その後，森岡正博の『草食系男子の恋愛学』で一般に知られるようになり，2009年にはマスコミでもてはやされ，新語・流行語大賞のトップテンに選ばれた。草食系男子VS肉食系女子といった流行の構図を離れてみれば，その言葉は，1990年代後半以降の日本社会の変化に対する若者の適応的変容を示唆するものとして，アメリカの社会学者，ライト・ミルズのいう社会学的想像力を刺激する。たしかにその言葉は，2005年以降の日本の若者の性文化の変化を言い当てていたからである。森岡は草食系男子につ

> いて,「新世代の優しい男性のこと。異性をがつがつと求める肉食系ではない。異性と肩を並べて優しく草を食べることを願う」男性のことだという (森岡, 2008)。ここで社会学的想像力をはたらかせてみよう。「草食系」とは, 本章で述べた女と男の生きづらさに対して自覚的であり, それに対してジェンダー平等の社会の生き方を静かに求めはじめた若者たちだとはいえないであろうか。

と「関係」の原理を心的組織によって基礎づけようとする点で, 社会学とは正反対の方向に進む。斎藤は, フロイトの精神分析に依拠して, 男は必然的に所有原理の「こころ」をもち, 女は必然的に関係原理の「こころ」をもつとして, それぞれの行動の原理を心的組織に還元するのである。結局, 現にあるジェンダーのあり様と格差は男女の「こころ」が必然的に生み出す結果であり, 男女の生きづらさもまたその結果ということになり, ジェンダーに注目した斎藤の意図はすっかり混乱してしまう。その点で斎藤の議論は,「脳」を「こころ」に置き換えただけで,「女脳」「男脳」を持ち出して性差の現状を不可避のものとする俗流生物学の議論と大差はない。

　社会学的に見れば, 若者の生きづらさの原因は「脳」や「こころ」にではなく, ジェンダー格差に刻印された社会の仕組みの側にある。斎藤の仮説でいえば,「所有」と「関係」は男女の心的組織の原理なのではなく,「男らしさ」と「女らしさ」を編みこんだ社会的組織の原理なのである。一方には「男らしさ」を「所有」に駆り立て, 同時にそこからの排除の脅威にさらす仕組みがあり, 他方には「女らしさ」を「所有」から排除して「関係」に駆り立て, 同時にそこにも安んじさせない仕組みがある。自分を「価値のある人間」だと思えない女子学生の比率の格別な高さは, この二重の排除の脅威に起因するものと考えられる。ところが「個性重視」が煽られるいま, これらの排除の仕組みを不可視化し, 自己責任化する仕組みが強力に作用している。つまりここで「社会学的」とは, この不可視化する仕組みを逆にたどって, それぞれの生きづらさのなかからジェンダー格差の刻印された社会を発見することなのである (コラム5参照)。

女性の貧困化

　第1章では，格差と貧困を拡大させる社会の現実を，一人ひとりの生きづらさの足下から問い返す必要性について述べた。そして本章では，その鍵として，ジェンダーの概念があることを見てきた。ところが，2000年代の半ば以降，一般に格差・貧困についての議論が大きく広がる一方で，むしろ女性の貧困とジェンダー格差の問題は忘れられるか，軽視される傾向があったように思われる。たとえば，現代の貧困が「年越し派遣村」の男性労働者の姿によってクローズアップされたように，非正規で働く若者の貧困が問題とされる場合，報道で取り上げられるのは主として男性の例である。しかし，非正規で働く労働者は女性のほうがはるかに多く，しかもより固定的であり，格差と貧困の問題により広く，より深く脅かされているのは，男性よりも女性のほうである。『朝日新聞』は，「単身女性の貧困3割強　母子世帯は57％」という見出しで，2007年の「国民生活基礎調査」から算出された相対的貧困率について，次のように報じた（2011年12月9日）。

　　一人暮らしの女性世帯の貧困率は，勤労世代で32％，65歳以上では52％と過半数に及んだ。また，19歳以下の子どもがいる母子世帯では57％で，女性が家計を支える世帯に貧困が集中している。貧困者全体の57％が女性で，95年の集計より男女格差が広がっていた。非正規雇用などの不安定な働き方が増え，高齢化が進むなか，貧困が女性に偏る現象が確認された形だ。

　他紙による報道がなかったのは，女性に偏る貧困の事実がマスコミ各社にとってあまり報道価値のない問題とみなされたからか，あるいは世間一般において女性の貧困を軽視する風潮があるからと考えてよいであろう。だが，女性の貧困に冷淡な社会の現実のなかにこそ，若者を襲う現代の格差・貧困問題の基本的な仕組みが隠されているのである。というのも，現代の格差・貧困は1990年代後半以降における非正規雇用の拡大に起因するものだが，

非正規雇用の差別的待遇はそれ以前から，主として中高年女性のパート就労として広く一般化していたからである。

いわゆる日本型雇用システムのもとで，世帯主となる正規雇用の夫と専業ないしパート就労の妻，そして子どもという「標準家族」がモデルとなり，扶養される「はず」の女性の就労は，家計補助的なものとして周辺化され，非正規雇用として差別化されてきた。とくに1985年の年金制度改革は，差別的な格差と低賃金の仕組みを固定化することにつながった。この改革によって，厚生年金等の加入者（主に夫）に扶養される配偶者（主に専業主婦ないしパート就労の妻）は，保険料の負担なしに基礎年金を受給できるようになったが，そのために扶養限度内（現行では年収130万円未満）で働くことが要件となり，同時に「日本型福祉社会」の担い手として，家族の福祉の責任を担う者とされたのである。ジェンダー格差に基づいたこうした役割モデルのもとで，多くの女性は「所有」から排除されて家族の「関係」の担い手となり，差別的な待遇が問題とされることもなく，「主婦パート」という巨大な非正規労働市場が拡大しつづけたのである。

第1章で述べたように，1990年代後半以降，日本型雇用システムの解体・再編が進み，労働市場の規制緩和と非正規雇用の拡大によって，正規／非正規に分断された労働市場の格差構造はパート就労の女性だけでなく，若年層をも巻きこんで広がった。新規学卒者を一括して正規採用する従来の雇用慣行が崩れ，非正規化の波は新卒の若者にも及び，その結果，格差と貧困が若年層の男性にまで広がり，働く貧困層（ワーキングプア）が注目されるようになったのである。だが，既述のように，格差と貧困は女性の側にいっそう大きくのしかかった。非正規雇用の基盤がもともとジェンダー格差にある以上，若年層の非正規化の波はより広く若年層の女性を巻きこみ，中高年女性のいっそうの非正規化とあわせて，女性の就業全体の非正規化を進行させたのである。

1992年に39.1％であった女性の非正規雇用者の比率は，2012年には57.5％にまで上昇した。男性は9.9％から22.1％への上昇であった（2012年「就業構造基本調査」）。一方，この間，未婚率と離婚率がともに急上昇し，女性が

扶養される「標準世帯」はけっして標準ではなくなり，2010年には単独世帯数が夫婦と子どもの世帯数を抜いて，家族類型で最多となった。女性の単独世帯や母子世帯など，女性が家計を支える世帯が増加し，上記の報道のとおり，非正規化の波は女性の貧困化に直結したのである。

3. ジェンダー平等の社会へ

移行期のジェンダー格差

　女性の貧困化について述べたが，それは男性の貧困を軽視するからではなく，労働市場の分断から生じる現代の格差・貧困の基本的な仕組みがジェンダーの格差に深く根ざしていることを確認するためであった。1990年代半ば以降の雇用環境の悪化と労働市場の規制緩和によって，その分断の仕組みがジェンダーの枠を越えて拡大し，学校から社会への移行期をたどる若者全般にまで及ぶようになったのである。そのことが，今日の若者の生きづらさの根底にある。

　実際に15〜24歳の学校を卒業した若者について見ると，就職者のうち正規雇用に就いた者の割合は，1995年には男性90.2％，女性84.0％であったが，10年後の2005年には男性71.1％，女性59.9％へと，大きく減少している。逆に卒業した若者のうち非正規の職に就いた者，失業者，無業者の合計が占める割合は，この間に男性は20.1％から44.5％へ，女性は33.5％から54.4％へと急上昇している（後藤，2011年）。若者が学校を卒業して正規に雇用されることは1990年代前半まではごく普通のことだったが，その後の10年で状況が劇的に変化し，およそ半数の若者が従来の普通から排除されるという，過酷な状況が生まれたことがわかる。そして，学校から社会へのこの困難な移行期は，ジェンダーによる格差を明白に含みながらも，しかし「個性重視」の教育のもとで，それを覆い隠すようにして競争的に，学歴格差を顕在化させながら進むのである。2007年のデータで見ると，学校を卒業し

た 20〜24 歳の若者が正規雇用の職に就いている割合は，男性の場合，中学卒 40.6％，高校卒 58.2％，短大・高専卒 68.6％，大学卒 74.8％，女性の場合は中学卒 11.0％，高校卒 34.7％，短大・高専卒 63.4％，大学卒 72.1％であった（労働政策研究・研修機構，2009 年）。

　みごとなほどくっきりと学歴格差が浮かび上がる。一方，ジェンダー格差のほうは低学歴で歴然としているものの，高学歴になるほど縮小しており，大学卒の場合はほとんど目立たない。たしかに大学生にとって就職をめぐる格差はジェンダーの問題ではなく，学歴（教育達成）という「個人の問題」として感受されても不思議ではない。ただし，それが卒業直後までのことでしかないこともまた明らかである。同じデータの 25〜29 歳，30〜34 歳の時点を見ると，男性大学卒の正規雇用の比率は 79.9％から 86.5％へとさらに上昇するが，女性大学卒の場合は 59.3％から 44.2％へと大きく下落する。結婚や出産にともなう正規雇用からの退職が主な理由だが，そこには大学卒の女性も含めて，結婚後の女性を専業主婦ないし非正規雇用（パート労働）へと誘導する強力な力学がいまも厳然と作用していることを見ておく必要がある。既述のように，主婦パートという巨大な非正規労働市場の持続が，正規／非正規の分断，そして非正規雇用の差別的待遇と貧困化（ワーキングプア化）の基盤でありつづけているのである。

　現代の若者は，この見えにくいジェンダー格差と歴然とした学歴格差の入り組んだ競争的仕組みのなかで，「自分らしさ」を求めて学校から社会への移行期を手探りで進んでいる。その移行期は，かつてとは比べものにならないほど過酷で複雑である。かつて「受験戦争」が批判された学歴社会は，あえていえばエリート／ノンエリートをめぐる「受験」戦争でしかなかった。ところが，現在の競争的仕組みにおいて「自分らしさ」の闘いは，ジェンダー格差と交錯した正規／非正規の労働市場の分断をめぐる闘いであり，貧困に直結する社会的な排除／包摂をめぐる闘いだからである。それは「所有」をめざす男性にとってはより直接的な闘いであり，「所有」と「関係」とに引き裂かれる女性にとってはより錯綜した闘いとなる。この闘いを「自己責任」として孤独に引き受ける若者にとって，いずれの性にあってもその重圧は，

ささやかな失敗でさえ自分は「価値のある人間だ」という思いを打ち砕くのに十分であろう。それは自分自身からの排除であり，それぞれの内面化したジェンダーからの排除でもある。そして，その先に，引きこもりや摂食障害のような自傷するジェンダーの病理が生まれるのである。

ジェンダー平等化の政治

　前節では，若者の生きづらさがジェンダー格差に刻印された社会の仕組みに深く根ざしていること，しかし，にもかかわらず「自分らしさ」を求める競争的仕組みがそうした社会の仕組みを不可視なものにしていることを述べた。「男らしさ」「女らしさ」から「自分らしさ」へというジェンダーフリーの標語はいまも価値を失ったわけではないが，「自分らしさ」が「個人的なこと」にとどまるかぎり，その標語は意に反してジェンダー格差を覆い隠すことになりかねないのである。

　その点であらためて重要になるのは，「個人的なことは政治的である」というもう一つの標語である。この標語は，第二波フェミニズムにおいて，主婦たちの個人的な生きづらさの苦悩から，性役割に基づく近代社会の支配構造をあぶり出すものであった。一方，現代の若者にとって移行期の生きづらさは，ジェンダーの格差に根ざしつつ，それを覆い隠すように作用する分断された労働市場の仕組みによってもたらされていた。つまり男女それぞれの生きづらさという「個人的なこと」は，ここではそうした労働市場の仕組みをあぶり出し，その基盤にあるジェンダー格差とそれを覆い隠す社会を問い直すものとして，「政治的」なのである。社会学的に見れば，そうした生きづらさの苦悩は，ジェンダーの格差を解消し，男女それぞれが「自分らしく」生きることのできるジェンダー平等（男女平等）の社会を希求し，またそのための政治を希求するものなのである。

　第二波フェミニズムにおいて「政治的」であるとして注目されたのは，とくに私生活の領域における性役割の問題であった。見てきたように，現代日本においてその問題は，労働市場の仕組み（経済）とそれを支える社会政策（政

治）を通じて社会全体に構造化されていた。今日，ジェンダーの視点による私生活の「政治的」な問い直しは，経済と政治に織りこまれた社会全体の構造（システム）にまで及ぶものでなければならない。ところが，「ジェンダー格差指数」で136か国中の105位という順位が示すように，日本ではそのための政治の展開が著しく立ち後れてきた。とりわけ104位の経済的参加，118位の政治的エンパワーメントは最低ランクに位置する。2006年の第1回調査ではいずれも83位であったから，この間，他国の平等化の動きにさらに遅れたことになる。

格差指数の内容を詳しく見ると，「経済的参加」は男女の労働力率，賃金や所得，管理職や専門職の比率の格差を指標とし，「政治的エンパワーメント」は国会議員や閣僚の女性比率，過去50年間の女性の首相や大統領の数を指標としている。日本では「男女平等」というと，憲法に明記されてすでに達成されたことのように観念される一方で，この指標に表れた「ジェンダー格差（不平等）」の実態は「仕方がない」こと，あるいは「自己責任」の結果として，黙認されてきたように思われる。1985年には雇用の場での男女差別の撤廃に向けて男女雇用機会均等法が制定され，1999年には男女が性別にかかわりなく個性と能力を発揮できる社会をめざして男女共同参画社会基本法が制定されたにもかかわらず，である。

ところが，日本でジェンダー格差の問題が「個人的なこと」に押しとどめられてきたこの間に，世界各国ではジェンダー平等化の政治が大きく進展していたのである。国会や地方議会での女性議員の比率を割り当てる「クオータ制」を導入している国は，すでに100か国近くに達し，上場企業に女性役員の登用を義務づける動きもEU諸国で広がっている。「ポジティブ・アクション」と呼ばれる，そうしたジェンダー平等化のための政策が実際にどのようなものか，世界各国の実例から学ぶことができる（辻村みよ子，2011年）。その点については参考文献を参照してほしい。日本のジェンダー格差が「仕方がない」ことでも「自己責任」でもないこと，そして「政治的なこと」であることが，あらためて理解されるであろう（コラム6参照）。

コラム6：女性の労働力率と従業者率
——日本とスウェーデンとの比較

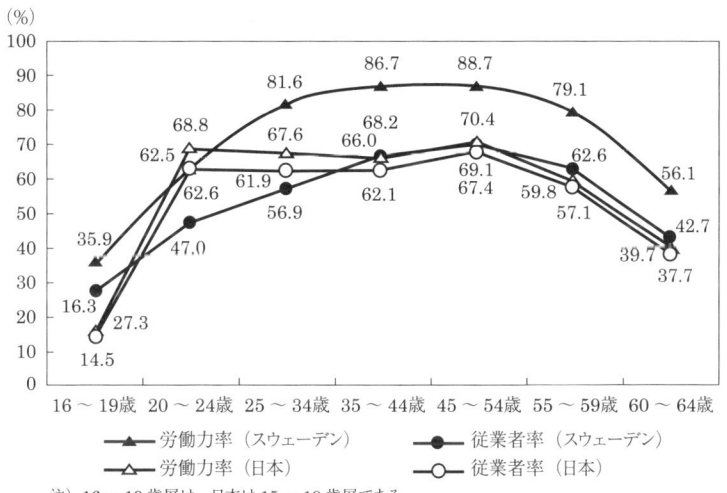

(%)

グラフデータ：
- 労働力率（スウェーデン）：35.9、68.8、81.6、86.7、88.7、79.1、56.1
- 従業者率（スウェーデン）：27.3、62.5、67.6、68.2、70.4、62.6、42.7
- 労働力率（日本）：16.3、62.6、66.0、69.1、67.4、59.8、39.7
- 従業者率（日本）：14.5、47.0、56.9、61.9、62.1、57.1、37.7

年齢区分：16～19歳、20～24歳、25～34歳、35～44歳、45～54歳、55～59歳、60～64歳

凡例：
- ▲ 労働力率（スウェーデン）
- ● 従業者率（スウェーデン）
- △ 労働力率（日本）
- ○ 従業者率（日本）

注）16～19歳層は，日本は15～19歳層である。
出典）1. スウェーデン　Statistics Sweden "Labour Force Survey 2003"
　　　2. 日本　総務省統計局「労働力調査」（平成16年）。

　日本におけるジェンダー格差を外国との比較で論じるとき，かならず言及されるのが「M字型カーブ」と呼ばれる年齢別労働力率のグラフである。日本の女性の労働力率は20歳代でいったんピークに達し，結婚・出産退職のためにその後低下して30歳代後半に底を打ち，40歳代で再び上昇して二つめのピークを形成する。それは結婚・出産後の就労継続が日本の女性にとって依然として困難であり，そのことが日本の男女の賃金格差や社会的格差の背景となっていることを示している。そのために「M字カーブの解消」が叫ばれ，スウェーデン女性の「逆U字型」が一つのモデルとされてきた。では，M字解消のために日本の30歳代女性には，いま以上に働くこと（従業者率の向上）が求められるのであろうか。
　グラフは，厚生労働省『平成16年版　働く女性の実情』に掲載された

第2章　なぜ女は生きづらいのか，なぜ男は生きづらいのか　39

日本とスウェーデンの労働力率および従業者率の比較である。労働力率には失業者と休業者の割合も含まれ，スウェーデンの場合は休業者の割合がかなり高い。そこで失業者と休業者を除いた従業者率を見ると，30歳代前半までは日本のほうが高く，その後はスウェーデンのほうが高くなるものの，その差はわずかであることがわかる。従業の実態から見れば，日本の女性はすでにスウェーデンの女性と遜色のない働き方をしているのである。それどころか，出産期の日本の女性の従業者率は明らかにスウェーデンを上回っている。決定的な違いは，出産等に際してスウェーデンの女性が就業者の地位を維持しながら休業できるのに対して，多くの日本の女性はいったん退職して無職とならざるをえないことである。「M字カーブの解消」のために必要なことは，M字型の底を上昇させることだが，そのために必要なことは，女性が出産期も休まず働くこと（従業者を増やすこと）ではなく，スウェーデンのように就業者でありつづける休業者を増やすことなのである。

参考文献
木村涼子『学校文化とジェンダー』勁草書房，1999年
後藤道夫『ワーキングプア原論――大転換と若者』花伝社，2011年
斎藤環『関係する女　所有する男』講談社現代新書，2009年
辻村みよ子『ポジティヴ・アクション――「法による平等」の技法』岩波新書，2011年
日本青少年研究所『高校生の心と体の健康に関する調査報告書――日本・米国・中国・韓国の比較』2011年
バトラー，ジュディス・『ジェンダー・トラブル――フェミニズムとアイデンティティの攪乱』（竹村和子訳）青土社，1999年（原著1990年）
フリーダン，ベティ『新しい女性の創造』（三浦冨美子訳）大和書房，2004年改訂版（原著1963年）
森岡正博『草食系男子の恋愛学』メディアファクトリー，2008年
労働政策研究・研修機構『若年者の就業状況・キャリア・職業能力開発の現状――平成19年版「就業構造基本調査」特別集計より』2009年

(豊泉周治)

第3章
〈権力〉への欲望
──犯罪者に対する道徳的なまなざし

　社会学が「社会」について説明するとき，ミクロな相互作用から出発するか，マクロな社会問題から出発するかによって，浮かび上がってくる「社会」のイメージは異なってくる。対面的状況における日常的な行為を観察すると，自己と他者との関係は，その大半が"透明"なものとして，どこかで"別様でありうる"可能性を残したものとして現れる。その一方，戦争，貧困，環境破壊など，巨大な社会問題が生まれる構造的背景について分析するとき，そこに個人の力ではいかんともしがたい"壁"が立ちふさがっていることに，われわれは気づかされる。そこでわれわれは，〈権力〉の存在に気づくのである。社会は，個人の主観的な意図とは離れて，あるいは主観的な意図に反して自律的に作動するメカニズムとして存在する。こうした実感こそが，社会を構成する本質の一つである〈権力〉について分析する出発点である。

　社会学が〈権力〉について語るとき，かならずしも，それをすべて廃絶すべきであると前提しているわけではないことに，注意する必要がある。たとえば，ニクラス・ルーマンに代表される社会システム論の立場では，権力ないし権力を媒体（メディア）として作動する「政治システム」は，われわれが行為調整を行ううえで不可欠なものとして説明される（ルーマン，1986年［1975年］）。行為調整という言葉で意味するのは，実践的な問題について人間同士で取り決めをする際，選択しうる可能性をすべてあげ，互いに一つひとつ吟味してゆくとなると，それにかかる負担が莫大なものになるということである。そこで，権力を不平等に配分しておき，権力者に決定権を付与することによって「負担軽減」をはかる。これはあらゆる社会に備わっている機能であり，したがって権力を完全になくすことは不可能であるといえよう。

しかしその一方，われわれが生きる近代社会が，それ以前の社会と比べて権力の集中や独占をその特徴としていることを，無視するわけにはいかない。むしろ，19世紀に新しく生まれた社会学という学問は，個人を超越する強大な権力を前に，それを分析することを課題としてきたといっても過言ではない。われわれは，強大化した権力を前にただ立ちすくむしかない無力な存在なのだろうか。また，権力が不必要に強大化し暴走してゆくうえで，諸個人はどのように関与しているのだろうか。この章では，権力が生成するメカニズムを解き明かしながら，われわれが権力を必要としてしまう側面，権力を求めてしまう側面について考えてみたい。

1. 権力の歴史／権力の社会学

近代国家と権力

　世界史の教科書をひらくと，「近代社会」の始まりについてさまざまな説明がなされている。「権力」に焦点を合わせるならば，17世紀の西欧諸国における絶対王政の成立こそが，その後の近代的な国家権力の基礎をつくったといってかまわないだろう。マックス・ヴェーバーは，『職業としての政治』において「国家とは，ある特定の地域の内部で，正当な物理的暴力の独占を要求する人間共同体である」と述べている（ヴェーバー，1980年［1919年］）。これは国家についての一般的な定義であるが，同時にこの説明は，絶対王政期以降，常備軍や警察の権力が増大し，そうした「暴力」を正当な（legitimate）ものとして認められるかどうかが政治の焦点となったことを暗示している。一般的にいって，絶対王政とはかならずしも王権そのものの伸張を意味しない。むしろ，交易の拡大によって国益の保護が至上命題となるとともに，（主として重商主義政策に基づく）経済運営を行う国家官僚と，主権を侵害されないよう国土防衛にあたる常備軍とが勢力を拡大するのが，この時期の特徴であって，それは革命によって王が権力の座から降ろされて以降も変わりない

のである。

こうした歴史観におおむね従いながらも、少し違った観点からその後の権力の歴史を生き生きと描き出したのが、フランスの社会学者であり哲学者でもある、ミシェル・フーコーである。『狂気の歴史』(1975年［1961年］)、『監獄の誕生——監視と処罰』(1977年［1975年］)、『性の歴史1 知への意志』(1986年［1976年］) といった彼の代表作に共通していえるのは、彼が描き出した権力は「抑圧する」権力ではないということである。フーコーはむしろ、近代における「服従する主体を生み出す」権力のメカニズムを明らかにしている。じつは、先に提起した権力を「暴力」であるとする見方、つまり主観的な意図に反して作動するメカニズムとして把握する見方は、権力をとらえるうえで一面的なものでしかない。むしろ、知らず知らずのうちにわれわれは見えない権力に統治され、自ら進んで服従するよう仕向けられているのである。

規律権力と生権力

フーコーは、『監獄の誕生』において、18世紀における「規律権力」という統治技術の発展について歴史的に描き出している。規律権力とは、個人の精神と身体にはたらきかけることによって規律を内面化させる力であり、そのために膨大な量の知、すなわち学問が動員されていたことが明らかにされる。

それ以前、ただひたすら国王の権力を誇示する目的で処刑が行われる時代があった。拷問や烙印、そして公開の場での引き回しのうえ、八つ裂きにされる。こうしたスペクタクルとしての処刑はほどなく廃止され、それに代わって、規律権力が主体の改造にとりかかる。それは監獄（刑務所）のみならず、兵舎、学校、病院、工場といった施設に共通する現象で、詳細な規律を秩序づけるかたちで発展していった。フーコーの説明によれば、それは「空間配分の技術」(成績による配置)、「時間配分の技術」(起床から就寝までのスケジュール管理)、「段階的成長の組織化」といった技術を含み、処罰と褒賞（ほうしょう）、そして試験を活用することによって人間を規格化し、自発的に行動する人間を育て

ることを目的としていた。『監獄の誕生』におけるもっとも印象的な例は，功利主義の思想家であるジェレミ・ベンサムが18世紀後半に考案した「パノプティコン（一望監視）」型の監獄である。これは，円環状に独房を配置し，その中心に監視塔を立てるという建築である。こうして囚人を可視化・個別化し，互いにコミュニケーションできないようにする。さらに，監視人がいなくてもすむよう監視塔

パノプティコン

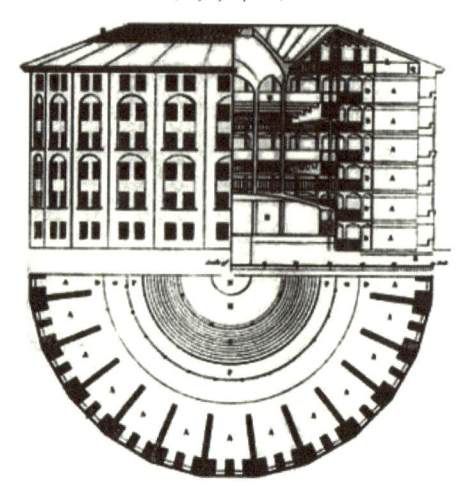

はあえて薄暗くしておき，つねに囚人に「監視人がいるかもしれない」と思わせる。すると，囚人の心のなかに「第二の監視者」が生まれ，自ら規律正しい囚人を演ずるようになるのである。いわば，他者のまなざしを内面化することによって服従する主体を形成する，究極の規律権力的な技術なのである（コラム7参照）。

　フーコーは，のちに規律権力と並んで「生権力」という概念を考案する。これは『性の歴史1　知への意志』や講義録『生政治の誕生』（フーコー，2008年［2004年］）などで展開される概念で，殺す権力ではなく「生かす権力」であると説明される。たとえばフランスでは，1870年の普仏戦争に敗北したとき，出生率の低下がその原因であると議論されるようになる。これをきっかけに国家が国民の健康や人口を管理し，そのために「生」の領域に積極的に介入する時代が始まったのである。すなわち，出生という私秘的な問題が「出生率」という公的な問題となり，出生率とともに死亡率や疾病率の統計がとられ，生殖行為が社会的に管理されるようになるのである。ここでも学問が果たした役割はきわめて重要で，そのために人口統計学，公衆衛生学，性教育などが発達している。社会学の古典であるエミール・デュルケムの『自殺論』（1985年［1897年］）を読むと，当時すでに膨大な自殺に関する統計が

コラム 7：自由と学問

　権力について考察を深めてゆくと，自由とはいったい何か？　という問いに突きあたる。パノプティコンの例を思い出そう。囚人たちは心のなかに「第二の監視者」をつくり，そのまなざしを内面化することによって規律正しい囚人を演ずるようになる。フーコーのいう規律権力とは，このように人間の行動を内面から束縛するものである。

　しかしこれは，われわれが成長する過程で，社会で通用する規範を一つひとつ学んでゆく「社会化」のメカニズムと何ら変わりないとはいえないだろうか。社会学における相互行為論の基礎をつくったジョージ・H. ミードは，子どもは，まず身近な母親など特定の「意義ある他者」の期待に応えようとして社会規範を身につけ，それから徐々に「一般化された他者」の期待を内面化してゆくようになると説明した。他者のまなざしに囲まれて成長することによって，社会のルールを身につけた大人となることができる。だとすれば，われわれの行為はすべて他者の権力によって支配され，およそ権力から「自由」な行為など存在しないということになってしまうのか。

　もちろん話はそう単純ではない。社会化のプロセスに終着点はないからである。すでに内面化した規範とは矛盾する新しい規範に出会うことによって，既存の権力の支配から逃れることはできるだろう。権力とはやはり不動の"壁"ではなく，どこかに"別様でありうる"可能性を残したものなのである。これは，日常語でいう「自由」とやや異なるかもしれないが，人間の人格がすべて権力に束縛されたものにすぎないというのが言い過ぎであるのは，まちがいない。

　では，「権力」を強調したフーコー理論の意義はどこにあるのだろうか。その一つは，歴史的な分析によって，権力の作動に知＝学問が介在していることを明らかにした点にある。精神医学や心理学，そして教育学も統計学も，権力の道具となりうるのである。学問的な真理とわれわれが信じが

> ちなものがイデオロギーとしての機能を果たしていることを徹底的に暴いてくれるのが，フーコー理論の魅力である。さて，それでは，学問とはつねに権力の道具でしかないのだろうか。それもまた，おそらく誤りであろう。われわれが「自由」を勝ちとるためには，権力の道具としての学問を相対化する「批判的」な学問に出会わなければならず，それこそが学問を学ぶことの意義であろう。

存在したことに驚かされるが，それはこうした時代背景があってのことである。

　フーコーが例としてあげるのは，一つには子どもの自慰の撲滅と監視についてである。寄宿舎における自慰が"性的な倒錯"であるとして問題視された時代，貴族の家庭教師となった文学者ヘルダーリンは，自慰を防ごうと昼も夜も見張りをし，鞭も使ったという逸話が残っている。もう一つの例は，性倒錯や同性愛に関する医学の登場である。性的逸脱を規制すべく，露出狂，フェティシズム，動物愛好症，サディズム，マゾヒズムが問題視された。フーコーが注目するのは，当時の人びとが自ら「異常」であるとして医者に行き，私秘的な事柄を語っていたという事実である。19世紀のブルジョア社会では，性について語ることは禁圧されているように見えながら，じつは饒舌に語られていたのである。

2. 監視社会化

監視の現在

　フーコーが描いてみせた権力という概念は，その後の時代のさまざまな事例を想起させる。監視については，ジョージ・オーウェルの小説『1984年』(1948年)に描かれた近未来を思い出す人もいれば，治安維持法下の日本や旧東独における密告の奨励を思い出す人もいるだろう。生権力については，

コラム8：ナチスと健康増進

　ナチスが健康増進に熱心な政権だったというのは，意外に思えるかもしれない。本文で指摘したように，ナチスは反タバコ運動や有機野菜の普及を行っていたが，それだけではない。アスベストやX線被曝の健康被害，そして人工着色料や防腐剤に対する警告にも取り組んでいるのだ（ロバート・N.プロクター『健康帝国ナチス』2003年［1999年］）。さらに，有名なワンダーフォーゲル運動やベルリン・オリンピックの開催など，体育・スポーツ分野での熱心さも際立っている。こうした事実をどのように評価すべきだろう。「なるほど，ナチスにも良い面と悪い面があったのか」。……そう解釈してよいものだろうか。

　次章でも取り上げるが，ナチスは「優秀な者」と「劣った者」との選別に熱心だった。当時流行した優生学や骨相学などをとりいれて「遺伝的に優秀な」子孫を残そうとした半面，「劣っている」とされる者（身体障碍者，精神障碍者，ユダヤ人，シンティ・ロマ人など）を次々と抹殺していった。もちろん，遺伝的な優秀さと一般的な健康／不健康とは無関係である。しかし，総力戦体制の時代，国力のすべてを動員して戦争に協力させるようとするなかで，広い意味での"不健康な者"は，役立たずの社会のお荷物であるとして蔑まれるようになっていったのである。

　ひるがえって，2002年に制定された健康増進法やその後のメタボリックシンドローム対策についてはどうであろうか。近年の日本でも，国策として健康増進が進められている。たしかに国民が健康で長寿になるのはそれ自体として悪いことではない。しかし，こうした政策によって"不健康な者"が肩身の狭い思いをする社会にはならないだろうか。健康増進法のねらいは，病気にならないよう自己管理をさせることによって，医療コストを削減してゆくことである。つまりこれは，少子高齢化と「小さな政府」をめざす新自由主義改革の流れのなかで実行されている，一連の福祉削減の一環なのである。福祉削減によって障碍者や病人，高齢者が肩身の狭い

> 思いをする社会になりはしないか，きちんと注視する必要がある。ちなみに，健康への関心が高かったナチス政権下のドイツでは，障碍者やユダヤ人，そして共産主義者は，「癌」「悪性腫瘍」，そして「浄化すべき」といった比喩で語られていたという。

　戦時下の日本における厚生省の創設（1938年）という事例もそうだし，近年の健康増進法の制定（2002年）やメタボリックシンドローム対策も，これにあたる。生権力といえば，ナチスが健康増進と反タバコ運動を進め，有機野菜の普及をめざす一方，「断種法」（1933年）や「T4作戦」（障碍者安楽死政策，1939年）によって，「健康でない」「清潔でない」とされる障碍者や重症患者を抹殺しようとしたという事例も忘れてはならない（コラム8参照）。

　フーコーのパノプティコンなど監視技術の説明については，監視カメラに取り囲まれて生活するわれわれ自身のことを考える人も多いだろう。現在，街路や店舗，公共施設など，いたるところに監視カメラが設置されている。東京新宿の歓楽街・歌舞伎町には，たった600m²のエリアに50台以上の監視カメラが犯罪に目を光らせている。また，子どもの安全に対する保護者の危機意識の高まりを受けて，通学路や住宅地に設置する動きも広がっている。監視カメラの形をしたフェイクも販売されているが，監視できない監視カメラが効果をもつとすれば，パノプティコンと同じ原理でわれわれは他者のまなざしを内面化しているからなのかもしれない。

　デイヴィッド・ライアンの『監視社会』（2002年［2001年］）にあるように，情報技術の発達とともに，われわれの個人情報は電子化され，データベース化されると同時にネットワーク化される。たとえば，ネット上で買い物をするときや各種ポイントカードに入会するときに提示した情報が，どこでどのように使われているのか，われわれにはわからない。あるいは，鉄道会社が発行するICカード（首都圏であればSuicaやPASMO）を利用することによって，自分が，いつ，どのような経路で交通機関を利用したか，すべて記録されてしまう。クレジットカードの利用履歴とともに，これを捜査機関に濫用されれば，容易に被疑者に仕立て上げられる危険性も考えられる。電話の通話履

歴についても，まったく同じことがいえる。また，銀行のATMやマンションの入口などではバイオメトリクス（生体認証技術）による本人確認が行われ，指紋や瞳の虹彩（こうさい）のデータが記録されている。フランスの哲学者ジル・ドゥルーズが『記号と事件』（2007年［1990年］）で「規律社会から管理社会へ」と説明するように，学校，工場，監獄，病院など閉ざされた監禁施設の内部で人格に直接はたらきかけるフーコーの規律社会モデルの時代は終わりを迎えつつあり，むしろ施設の外側で，ユビキタス的にわれわれはデータベース化され，管理されているのかもしれない（コラム9参照）。

監視する欲望

　しかし，ここで振り返って考えなければならないのは，こうした監視技術の進展が，さしたる抵抗もなく受け入れられているという現実である。肖像権やプライバシー権を盾に監視を拒否することは論理的に可能であるにもかかわらず，大半の人びとがこれを甘受しているのはなぜだろうか。むろん，ネット上の買い物やICカードがもつ利便性のため，もはやこれを手放せないというのが，一つの理由ではある。あるいはしかし，われわれは自ら他者を監視したいという欲望をもっているとは考えられないだろうか。そして，それが監視社会批判を作動させる閾値（いきち）を引き上げているのではないだろうか。

　トーマス・マシーセンという犯罪学者が「シノプティコン」という言葉を用いている。彼は，少数者が多数者を監視するパノプティコン型の社会は終わり，多数者が少数者を監視するシノプティコン型社会へと移行していると主張する。後者の代表として，テレビなどのマス・メディアがあげられる。数年前に，リアリティ・ショーといわれるテレビ番組が世界的に流行した。1999年にオランダで放送された「ビッグ・ブラザー」がその典型で，十数人の男女を隔離して生活させ，膨大な数のカメラとマイクを通じて，その一部始終を視聴者が楽しむというものである。日常のもめ事から競争，そして脱落までをリアルに映し出すという趣向は（ヤラセであるとの批判を受けながら）世界的にヒットし，日本でも類似の番組が制作された。このように多数者が

コラム9：情報化社会の危険性

　情報技術の発達によって監視社会化が進んでゆくのは，必然としかいいようがない。個人情報がどこでどのように管理されているのか，正確に知るのは難しい。しかし，個人情報の「管理」の仕方が問題として取り上げられることは少なく，話題となるのは，その「流出」の可能性ばかりである。膨大な情報を管理している政府も企業も，情報を流出したとなれば一気に信用を失うため，その管理が適切であることをアピールしたいところだろう。しかし，問題は流出だけではない。情報が管理される過程でそれがどのように利用されるかも，じつはたいへんな問題なのだ。

　デイヴィッド・ライアンは，複数の監視システムを一つにまとめあげる「アッサンブラージュ」の危険性について指摘している。本文中では，交通機関の利用履歴を捜査機関が用いる危険性について指摘したが，同じく個人のローン残高を警察に知られたり，あるいは就職希望者の健康情報がリクルーターに利用されたりなどすれば，一人ひとりの人格をまっさらなものとみなす「推定無罪」の原則が危うくなってゆく。情報システムを一つに統合して管理することは，大きな危険性をはらんでいる。

　その一方で，個人情報を完全に秘匿（ひとく）したまま生活するのはもはや不可能である。2007年頃から年金記録のずさんな管理が問題となったが，管理が適切であるか随時確認できるよう，オンライン上のデータベースの高度化を求める世論がある。たとえば，福祉先進国として知られるスウェーデンは電子政府化を推進しており，住民全員にIDナンバーを付与し，住民票情報の変更も保険の給付申請もすべてネット上でできるようになっている。行政が管理するデータベースが一つにまとめられているわけである。日本では，「国民総背番号制」として批判されてきたマイナンバー制度が2013年に国会で成立し，いよいよ16年1月から導入される運びとなった。こうした施策の長所と短所をどのように評価するかが，問われている。

少数者を娯楽として監視する場合，そこに道徳的なまなざしが介在していることに注意しなければならない。対象者による不道徳な振る舞いに眉をひそめ，自分が不道徳でないことを確認することによってカタルシスを感じることが，視聴目的の一つなのである。同じことは，すでに日常的になったブログやtwitterでの「炎上」についてもいえる。些細なことであれ反社会的とみなされる書きこみがあると，一斉に道徳的な非難の的となる。そのとき，誰も気にとめない日常的な書きこみがじつは監視されていたことが，一瞬にして顕わになるのである。

　街路や住宅地に設置される監視カメラの話に戻ろう。これも，どこにいるとも知れぬ「不審者」を多数者によって監視し，道徳的に非難したいという欲望の表れなのかもしれない。では，こうした道徳的な非難と監視を求める欲望はどのようにして生まれるのだろうか。まず，監視強化の施策が受け入れられている背景として，「体感治安の悪化」という現象が指摘されている。体感治安とは，実際には治安は悪化していないにもかかわらず，人びとがそう思いこんでいるという事態をさす。ひとたび凶悪事件が起こると，テレビ番組のコメンテイターが眉をひそめて「モラルの低下」を嘆き，人気とりをねらう政治家が対決姿勢を鮮明にする。そのなかで「凶悪犯罪が頻発している」「犯罪が低年齢化している」「外国人による犯罪が増えている」といった嘘がばらまかれてゆく。犯罪学者の浜井浩一によると，これらの言説がすべて誤っていることは，統計によって立証できる。第一に，日本の殺人の認知件数は1950年代をピークに減少し，90年代以降は横ばいである。第二に，年齢階層別の殺人検挙人員数を見ても，60年代以降，若者の割合が減少し，逆に90年代以降は高齢化社会を背景に60代の検挙人員が増加している。第三に，外国人の犯罪については，一般刑法犯の検挙人員に占める来日外国人の割合はたかだか数％にすぎず，軽微な犯罪や不法入国・滞在がその大半である。その一方，浜井が行った調査によれば，2年前と比較して「日本全体で犯罪が増えたと思いますか」という質問と「あなたの住んでいる地域で増えたと思いますか」という質問をしたところ，「日本全体でとても増えた」と回答する人が49.8％いるのに対し，「住んでいる地域でとても増えた」と

回答する人はわずか3.8％にすぎない（2006年の調査）。メディアによって流布される印象を鵜呑みにし，多くの人びとが「犯罪は近所では増えていないが，日本のどこかで増えているはずだ」と思いこんでいるのである。

3. 貧困の犯罪化

貧困層の排除

　こうした言説が，治安強化や厳罰化を要求する世論を生み出す。とくに，1997年の神戸連続児童殺傷事件（いわゆる酒鬼薔薇事件）や99年の光市母子殺害事件のあとは，マスコミを通じて厳罰化を求める世論が盛り上がっていった。その結果，2000年の少年法改正によって刑事処分が可能な年齢が14歳まで引き下げられ，同じく07年の改正では，少年院に送致可能な年齢が「おおむね12歳以上」に引き下げられた。厳罰化を主張する当人は，その主張が"道徳的"な振る舞いであることに何ら疑いを抱かないことが多いため，こうした主張を論駁するのはなかなか難しい。しかし，治安強化や厳罰化という方策が，ますます権力の介入を許し，社会をいっそうぎすぎすした息苦しいものにしてゆくのは，どこか矛盾をはらんでいるとはいえないだろうか。ここに，われわれはなぜ権力を欲望してしまうのか，という問いが立ち現れる。

　こうした"道徳的"主張を，社会学ではモラル・パニックと呼んでいる。これは，特定の集団に対して「道徳的に逸脱している」「社会秩序にとって脅威である」というラベリングをし，そうした偏見が広がることによって社会不安が増大し，その集団に対する道徳的な怒りが噴出する状況をさしている。たとえば，イギリスの社会学者スチュアート・ホールは，『ポリシング・ザ・クライシス』（1978年，未邦訳）において，路上強盗についてのメディアによる過剰報道が治安強化を行ううえでイデオロギー的な機能を果たしていることを実証している。ホールによれば，この時期の犯罪率はけっして高

かったわけではない。にもかかわらず，不安と恐怖を煽り立てるメディアによって"パニック"が生み出され，治安強化が進んでゆく。治安強化は大衆の支持に基づいて推進されるのである。

　モラル・パニックの問題をめぐってイギリスやアメリカで問題となったのは，とくに移民に対する人種的偏見であるが，その根底には，人種や国籍を問わず貧困層一般に対する差別意識の問題がある。治安強化を求める声には，貧困層を不審者＝潜在的犯罪者として「他者化」し，「排除」しようとする意識が見てとれる。本来であれば雇用や福祉の問題として解決すべき貧困問題は，社会秩序に対する漠然とした不安がパニック化することによって，治安によって"解決"すべき問題へと変換されてしまう。

　こうした貧困層の排除をもっともグロテスクに表す現象が，アメリカを中心に先進国に広まっているゲーティッド・コミュニティである。これは，文字どおり，コミュニティ（住宅地）全体を治安対策のためにゲート（塀）で囲ってしまい，不審者の侵入を阻止しようとするものである。入口は限られ，塀の上に鉄条網を張ったり，警備員が24時間常駐しているところもある。アメリカでは1980年代以降急増し，全米で5万か所，居住人口は2000万人に達するといわれている。公園などアメニティ施設も完備し，1万戸の住宅を擁するものもあるという。買い物などゲート内で生活は自足できてしまうため，まったく「他者」が存在しない空間なのである。こうした富裕層による貧困層の究極の「排除」は，何もアメリカに特有のものではない。日本初のゲーティッド・コミュニティといわれるのは芦屋市の「ベルポート芦屋」で，敷地は甲子園球場のグラウンドの1.5倍，2mのフェンスと赤外線センサー，数十台の監視カメラが備えられ，警備員が24時間常駐しているという。もしくは，われわれの身近なところでは，都心に数多く見られる"セキュリティ・マンション"も，これに類するものと考えてよいだろう。

　もう一つ，アメリカからほかの先進諸国に広まった治安強化の事例をあげよう。それは，軽微な犯罪の徹底的な取り締まりである。1994年，ニューヨークのジュリアーニ市長（当時）が，「ゼロ・トレランス（寛容度ゼロ）」政策というスローガンを掲げて，落書き，未成年者の喫煙，無賃乗車，万引き，花

火，爆竹，騒音，違法駐車など軽犯罪の徹底的な取り締まり，さらにはホームレスの路上からの排除などを行い，成功を収めたとして話題になった。これは，「割れ窓理論」と呼ばれる犯罪理論を応用したものとされる。すなわち，割れた窓ガラスを1枚放置しておけば，誰も注意を払っていないとみなされてすべてが割られてしまうと想定するもので，軽微な犯罪を放置すればいずれ重大な犯罪につながるという理屈である。ゼロ・トレランスに代表される治安強化の施策は80年代以降アメリカ各地で実施され，犯罪発生率は横ばいないし低下する傾向であるにもかかわらず，囚人数は急増していった。人口10万人あたりの囚人数を比較してみよう。イングランドとウェールズ148人，フランス100人，ドイツ77人，日本51人，などに比べて，アメリカでは707人と突出して多い（2012年。http://www.prisonstudies.org/）。これは，アメリカでは膨大な数の誤認逮捕が行われていることを意味する。とくに白人より黒人やヒスパニック系の投獄率が高く，ニューヨークに住む若い黒人およびヒスパニック系男性の8割近くが，逮捕されたり取り調べを受けた経験をもつという。たとえば，アメリカの麻薬使用者のうち黒人の占める割合は13％で，人口比における黒人の割合と同じであるにもかかわらず，麻薬法違反で収監された人の4分の3が黒人であるという。ニューヨークの黒人の3分の2が，「ジュリアーニの政策によって警察の暴力は悪化した」と答えている。

　ここまで極端な治安強化は，貧困層を刑務所に収監することによって統計上の失業率の値を下げるのがねらいかもしれないと，穿った見方をしたくなる。しかし，ここにこそ矛盾がある。貧困層の投獄は，再就職できない人をいっそう増やしているだけにすぎない。貧困者は支えてくれる近親者がすでに少ないため，出所後の社会復帰が難しく，貧困が固定化してしまう傾向にあるからである。アメリカでは，福祉・教育などの予算が削減される一方，1979年から90年にかけて，刑務所関係の運営費は325％，建設費は612％増加している。すなわち，福祉が後退すると同時に刑罰国家化が進んできたのである。失業や非正規雇用の問題を治安強化で押さえこむ，「貧困の犯罪化」と呼ぶべき事態が起こっているのである（ヴァカン，2008年［1999年］）。

道徳的まなざしを超えて

　こうした事態を，犯罪学者のジョック・ヤングは包摂型社会から排除型社会への移行としてとらえている。人びとの意識のなかに大きな亀裂・分断が生じ，少数者が排除されてゆく社会である。フーコーの『監獄の誕生』では，監獄や病院など排除された一部の層が収容される施設だけでなく，学校や工場など，基本的にすべての人格を規律訓練の対象とする施設について分析がなされていた。もちろん，いまだに学校や工場は鋳型(いがた)に流しこむようにしてわれわれの人格を形成するはたらきを失ってはいないし，権力作用の本質もそこにあるといってよい。しかし，監視社会と呼ばれる現代で問題となっているのは，むしろ排除された少数者に対する差別的なまなざしである。そうしたまなざしを媒介に，（不審者とみなされる想像上の）"奴ら"と"われわれ"との間の分断が再生産されてゆく。よく考えてみれば"われわれ"の側もカメラや情報技術によって同じように監視されているにもかかわらず，さしたる抵抗もなくそれが受け入れられているのは，"われわれは奴らとは違う"という道徳的な確信がその前提にあるからなのかもしれない。

　第1章で述べたように，問題の根底にあるのは経済的な格差という現実である。貧困層が背負う生活の重荷に共感のまなざしを向けること，そして，格差を克服する社会をどのように設計するかについて共同で探求することが求められている。しかし，ここで明らかになったのは，こうした共同性を破壊し，むしろ意識のなかで分断や排除を再生産してゆくメカニズムの存在である。はじめに述べたように，たしかに権力は個人にとって"いかんともしがたい壁"である。しかし，それを生み出すのは諸個人の監視する欲望，そして道徳的まなざしなのである。自らのこうした欲望をとらえ直すところから，社会学的な思考は出発しなければならない。

　秩序を乱す者に対してわれわれが道徳的な非難のまなざしを向けるのは，どうしてだろうか。そこには，「自分はこんなに我慢して秩序に従ってきたのに……」という嫉妬(しっと)の気持ちが含まれているのかもしれない。自分自身は，教育という権力作用に反抗することなく，秩序に従う自律的な人格とし

て成長してきた。そうした自負を，第2章で述べた「個性重視」の教育や学歴による選別メカニズムが強化することによって，秩序に従わない恐れのある者を差別する意識が生み出されるのかもしれない。しかし「自律的な人格」とは，「権力に盲従する人格」と同じではない。

次の第4章で説明するように，資本主義経済は「勤労倫理」という特殊な価値を内面化した主体を要請してきた。われわれの人格には，知らず知らずのうちに勤労を尊び怠惰(たいだ)を軽蔑する意識が植えつけられている。「まじめに働かなければならない」と感じて自らの行動を律しようとする人格は，それができない"怠惰"な人間に差別的なまなざしを向けてしまうことがある。本章で「貧困の犯罪化」として説明した道徳的まなざしは，こうした勤労倫理を内面化した人格なしには生まれえない。格差社会という現実のなかで，貧困層に対して「秩序を乱す者」ないし「怠惰な者」という差別的まなざしを向けるのか，あるいは理不尽な重荷を背負わされた者として共感的まなざしを向けるのか。われわれに問われているのは，こうした点であろう。そして，分断を乗り越え共同で問題を解決してゆく社会の構想についても，第10章や第11章で考えてみたい。

参考文献
ヴァカン，ロイック『貧困という監獄――グローバル化と刑罰国家の到来』(森千香子・菊池恵介訳) 新曜社，2008年 (原著1999年)
ヴェーバー，マックス『職業としての政治』(脇圭平訳) 岩波書店，1984年 (講演1919年)
ドゥルーズ，ジル『記号と事件――1972‐1990年の対話』(宮林寛訳) 河出書房新社，2007年 (原著1990年)
浜井浩一・芹沢一也『犯罪不安社会――誰もが「不審者」？』光文社新書，2006年
フーコー，ミシェル『監獄の誕生――監視と処罰』(田村俶訳) 新潮社，1977年 (原著1975年)
フーコー，ミシェル『性の歴史1――知への意志』(渡辺守章訳) 新潮社，1986年 (原著1976年)
ヤング，ジョック『排除型社会――後期近代における犯罪・雇用・差異』(青木秀男・伊藤泰郎・岸政彦・村澤真保呂訳) 洛北出版，2007年 (原著1999年)
ライアン，デイヴィッド『監視スタディーズ――「見ること」「見られること」の社会理論』(田島泰彦・小笠原みどり訳) 岩波書店，2011年 (原著2007年)
ルーマン，ニクラス『権力』(長岡克行訳) 勁草書房，1986年 (原著1975年)

(鈴木宗徳)

第Ⅱ部
構成された自己と世界を問う
社会との対話

第4章

働くことの意味

──勤労倫理の歴史と現在

　学生にとって，働くということは重大な問題となってしまった。雇用情勢が安定していた1980年代までは，大学に合格しさえすれば卒業してから相応の企業に就職できることが約束されていた。また，日本のサラリーマンは，"企業戦士"や"社畜"と揶揄されながらも──まさに家畜のごとく企業に養われることによって──，安泰な生活を送ることが保障されていた。しかし1990年にバブル崩壊が始まると，繰り返し「就職氷河期」が訪れ，学生の就職活動は長期化することになる。早くから進路の選択を迫られる学生にとって，「何のために働くのか」という問いは，ますます切実な問題となっている。まともな仕事が見つけられず「働かせろ！」と叫ぶ若者がいる一方で，ブラック企業で使い捨てにされる若者たちが「働きたくない！」と叫んでいるのが現状である。

　働くこと，すなわち労働のかたちは，時代とともに変化してきた。ヨーロッパの歴史をひもとくと，交易が世界中に拡大するのは17世紀，産業革命が始まるのが18世紀後半である。19世紀になると都市における労働者の貧困が社会問題となり，社会主義思想が広まってゆく。さらに，科学技術が急速に発展した20世紀に入ると，工場における労働者の「科学的」管理が進む。そして現在，先進国では第三次産業，すなわち対人的なサービス業に就く人口が増加し，学生は「コミュニケーション力」を身につけることが奨励されるようになっている。資本主義経済は急ぎ足でかたちを変えてゆく。労働者は，こうした目まぐるしい変化についてゆくことを強いられてきた。

　「働かざる者，食うべからず」という格言がある。これは，新約聖書のパウロの言葉（「テサロニケ人への第二の手紙」3章10節）に由来する。しかし，そ

れ以前の古代ギリシア世界では労働は奴隷が行う卑賤(ひせん)なものとされ，政治に参加することが許される市民は，労働から解放されていた。「働かざる者，食うべからず」に表される労働を義務とする思想は，けっして普遍的なものではない。勤労を尊び，すべての人びとに労働を強いることは，じつは非常に近代的な考え方なのかもしれない。この章では，「働かない」ことが非難されてしまう現状を見ながら，その問題性について考えてみたい。

1. ヴェーバーと勤労倫理

資本主義の精神

　ドイツの社会学者，マックス・ヴェーバーは，その主著『プロテスタンティズムの倫理と資本主義の精神』（『倫理』論文）のなかで，そもそも人間は，賃金を上げれば上げるほどたくさん働こうと思うとは限らないと述べている。すなわち，出来高賃金制というインセンティブを与えたところで，伝統的な必要を満たすにはこれだけの労働量ですむはずだと計算して労働をやめてしまうのが普通だったはずだ，という考え方である。ヴェーバーはこれを伝統主義的な生活態度と呼び，資本主義経済が勃興(ぼっこう)するには，こうした態度を克服し，資本の増殖を自己目的と考える人間が現れなければならなかった，と考える。彼が想定するのは，勤勉に労働にいそしむだけでなく，稼いだ賃金を消費してしまうよりもむしろこれを貯蓄や投資に回すような人間である。そこで例としてあげられるのが，18 世紀アメリカの政治家であり物理学者，そして企業家でもあったベンジャミン・フランクリンである。フランクリンが重視した「勤勉」「節約」「信用」「時間の正確さ」といった徳目に見られる生活態度をヴェーバーは「資本主義の精神」と名づけ，その起源を探っていく。ヴェーバーが見つけだしたのは，16 世紀の宗教改革を先導したカルヴァン派や，その流れをくむ 17 世紀のピューリタニズム諸派などのプロテスタンティズムに共通して見られる「禁欲的職業倫理」であった。英語には

「calling（職業，天職）」という言葉が，そしてドイツ語には同じ意味の「Beruf」という言葉がある。これらはプロテスタントが優勢な国々に共通に見られる言葉で，「神による召命（call, rufen）」を語源としている。

ヴェーバーは，近代資本主義の特徴は「合理的な経営」にあると考える。合理的とは，すなわち長期的な視野に立って計画的に行う経営であり，1回かぎりの冒険や略奪によって巨万の富を獲得したり，あるいは政治的な利権に寄生したりといった，営利衝動を無制限に発動させるような態度ではない。近代資本主義では，規律にのっとって行為するという意味で「禁欲的な」生活態度こそが求められてきたのである。これを宗教倫理として説いたのが，カルヴァン派をはじめとするプロテスタンティズムの信徒たちであった。

勤労倫理の強制

ヴェーバーが見つけだした禁欲的な労働，規律正しい労働こそが善であるという倫理は，裏返せば，「怠惰は悪である」という倫理でもあった。16世紀に始まる囲いこみ運動によって農民は土地を失い，都市に流入した人びとの多くは失業者となった。プロテスタントの立場からは，それは「働く意欲のない人びと」，すなわち不道徳な人びとと見られた。16世紀のイギリスでは怠惰な者に対する刑罰が始まり，18世紀には貧民はワークハウス（労役場）に集められ，矯正のための労働を強いられた。ミシェル・フーコーは『狂気の歴史』（1971年［1965年］）のなかで，17世紀半ばのパリに一般施療院なる施設ができ，18世紀になると，ヨーロッパ全土で同じような施設に次々と"狂人"が収容されてゆく「大いなる閉じ込め」の時代が始まったと指摘している。狂人といっても精神病患者だけではない。乞食，放蕩者，性病患者，無神論者，同性愛者などきわめて雑多な人びとが，「非理性的な者」というレッテルを貼られ，監禁されていた。プロテスタンティズムの影響を受けた当時のブルジョアたちにとって，「非理性的な者」はすべて「不道徳」であり，勤労倫理を強制すべき対象だったのである。われわれは，近代社会の原型を18世紀における市民社会の成立のうちに見出すことがある。そしてこの時

代を,「暗黒の中世」が終わり,「自由」や「平等」といった人間性の解放の始まりととらえることがあるが,それは事柄の一面にすぎない。18世紀は,啓蒙思想家たちによって「理性」や「進歩」がもてはやされた時代であるが,その背後で近代社会は「非理性」の抑圧・矯正に邁進(まいしん)していたのである。

さらに時代を下って20世紀に入ると,大量生産・大量消費の時代が始まる。それにともない,1910〜20年代にフォード主義（フォーディズム）およびテイラー主義という労働の科学的管理技術が発展する。「科学」の名のもとに,労働過程を個々の動作に分解して管理する技術が実践されたのである。規格化された商品を生産するために,労働者の動作もまた規格化されてゆく。工場内分業によって生産過程のごく一部しか担わされず,またその身体的動作を機械に従属させられる工場労働は,20世紀の社会学が扱う主要な課題の一つであった。それは,マルクスの言葉では労働過程における「人間疎外」であるし（第1章）,ヴェーバーの言葉では,資本主義組織が「鋼鉄の檻(おり)」に転化してゆくという事態であるかもしれない。

鋼鉄の檻──科学と合理性

『倫理』論文の末尾でヴェーバーは次のように述べている。「バックスター「17世紀イギリスのピューリタン指導者」の見解によると,外物(がいぶつ)についての配慮は,ただ「いつでも脱ぐことのできる薄い外衣」のように聖徒の肩にかけられていなければならなかった。それなのに,運命は不幸にもこの外衣を鋼鉄のように堅い檻としてしまった。禁欲が世俗を改造し,世俗の内部で成果をあげようと試みているうちに,世俗の外物はかつて歴史にその比を見ないほど強力になって,ついには逃れえない力を人間の上に振るうようになってしまったのだ」（ヴェーバー,1989年［1920年］:365頁,傍点は引用者）。ヴェーバーのいう「鋼鉄の檻」が,はたして工場労働者のことを想定したものかどうかはわからない。たしかにヴェーバーは織物工場の労働調査を行い,労働者の作業能率にどのような要因が影響を及ぼすのか,当時の心理学の知見を用いてじつに「科学的」な分析を試みている。むしろ,このヴェーバーの引用にあ

第4章 働くことの意味 61

コラム 10：ヴェーバーの官僚制論

　ヴェーバーが近代社会を説明する際に重視する官僚制論は，彼の『支配の社会学』のなかで展開されている。ヴェーバーは支配という現象を，その「正当性」を基準に三つの類型に分類する。「合法的支配」は，法や規則が正しい手続きによって制定されていることを正当性の根拠とし，「伝統的支配」は，支配者が体現する伝統の神聖性を根拠とし，「カリスマ的支配」は，宗教的指導者や軍事的英雄などの支配者がカリスマ（天与の資質）を所有していることを根拠とする。官僚制的支配は，合法的支配のもっとも純粋な形態とされる。

　官僚制の第一の特徴は，支配者個人ではなく法や規則そのものに対して服従がなされる点にある。したがって，ひとたび規則が制定されると，それがあらゆる場合に形式的に等しく適用され，支配者による恣意や情動，さらに正義や平衡感覚といった実質的な判断が排除される。この原理を，ヴェーバーは形式合理性と呼んでいる。国家官僚制がこの形式合理性を備えているのは，近代社会の要請によるものでもある。近代化によって国家行政が大規模化し，形式的に平等な処遇を求める大衆民主主義が生まれたこと，そして，近代資本主義自体もまた形式合理性を原理として作動していることが，その理由である。官僚制は，恣意性を排して運営される点できわめて効率的であるとされる一方，人間的な判断を否定し人間を専門性の枠に閉じこめる点で，自動機械のような冷徹な組織でもあるとされる。

　20 世紀の社会学は，行政権力が個人の自由の余地を狭めるとともに，労働における専門分化が非人間的な管理社会を生み出していることを告発してきたが，そのなかでヴェーバーの官僚制論は大きな影響力をもった。たとえば，ナチスによるユダヤ人虐殺に携わったアドルフ・アイヒマンは，ただ自分は命令に従っただけであり，「一人の死は悲劇だが，百万人の死は統計上の問題にすぎない」と法廷で述べている。専門的分業を旨とする官僚組織のなかでは，自分の行動がどれほどおぞましい結果をもたらすか

> に気づくことが難しいのである。ちなみに 2013 年に公開された映画『ハンナ・アーレント』は，この問題に取り組んだユダヤ人哲学者の物語である。

る「檻」が意味しているのは，『支配の社会学』において分析される官僚制的組織ととらえるのが一般的である（ヴェーバー，1960〜62年［1922年］）。ヴェーバーは，近代においては，官庁のみならず私企業や軍隊においても官僚制という組織原理が一般的になっていると指摘する。官僚制とはすなわち，権限が垂直的・水平に分割され，規則によって運営が正確になされる，合理的な労働組織のことである。ヴェーバーは，革命まもないロシアを見て，資本主義以上に官僚制が抑圧的な支配を行うであろうと予言していた（コラム 10 参照）。

ヴェーバーの官僚制論は，現代の社会学者によっていまも評価されている。ジョージ・リッツァの『マクドナルド化する社会』は，ファストフードチェーン店におけるマニュアル化された効率的な労働，すなわち規律的な労働組織について分析しているが，そこに見られる合理主義的経営の特徴（効率性，計算可能性，予測可能性，制御，合理性の非合理性）を，すべてヴェーバーの官僚制論から引き出している。リッツァは，「マクドナルド化」が現在では学校経営や病院経営などあらゆる労働の場面に広がっていると説明する（リッツァ，1999 年［1993 年］）。合理性＝科学性の論理が労働の世界のすみずみまで行き渡っていることは，現代の社会学にとっても依然として重要な課題である。

2. 雇用をとりまく現状

日本的経営

規律によってすみずみまで支配された労働がいかに非人間的であったとし

ても，経済成長がこのまま永続すると期待されていた時代には，労働者の生存を脅かすような問題が起こるとはあまり認識されていなかった。生存を脅かす水準の低賃金労働が再び広がり，日本の社会学者や経済学者が「格差」や「貧困」に注目しはじめたのは，1990年代の後半になってからである。

　高度成長期の日本は，比類なき失業率の低い社会，先進国の共通の目標であった「完全雇用」をほぼ達成した社会として称賛されていた。しかしそれは，労働者とその家族の人生を会社に縛りつけることによって成り立つ社会でもあった。日本企業の経営は，「終身雇用」（正確には長期雇用）と「年功型賃金」をその特徴とするといわれている。終身雇用が支配的な，すなわち新規学卒就職が一般的で中途採用がまれな日本では，ほかの先進国に比べて転職する機会は少なかった。また，年功型賃金が保障されているため，勤続年数が増えるとともに賃金は確実に上昇することになっていた。資格や職務内容ごとに同一産業内で賃金が固定されていたり，成果しだいで賃金が上下することは少なかった。年功型賃金の上昇カーブを見ると，一般的に入社しての10～20代は低く抑えられているが，50代をピークに賃金が大きく上昇してゆく。これは，年功型賃金が「男性稼ぎ手モデル」を前提としており，夫には，自分自身の生活費だけでなく，妻子を養うのに十分な賃金を稼ぐことが期待されていることを示している。ヨーロッパの多くの先進国に比べて教育費が高く，また都市近郊の住宅費が高い日本では，子どもが大学に入学する年齢になる頃には，家族を養うのに必要とされる相応の賃金を稼ぐほかないからである（コラム11参照）。

　第2章で説明した強固なジェンダー構造に見られるように，日本人の多くは，この「男性稼ぎ手モデル」に束縛されていた。男性は，定年まで一つの会社に忠誠を尽くし，それ以外の人生の可能性を探ることは難しかった。女性は，専業主婦になるか，せいぜいパートで家計を補助することしか期待されておらず，1986年に男女雇用機会均等法が施行されてからも，総合職で採用され管理職に就く女性は微増するにとどまっている。それは，政府が配偶者控除（年間収入を103万円以下に抑えると所得税の控除が受けられる）などの制度によって男性稼ぎ手モデルを優遇するとともに，総合職の社員には長時間

コラム 11：日本的"集団主義"？

　1960年代の高度成長や80年代の経済的繁栄は，かつて日本人にとって共通の「成功体験」であった。"成功"の原因を「日本的経営」の特殊性に求める議論が流行したことがあったが，より広い意味での日本社会の特殊性を西洋との比較において論じる「日本人論」と呼ばれる一群の書物もまた，70年代を中心に大量に消費されている。中根千枝『タテ社会の人間関係』(1967年)や土居健郎『「甘え」の構造』(1971年)あたりがもっとも著名であるが，大方の傾向として日本人の国民性を"集団主義"的であると説明するものが多い。こうした文化論の多くは厳密な経験的調査に依拠しておらず，社会学的な検証に耐えるものではない。それにもかかわらず，日本文化を特殊なもの，集団主義的なものとする著作がこれほど多く消費されてきた事実は，それ自体として社会学的な研究の対象となる（吉野耕作『文化ナショナリズムの社会学』1997年など）。

　日本の読者は，この日本的集団主義を否定的にとらえる傾向が強いという。"欧米の個人主義"を理想化し，それとの対比で日本社会を遅れた前近代的なものととらえるメンタリティである。そもそも，1950〜60年代に活躍した丸山眞男，大塚久雄，川島武宜といった啓蒙的な知識人たちも，戦争を招来させた天皇制ファシズムを克服するためには，責任倫理を備えた市民的主体を確立しなければならないと考え，日本的集団主義を脱却しなければならないと考えていた。

　現在，日本人の"国民性"なるものを素朴に論ずる著作はあまり見られない。おそらく，多くの日本企業が終身雇用と年功型賃金によって保護された正社員の数を減らし，会社に対して集団主義的な帰属意識をもつことが自明ではなくなったせいだろう。一方，学校教育の現場では「学級経営」という集団重視の手法もしぶとく生き残っているが，携帯やスマホを駆使して学外の友人と自由にコミュニケーションをする若者も多い。日本人は集団主義的であるといわれても，ピンとこない学生も多いのではないだろ

> うか。"国民性"の存在を自明なものと前提する本質主義的な理解をしていては、こうした変化は説明できない。雇用や福祉、そしてメディアの発達など、さまざまな制度的な要因に基づいた検証が必要である。

労働や転職を厭（いと）わないことが要求されるため、夫婦とも正社員の共働きモデルが一般的にならなかったからである。さらに、日本企業は社員教育と企業内福利厚生（社宅、独身寮、保養施設、手厚い家族手当や住宅手当）を充実させるなど、社員の定着をはかるさまざまな手立てを講じていた。

　このように、戦後日本の労働者は企業社会の内部で努力するかぎりで豊かな生活を享受（きょうじゅ）できたが、いったん入社してしまうとそれ以外の人生を思い描くことが難しいという、不自由な人生を強いられていた。そして女性は夫の稼ぎに依存するほかなく、経済的な自立を勝ちとることは難しかった。これは、リスクとは無縁の安定した人生ではあるが、しかし束縛の多い人生であるともいえる。こうした社会が生まれたのは、日本の公的な社会保障制度が貧弱なことと関係している。とくに失業保険については、雇用保険に加入した期間が10年未満の場合は90日間までしか給付が下りず、再教育・再訓練を受けて次の仕事を見つけるのに十分な期間とはいえない。子どもの教育費や住宅ローンの返済のためには、不満があっても転職をあきらめて仕事を続けるしかないというのが、平均的な日本の労働者の姿なのである。

雇用の柔軟化

　しかし1990年代後半以降、終身雇用と年功賃金によって生活を保障された正社員の数は、限定されてゆく。代わって、派遣社員や嘱託（しょくたく）社員、パートやアルバイトといった非正規労働者の採用、あるいは会社の一部門を丸ごと下請けに出すアウトソーシングが広がっていった。これは、バブル崩壊後、過剰な人員を抱えていた企業が、中高年正社員の賃金コストの負担に耐えられず、若者の正社員としての新規採用を控えるようになったからである。くわえて、金融市場の流動化により景気の変動が激しくなり、企業にとって長

期的な採用計画を立てることが難しくなっている。短期間だけ雇用してすぐに雇い止めにすることのできる非正規雇用が「景気の調節弁」として活用されるようになったのである。これを雇用の柔軟化（フレキシビリゼーション）と呼ぶ。政府もまた，規制緩和によってこうした企業の要望に応えた。派遣社員について見ると，1986年に労働者派遣法が成立したとき，派遣が認められていたのはソフトウェア開発や通訳・速記など，専門的な知識・経験を要する13業務のみであった。1996年にそれを26業務へ拡大，1999年には一部の禁止業務を除いて全面解禁に踏み切り，さらに2004年には製造業への派遣も認めた。規制緩和，すなわち構造改革路線によって，低賃金・不安定な雇用が常態化することとなった。

　言うまでもなく，非正規雇用者の比率が高いのは10〜20代の若年層である。ただし，「ロストジェネレーション（ロスジェネ）」と呼ばれた1970年代半ばに生まれた世代のなかには，30代になってもフリーターで食いつないでいる者が少なくない。非正規雇用は，もはや若者の問題ともいえない事態となっている。低賃金で不安定な仕事に就く者は，安定した未来が描けず，したがって結婚して子どもをもうけることもままならない。これは，少子高齢化の傾向に歯止めがかからない原因の一つとなっている。

　日本の労働者は，正規労働者の多くは過酷な長時間労働に耐え，非正規労働者の多くは安定した未来が描けないという，分裂した二つの問題を抱えている。それぞれの職場に目を移すと，労働条件も責任の重さもまったく異なる社員同士で連帯感が生まれないという声が聞こえてくる。第1章では，若者が「団結」という言葉に違和感をもっていると指摘したが，職場での団結は事実としてますます難しくなっている。こうした問題を解決するうえで，労働組合の役割が期待されているが，労働者の組合加入率は下がる一方である。そもそも日本の労働組合は「企業別組合」が一般的であった。欧米では同じ産業ごとに横断的に連帯して労働条件の改善を訴える「産業別組合」の力が強く，同じ職務であれば異なる企業に雇用されていても同じ労働条件を勝ちとるべく連帯して闘うことが当たり前である。しかし日本の企業別労働組合の場合，むしろ自分の会社の成長が重視され，そのために労使協調の路

線をとることが多く，まして他社の労働者や非正規の労働者と連帯することなど視野の外におかれていたのである。

　現在，非正規雇用の増加とともに頻発(ひんぱつ)するようになった不当な雇い止め等の問題に対応するため，雇用される企業にかかわらず労働者が1人で加入できる，個人加盟ユニオンと呼ばれる地域の労働組合が全国に生まれ，独自の労働運動を展開している。さらに，非正規労働者や失業者の支援を行うNPOやこうした個人加盟ユニオンが団結し，2007年には「反貧困ネットワーク」が生まれている。

リキッド・モダニティ

　雇用の柔軟化は，1970年代のオイルショックから立ち直ることが難しかった欧米先進国では，すでに80年代から見られた現象である。その後，グローバル化が進み，多国籍企業が製造業の生産拠点を海外に移転しはじめたため，先進国では産業構造が転換し，サービス業や情報産業などがその中心となりつつある。かつてのフォーディズム型の工場労働のイメージは，先進国では徐々に過去のものとなりつつある（ただし，サービス業でも「マクドナルド化」したマニュアル労働は，依然として基幹的労働の位置を占めている）。さらに，次の第5章で述べるように消費社会の進展により流行の変化が加速したため，「少品種大量生産」から「多品種少量生産」の時代に変わったともいわれている。つまり，同じヒット商品が5〜10年売れつづけることをあてにできないため，規格化した商品を大量生産するフォーディズムのモデルは通用せず，企業はつねに新しい商品やサービスを開発しては市場に投入し，売れなければすぐに撤退することを繰り返さなければならない。そのためには，むしろ組織を柔軟に変化させつづけることが求められ，ヴェーバーが「鋼鉄の檻」と呼んだ硬直化した合理的な経営組織もまた，徐々に過去のイメージになりつつあるといえるかもしれない。また，金融のグローバル化によって投機的資金が海外から流入するようになったため，経営に参加する外国資本が株主利益の重視を掲げ，短期的に成果が上がるコスト削減を要求するようになって

いる。すると企業は，コスト削減のもっとも安易な手段として，長期的な社員教育・人材育成から手を引き，非正規雇用の活用という手段を多用するようになる。このように，雇用の柔軟化の背景には，人・モノ・金・組織の急速な流動化という現実がある。ポーランド出身の社会学者，ジグムント・バウマンは，これを「ソリッド（固体的）」な近代はすでに終焉し，流動的な近代，すなわち「リキッド・モダニティ」の時代が始まったと形容している。

3. 勤労倫理のゆくえ

ワークフェアとベーシックインカム

　問題の根源がグローバル化という現象，とくに多国籍企業や金融資本の世界戦略にあることは明らかであるが，その問題は扱わないことにしよう。ここではむしろ，非正規雇用の増加と生活不安に対処する方策について考えてみたい。まず，欧米先進国で1980年代以降に展開された福祉改革のなかで注目されてきた，二つの正反対のアイディアについて紹介しよう。それは，ワークフェアとベーシックインカムという考え方である。

　1980年代以降，とくにヨーロッパで問題になったのは長期失業者の増加であった。日本よりも失業給付の期間も額も充実しているヨーロッパの福祉国家では，失業手当を受けたままいつまでも再就職しようとしない失業者がやり玉にあげられた。景気後退と少子高齢化によって福祉財政が悪化するなか，コスト削減を進めたい政府と企業は，福祉に「依存」したまま暮らしつづける失業者を働かせる政策を考えた。これが，アメリカのクリントン政権で実行され，イギリスのブレア政権が大々的に取り組んだワークフェア（workfare）と呼ばれる考え方である。つまり失業手当を与えるだけの従来の福祉ではなく，失業者の再訓練および再就職の斡旋を強化するとともに，それでも再就職できない者への給付をカットするという強硬なやり方である。いわば「働かざる者，食うべからず」とばかりに，なかば強制的に働かせる

施策である。われわれはこの政策をどのように評価すべきだろうか。たしかに，失業者を放置するばかりでは貴重な人材を無駄にすることになるし，自堕落（じだらく）な生活に甘んじるよりは就職したほうが当人にとっても前向きに生きることができるようになるかもしれない。

　しかし注意しなければならないのは，ワークフェアが働かないこと，怠惰であることを悪とし，さらに福祉に依存した生活を悪とする思想だという点である（コラム12参照）。福祉への依存が否定されるなら，肉体的・精神的に働けない人びとはスティグマ（恥辱の烙印）を与えられ，肩身の狭い思いをしなければならない。また，現在ではワーキングプア（働く貧困層）と呼ばれる人びとが増え，「働いていても食べていけない」ほど低賃金の仕事が当たり前となっている現実を見ると，どんなに労働条件が悪い仕事であろうとも，ただ再就職させるだけで事足れりとする政策は誤っている。「働けばかならず食べていける」よう労働条件を整えることと，「働かなくてもそれなりに食べていける」余地を残しておくことのほうが，むしろ先決である。2006年には，北九州で生活保護の申請を断られた男性が餓死するという事件が報道された。本来，生活保護は誰でも申請する権利をもっているにもかかわらず，自治体ぐるみで水際作戦と称する申請者を減らす努力をしていたのである。福祉に依存した生活は，当人にとっても「働かない」ことに対する後ろめたさという感覚をともなう。これは，とくに生活保護で暮らすシングル・マザーに顕著な現象ともいえる（第2章で述べた女性の貧困の原因の一つである）。しかし，そうした後ろめたさを当然視してしまっていては，同じような餓死者を次々と出すことにもなりかねない。「働かざる者，食うべからず」の道徳は，かつてのワークハウスや一般施療院における強制労働と何ら変わりない。スティグマを与えることなく，すべての人の生存権を保障する政策を実現しなければならない。

　もう一つのアイディアはベーシックインカム（基本所得）と呼ばれるもので，こちらはむしろ「働かない」ことを積極的に肯定する考え方である。現行のさまざまな公的な手当や控除を廃止する代わりに，最低限の生活に必要な金額を全国民に毎月一律に給付するという政策である。働かなくとも最低限の

コラム 12：「就労意欲のない若者」という語られ方

　いつの時代も「若者論」を扱った著作は数多く出版され話題になるが，そのなかには「いまどきの若者は……」と慨嘆（がいたん）する調子のものが少なくない。いまどきの若者は「すぐにキレる」「自己中心的だ」「人間関係が希薄化している」「他人の指示ばかり待っている」……などなど，新手の若者バッシングが次々と繰り出されているが，こうした言説の多くは確かな根拠をもたない印象論にすぎない。

　「働かない」ことをめぐっては，2004〜05 年頃，ニート（NEET）という言葉が流行し，若者バッシングに利用された。本来は「教育，労働，職業訓練のいずれにも参加していない若年無業者（Not in Education, Employment or Training）」という意味であるが，「就労意欲のない若者が急増している」という報道が繰り返され，ある政治家は「自衛隊にでも入って［イラクの］サマワみたいなところに行けば，瞬く間に変わるのでは」などという発言もしている。若者の就労意欲の減退を証明するデータは存在しないし，ニートという言葉の使用そのものも批判された（本田由紀・内藤朝雄・後藤和智『「ニート」って言うな！』2006 年）。

　「フリーター」という言葉については，それが造語された 1980 年代は「夢を実現するために頑張る若者」という肯定的な意味づけがなされていたため，90 年代後半から非正規雇用が急増しても，「悪いのは将来のことを考えず夢ばかり追いつづける若者だ」という主張がしばしばなされている。実際は，夢を実現する目的で非正規雇用に就いている若者はごく一部であり，大半が正社員になることを希望していることが明らかとなっている。本書の冒頭から用いている「生きづらさ」という言葉の広がりとともに，若者バッシングの論調は勢いを失いつつあるが，社会学を学ぶことはこうした言説空間での闘争に足を踏み入れることでもあるのだ。

第 4 章　働くことの意味

生活が保障されるから，たとえば，卒業後，進路に迷いながら，しばらくの間さまざまな可能性を試したいと考える学生や，仕事を辞めてからゆっくり次の道を探したい人びとにとっては，非常に魅力的な政策である。もちろん，働きたければベーシックインカムをもらいながら働いてもよい。その場合，労働は最低限の生活を維持するためのものではなくなるため，より自由に仕事が選べるようになるかもしれない。

　もちろん，一見すると夢のようなこの政策にも，いくつか批判が出されている。第一に，十分な額を支給するだけの財源があるのかという疑問。第二に，誰もが働かなくなることによって財源がなくなるのではないかという疑問。そして第三に，ほかの社会保障制度が廃止ないし縮小されてしまうことの危険性である。とくに重要と思われるのは，第三の問題である。そもそも最低限の生活に必要な金額や福祉サービスは，万人にとって同一であるはずがない。一律に給付することの代償に，高齢者福祉，障碍者福祉，児童福祉など，特定の集団を対象にした福祉制度が軽視されてしまうのでは本末転倒である。社会保障はさまざまな制度が複合的に組み合わされていなければならず，ベーシックインカムはすべてを解決する万能薬とはなりえない。いま急速に広がっている生活不安の問題に限定していえば，むしろ緊急に必要なのは，たとえば保育サービスの充実や公的な住宅補助，そして高等教育の授業料無償化や奨学金制度の拡充などではないだろうか。第6章のコラム18で述べるとおり，とくに「人生前半」の社会保障の拡充が求められている。

　ワークフェアとベーシックインカムという対極的な二つの思想を，思考実験として比較することは意味があるが，現実に採用すべき政策はさまざまな制度を混合したものにならざるをえない。非正規雇用の増加という問題に限定しても，最低賃金の引き上げ，労働者派遣法の改正，雇用保険や社会保険の加入促進などが求められている。いずれの制度についても，ヨーロッパ，とくにスウェーデンやデンマークなどの福祉国家と比べると日本の水準は見劣りがするといわざるをえない。

働かせる権力

　近代の始まりとともに，社会は人びとに「働かせる」ことを繰り返し強いてきた。より正確にいえば，働ける者をいっそう働かせ，働けない者をうち棄ててきたのが，近代社会であった。そのもっとも醜悪な事例が，第3章でも述べた，ナチス・ドイツが1939年から41年にかけて行ったT4作戦，別名「安楽死政策」である。ドイツ国民＝「アーリア人種」の遺伝的な優秀性を信じ，その「純粋性」を保持しようとしたナチス政権は，遺伝的に劣っているとされる身体障碍者や精神障碍者の根絶をもくろんだ。「断種法」を制定して障碍者に強制的に不妊手術を行うとともに，このT4作戦では，各地の施設から障碍者を処分場へ連行し，20万人ともいわれる数の人びとをガス室で殺害した。

　これは，けっして，ナチズムという集団的狂気が行った特殊な犯罪であるとしてすませられる問題ではない。19世紀末以降，国力増進のため労働力の確保が重要になると，国家は自ら国民の健康を気づかうようになる。人口政策が重要となり，医療制度や公衆衛生政策が整えられてゆく。そこで，進化論ないしダーウィニズムの影響のもとに生まれたのが優生学と呼ばれる思想である。「遺伝的に優秀な者」と「劣った者」とを選別し，後者を「生きるに値しない命」とみなすこの思想は，20世紀初頭に各国で広まり，日本でも1948年に優生保護法が制定され，1996年に改正されるまで強制断種が合法とされていた。実際に，事実上の強制断種がハンセン病患者などに対して実行されていた。

　さて，現代に生きるわれわれは，「劣った者」，さらには「働けない者」や「役に立たない者」を差別し，抹殺しようとするこうした思考から，はたして自由だといえるだろうか。われわれはしばしば，「自分はこれだけ能力があるのだから／これだけ働いたのだから，その分報われてしかるべきだ」という，能力主義ないし成果主義の考え方にとらわれている。しかし，こうした感覚が「働けない者」の生存権を否定することにつながりかねないことに，留意する必要がある。1970年代，脳性麻痺者による障碍者解放運動「青

第4章　働くことの意味

い芝の会」のリーダーであった横塚晃一は，次のような言葉を残している。

> 既成の価値観によれば労働（とくに金をとれる労働）できることが人間の条件であり，物の生産に携われない者は社会に生きる資格がなく，従って寝たきりの重症者などは社会より隔離され，労働力確保の補助手段とされるということになる。……私の考えでは，社会（重症児を持つ家庭を精神的村八分にする）も親自身も障害児は本来あるべき姿ではないと思い込まされており，医者だ，施設だと走り回った末に「それらが全て閉ざされているとしたら」絶望的になり，心中・殺害というところまで「追い込まれる」のである。この働かざる者人に非ずという既成の価値観，この棍棒によって「電車の踏切ぎわまで……」追いつめられるのではあるまいか（横塚，2007 年：285 ～ 286 頁）。
>
> 我々障害者は，一束かつげなくても落穂を拾うだけ，あるいは田の水加減を見ているだけでもよしとすべきであり，更にいうならば寝たっきりの重症者がオムツを替えて貰う時，腰をうかせようと一生懸命やることがその人にとって即ち重労働としてみられるべきなのです。このようなことが，社会的に労働として認められなければならないし，そのような社会構造を目指すべきだと思います（同書：56 ～ 57 頁）。

障碍者の解放運動に生涯をささげた横塚の言葉は，先に述べた「福祉に依存することの後ろめたさ」を突き破ろうとする力強さに満ちている。それは，（いわゆる通常の意味で）「働けない」事実を是が非でも肯定しなければ，自分たちは殺されてしまう（心中させられてしまう）ところまで追いつめられるという，切羽つまった感覚に突き動かされてのことである。彼の言葉の前に，「働かざる者，食うべからず」などという道徳は，まったく無力にすぎない。

働くことの意味

働けない者や働かない者たちを非難し，スティグマを与えることは，見せ

しめの効果をもち，結果として大多数の人びとに勤労倫理を強制することになる。もちろん，働けるのであれば，働いて仕事に生きがいを見出すことは，自堕落な生活をするよりずっとよいに決まっている。しかし，だからといって，どんなに劣悪な労働条件であっても働かないよりは働いたほうがマシということにはならない。プロテスタンティズムの勤労倫理以来の働かない者を非難する空気は，長時間労働や低賃金労働が常態化している現状を追認することになりかねない。

　はじめに述べたように，学生にとって「何のために働くのか」という問いはますます切実な問題となっている。いま，日本中で「働かせろ！」と叫ぶ人びとと「働きたくない！」と叫ぶ人びとがあふれているが，この矛盾した二つの声を聞きながら引き裂かれる学生にとって，仕事に生きがいを見出す自分の将来の姿をイメージすることは，どんなに難しいだろうか。ところで，この「働かせろ！」という叫びはどこから生まれるのだろう。もちろん働かなければ生活できないからではあるが，それに加えて，「お金を稼いでこそ一人前」という価値観を知らず知らずのうちに内面化しているせいかもしれない。しかし，かつては，「働くこと」は「食べてゆけること」を意味していたが，この等式が成り立たたなくなった現在，首尾よく真っ当な会社に就職できたかどうかによって「一人前」であるかどうかの評価がなされるというのは，理不尽であるとしかいいようがない。

　だとすれば，少なくとも，就職は最終目標とはなりえないのである。第9章「やりたいことがわからない——自由化／個人化の帰結」で説明するように，現代の若者は，就職してからも自分の人生を自分で繰り返し設計し直すことを求められている。就職した会社の労働条件が悪ければ転職せざるをえないし，労働条件を改善するための交渉や闘争が必要になるかもしれない。そして，もし転職を余儀なくされる場合は，失業している期間の生活が保障される制度が整備されなければならない。いま，働くということは，そこまで見越して将来を展望することを意味するのである。「働かせろ！」と「働きたくない！」という矛盾した感情を拭い去ることは簡単ではない。そのとき，労働条件や労働運動に関する知識と失業時の社会保障制度に関する知識

とが，これからの労働者に必要な基本的リテラシーとなるはずである。

参考文献
ヴェーバー，マックス『プロテスタンティズムの倫理と資本主義の精神』（大塚久雄訳）岩波文庫，1989年（原著1904〜05年，1920年改訂）
ヴェーバー，マックス『経済と社会　支配の社会学（Ⅰ・Ⅱ）』（世良晃志郎訳）創文社，1960年，1962年（原著1922年）
熊沢誠『格差社会ニッポンで働くということ——雇用と労働のゆくえをみつめて』岩波書店，2007年
バウマン，ジークムント『リキッド・モダニティ——液状化する社会』（森田典正訳）大月書店，2001年（原著2000年）
フーコー，ミシェル『狂気の歴史——古典主義時代における』（田村俶訳）新潮社，1975年（原著1961年）
横塚晃一『母よ！殺すな』生活書院，2007年
リッツア，ジョージ『マクドナルド化する社会』（正岡寛司監訳）早稲田大学出版部，1999年（原著1993年，1996年）

（鈴木宗徳）

第5章

ほしいものは何ですか？

―― 社会のなかでつくられる欲望と消費

1. GDPで幸福は測れるか

流行の商品を追い求める私たち

　2011年11月にブータン国王が来日した際に，国民総幸福量（GNH）という指標が話題になったことを覚えている人もいるだろう。「国勢調査」で国民の「意識」を問うことはめったにないことだが，2005年5月に行われたブータンの「国勢調査」では，末尾に「あなたはいま幸せですか」という質問が設けられ，これに対して97％が「はい，幸せです」と答えたという。ブータンの2010年の1人あたりGDP（国内総生産）は2069ドルで，日本の同じ年の4万2783ドルから見ると20分の1にすぎない。これは「幸せ」という主観的な考え方がGDPで測られるような経済の動きとはかならずしも一致していないことを示す例でもあるが，日本社会が追い求めてきた豊かさとは何だったのかを考えさせるきっかけにもなるのではないだろうか。

　内閣府が毎年行っている「国民生活に関する世論調査」によれば，「物の豊かさ」と「心の豊かさ」を比べた場合，「これからは心の豊かさに重きをおきたい」という答えが6割を占めており，最近の調査ではこの傾向は安定している。「心の豊かさ」という概念が何を表すのかという問題はあるものの，日本でも物質的な面ではなく非物質的な「豊かさ」を重視する人が多数派となっている。

　とはいえ，他方で私たちは相変わらず流行の商品を追い求めているようにも思われる。新しいスマートフォンやゲーム機などの情報機器の発売日に

コラム13：GDPは何を表しているか

　GDPは，国内で一定期間内に生産されたモノやサービスの付加価値の合計額，とされ，これが1年でどれくらい変動したかを表すのが経済成長率である。一般にGDPは国の「豊かさ」を表すものとして取り扱われることが多い。たとえば，GDPが拡大していると伝えられると，「好感」「明るい材料」「いい傾向」とこれを歓迎するのが一般的である。

　しかしGDPはかならずしも「豊かさ」を表さないし，まして「幸福」を表すものでもない。よく言及される例であるが，たとえば，自動車や工場の排気によって空気がよごれ，空気清浄機などの機械に人びとがお金を使うようになれば，全体としてのGDPにはプラスになるし，いままで普通に利用していた水道水の質が低下してきたので，浄水器を設置したり，ペットボトル入りのミネラルウォーターを買うようになった場合でもGDPは拡大する。つまり，これまでお金を払っていなかったものに新たにお金を使うようになったり，少額のお金ですんでいたものに多額のお金を支払うようになれば，それだけGDPを押し上げることになる。よごれた空気や，質の低い水しか手に入らない状況が，以前のきれいな空気や水が手に入った状況よりも「豊か」であると考える人は多くないだろう。

　専門家の間でも，こうしたGDPの性質について問題視する声は当然あり，別の指標をつくろうとする試みもなされている。近年注目されているものの一つにGPI（Genuine Progress Indicator，真の進歩指標）がある。これは，たとえば上で述べた「きれいな空気や水」を「損失」と考え，人びとの実感にあった真の「豊かさ」を推計しようとするものである（滋賀大学の中野桂らの研究によると，1955年から2000年までの日本の1人あたりGDPは実質7.6倍となったのに対し，GPIは2.4倍にとどまっている）。

　とはいえ，GPIでさえも完璧なものではなく，固有の限界がある。社会学も含めた社会科学ではさまざまな指標が出てくるけれども，それは何に注目した指標で，何を見落としているのか，注意して使うようにしたい。

は，朝早くから，人によっては前の晩から小売店の前に行列をつくる光景はしばしば見られるものである（この原稿を執筆しているときには，アップルのiPhone5Sが話題になっている。コラム13参照）。

この章では，多くの人びとが，非物質的な価値を認めているように思われる一方で，やはり流行の商品を追い求めずにはいられないのはなぜなのかを考えたい。

2. 欲望を喚起する社会

記号的意味による欲望の喚起——フォード vs GM

消費社会を論じる多くの社会学者は，20世紀半ばから後半にかけて私たちの社会は消費社会という新しい段階に突入した，と論じている。そのうちの1人，内田隆三によると，消費社会とは「欲求のシステムが生産のシステムに依存するような構造のビルト・インによって特徴づけられる。そこでは，産業システムの生産活動は産業システムの外部に所与として存在する欲求に奉仕するのではなく，産業システム自らがそのような欲求を自分の相関項として生産し，操作するようになる」のである（内田，1987年）。

大量生産・大量消費は20世紀に高度に発達した生産と流通のシステムが生み出した現象であるが，消費社会論が注目しているのはそのようにつくりだされる商品が，大量に供給・消費されるだけでなく，その種類が増え，しかも目まぐるしく変わっていくことである。私たちの社会は多種大量の商品を消費しているだけでなく，商品の入れ替わるサイクルも短くなっている。たとえばコンビニエンスストアはPOSシステム（Point Of Sales system：商品の販売情報を記録・管理するシステムのこと）によってどういった商品がよく売れるのか／売れないのかを，レジを通したデータ収集によって自動的に集計して品揃えを見直しており，標準的な店舗では1年で7割の商品が入れ替わるといわれている。毎日のように多数の新商品が市場に投入され，それと同じ

ように廃棄されていく。ここでいう「商品」には，自動車や携帯電話のような手にふれられる物質的なモノだけでなく，英会話教室，カウンセリング，音楽・映像配信のような，形のないサービスも含めて考えよう。これらも消費者が選択して対価を支払っている「商品」であることはまちがいない。

　消費社会論が注目しているのは，商品が大量に生み出されるということだけでなく，こうした商品と欲求を生み出すサイクルが，従来考えられていた「機能的な必要」という意味や感覚を超えて，「モードの論理」に従って生起し，新しい遊び的な意味・感覚の世界を導き入れていることである。私たちは，いわば必要以上の「過剰」なモノと欲求に取り囲まれて毎日の生活を送っている。高度な生産段階に達した産業システムにおいて，モノ＝商品の体系が果てしなく膨張しつづけるためには，それを支える欲求のほうも多様化することが求められるのである。

　こうした生産と消費のシステムの成立を象徴的に示している事例として内田をはじめとする多くの社会学者が注目しているのは，1920年代のアメリカで繰り広げられたフォードとゼネラル・モーターズ（GM）という二つの自動車会社の覇権争いである。工場にベルトコンベアを導入して，自動車を大量生産する仕組みを最初につくったのはフォードである。創業者のヘンリー・フォードはあらゆる作業を合理化・規格化・画一化して，単一のT型フォードをなるべく効率的に生産し，コスト削減を追求した（第4章でもふれたように，このやり方は「フォーディズム」と呼ばれる）。その結果，1908年の発売当初に850ドルだったT型フォードの価格は，13年には600ドル，17年には360ドル，25年には250ドルにまで下がった。同じクルマを20年つくりつづけることは現在では考えられないが，フォードは基本的にほぼ同一の自動車をつくりつづけ，作業の効率化とコスト削減に邁進したのであった。

　これと対照的な戦略をとったのがGMである。GMは自動車を「モード」としてとらえ，頻繁なモデルチェンジを繰り返した。同じシャーシ（車台）の自動車であっても，ボディのデザインを変えることで前年の車とは違うモデルとして売り出した。前の年に自社が生産した自動車を，意図的に「流行遅れ」の「陳腐な」ものにするこの戦略は，綿密な市場調査と生産量のコン

トロールに裏打ちされた合理的な経営手法によるものであり，これが結果的には消費者に支持されたのであった。フォードはGMとの販売競争に敗れ，ついに1927年にはT型フォードの生産停止に追いこまれる。他の会社も，毎年モデルチェンジを繰り返すGMに対抗するためには同様の手法をとらざるをえず，1年ごとにボディのデザインを変えることは自動車業界の常識になったのである。

　このような事態が訪れた理由の一つは，アメリカの社会学者，デイヴィッド・リースマンが「自動車は作るよりも売る方が難しい商品になった」と述べたように，自動車がアメリカの消費者に一とおり行き渡ってしまったことである。すでに自動車をもっている消費者に，さらに新しい1台を買ってもらうためには，いままでの自動車を「流行遅れ」にして新しいモデルをほしがってもらわなければならない。いままでのものよりずっと高性能で安全な自動車をつくることができればその点をアピールできるけれども，そうそう毎年画期的な技術革新ができるものではない。そこで，デザインを変えて見た目の「新しさ」をつくりだすことは，自動車を販売する側の企業にとっては合理的だったといえる。内田が「機能的な必要」ではなく「モードの論理」に従う，と述べたのはこのことをさしている。わたしたちの社会はすでに20世紀のはじめに，必要なものをどうやって生産するか，という段階を超えて，これ以上は必要だと思っていない消費者に，いかにして何かが「必要だ」と，あるいは「ほしい」と思ってもらうか，という段階に（少なくとも部分的には）到達していたのである。

欲望を喚起するさまざまな仕組み

　内田は「過剰な」生産と欲求と書いているが，どこまでが「適切な」生産と欲求で，どこからが「過剰」であるかはなかなか判断が難しい問題である。それが企業にとっての生産であれば，売れ残りが出なければ「適切」とさしあたりは判断できるけれども，消費者にとって「適切な／不適切な」生産とか「適切な／不適切な」欲求を考えるのは難しい。

社会学者の見田宗介の言い方を借りると,「人間はどんな欲望でももつことができる」ので,どこまでが適切でどこからが不適切か線引きすることは困難なのである（見田, 1996年）。私たちが生きる消費社会は,「必要でないものを欲望する自由（あるいは狂気）, 必要から離陸した欲望の抽象化された空間」である。「手にした」というよりは,「いやおうもなく放り込まれている」といったほうがふさわしいかもしれない。自動車の例を出したけれども, 私たちのまわりにあふれている商品は, その多くがこうした「自由」の空間からあふれ出たものといえる。リースマンがいうように, GMの勝利は「クルマの外見には決定的なものがない」ことを示しているけれども, 同じことは洋服や髪形や化粧のような「モード」が語られるあらゆる分野にあてはまるし, 携帯情報端末やゲーム機, 洗剤や菓子類のパッケージ等にもいえることだ。見田のいう「空虚な無根拠性」は, われわれのまわりにあふれている。

　見田はここで, 消費社会化が意味するのは,「自然の必要からの文化の離陸」ではないことに注意を喚起している。「自然からの離陸」は, 消費社会に達していないあらゆる共同体がすでに果たしていることである。ここで語られている消費社会化は, 欲望が「文化」からも自由になることを意味している。伝統的な社会は, 望ましい欲望のあり方を, それゆえ望ましい生活のあり方や望ましい人の生き方を「文化」というかたちで限定していた。「真っ当な」人であれば, どのようなモノを身につけて使うのが自分にふさわしいのか知っているものであり, その基準はまわりの人びとにも共有されていた。民話や昔話のような民間説話の世界では, 社会的地位に不相応なモノを望む「欲張り」は, ほとんどの場合否定すべき悪徳として描かれている。消費社会というメカニズムは, 欲望を固定化するこうした文化の力からの解放をもたらしたのである（コラム14参照）。

　大量に生産したモノを大量に消費することで成立した消費社会は, 次々と市場に投入される多様な新製品に対応できるようなフレキシブルな生産能力を備えた高度消費社会となったが, 商品の種類は増えても, それを購入することが幸福であり, そのための貨幣を蓄(たくわ)えることが人生の目的であるかのように人びとを支配しつづけている。「情報化社会」「高度情報社会」は商品の

差異化／差別化と一体のものであり，私たちの社会は決してモノの生産・流通・消費のサイクルから抜け出してはいない．

　それどころか，どうやって商品を購入させるか，いかにして欲望を喚起するか，ということに関しては情報技術を利用した仕組みが私たちの日常生活のなかにも数多く散りばめられている．amazon や楽天のようなショッピングサイトで本や DVD 等を買ったことのある人は多いだろう．こうしたサイトを使っていると，私たち個人の購買行動がチェックされていることはもちろんだが——ある商品を検索しただけで購入しなくても，次にアクセスした場合にその商品の広告が現れることに気がついている人も多いだろう——個人の行動だけでなく集積した購買行動のパターンもマーケティングに使われている．あるコミックを購入した人には，その本を購入したほかの人びとが買っている別の商品を勧める広告が現れることに，私たちはもはや慣れてしまっている．

　あるいは，最近さまざまな場面で話題になっている Facebook や twitter のような SNS がなぜ無料なのか，考えたことがあるだろうか．世界最大の SNS とされる Facebook の場合，2012 年 10 月にユーザー数が 10 億人を超えたと報道されて話題になった（もちろん，アクティブなユーザーが 10 億人いるわけではない）．膨大な数のユーザーが使えるシステムを支えるにはサーバーの維持管理にかなりのコストがかかるはずだが，個々のユーザーには課金されない．会社を支えているのは広告収入である．2013 年第 3 四半期(7～9 月)の同社の売上高は 20 億 1600 万ドル（1980 億円），最終利益は 4 億 2500 万ドル（410 億円）にのぼるが，売り上げの 90％はネット広告の収入である．利用者は年齢や性別，学歴，趣味，交友関係などを入力するよう求められており，個人の属性や行動パターンがかなり詳細にわかる可能性がある．プライバシー設定ができるので，たとえば本人が住所を非公開にしていたとしても，タイムライン（その人の書きこみや写真など）を見ているとどの辺に住んでいるのか，出張や旅行でよく行く場所はどこか，よく行くショップや食堂・レストランはどこか，といった行動範囲や嗜好もわかることがある．それ以上に丸見えなのが，ネット上の行動である．いくら個人情報を入力しないように

コラム 14：記号の体系としての消費社会

　消費社会論に大きな影響を与えたのは，フランスの社会学者ジャン・ボードリヤールの議論である。彼の指摘によると，消費社会においては，いかなる商品もたんなるモノではなく，何らかの社会的な意味をもつ「記号」となる。しかもこの「記号」は，単独で存在するのではなく，他の商品群が表す記号と構造的な「差異の体系」を形作っているという。たとえば，本文にも登場した自動車は，高速で移動する手段ではあるけれども，GM のモデルチェンジ戦略が成功したように，実用的・機能的な移動手段を超えた何ものかである。そこには，ステイタスシンボルとなりうるような高級車，若々しさを感じさせるスポーツタイプ，若い女性を意識した「かわいい」デザインのタイプ等々のさまざまな「差異の体系」が形成されており，そのなかからあるものを選ぶ行為は，社会のなかで一定の意味作用を果たすコミュニケーションでもある。他のクルマではなく，コンパクトカーを選んだとすれば，環境に配慮した良心的な人間（あるいは洗練された趣味の持ち主）として自己を提示していることにもなる。「理想的な準拠としてとらえられた自己の集団への帰属を示すために，あるいはより高い地位の集団をめざして自己の集団から抜け出すために，人びとは自分を他者と区別する記号として（もっとも広い意味での）モノを常に操作している」（ボードリヤール，1979 年［1970 年］）。服装を選ぶとき，メガネのフレームや傘や帽子やバッグなどの小物を選ぶとき，スマートフォンのカバーやストラップを選ぶとき，私たちは何らかの「自分らしさ」を表現している。

　こうした記号消費によって自分らしさを効果的に表現するためには，日々変動していく意味づけのコードを学習しなければならないが，ボードリヤールはこれを「日常的ルシクラージュ（recycle 再教育・再学習）」と呼んでいる。なるほどいわれてみれば，私たちは日々さまざまな商品の情報に接し，現在は何を身につければカッコイイと思われるのか，何がもう「流行遅れ」とみなされるのか，継続して教育され，学習させられている。

していたとしても，どのサイトから当該サイトを見つけたのか，どのような広告をクリックしているのか，SNS上の「友達」が貼りつけたどのようなリンク先を見に行っているのか，といったネット上の行動はシステムを管理する側からは丸見えである。「温泉」というキーワードで検索しているなら温泉旅館の予約ができるサイトの広告を出すし，小さい子どもがいるらしいとわかれば子ども服や幼児用教材の広告を出すターゲットにできるのである。

再魔術化する消費社会

　第4章にも登場したジョージ・リッツァは，労働現場の合理化に加えて，消費行動の合理化も取り上げている（ここで「合理化」というのは，あくまで売り手にとっての合理化であるが）。ファストフードやカフェ等で一般的になったセルフサービス方式を最初に開発したのはマクドナルドであった。それまでは店員が行っていた運搬や清掃を，客自身にさせるという発想の転換は画期的であり，会社にとってはそれだけ人件費をカットできることを意味する。これがさらに「進化」したドライブスルー型の店舗だと，客は店に入ることさえなく効率的に食事をすますことができる。ファストフードの店舗は客の回転を早くするためにいろいろな工夫をしているが，店に入ることさえないこのかたちは究極の解決方法である。客はこの新しいスタイルを「教育」され，受け入れた。

　さらにリッツァが注目しているのは彼が「再魔術化」と呼ぶ過程，すなわち現代の消費者が，モノやサービスなどの商品をほしがるように魔術をかけられ，教育されているという事態である。なるほど，私たちの生活する空間はさまざまな広告，モノやサービスの魅力を伝える情報に満ちあふれている。リッツァが指摘しているように現代社会においては，ショッピングセンターやショッピングモール，豪華客船でのクルーズ，カジノ，テーマパーク，テーマレストラン，サイバーモール，TVショッピング，通信販売用カタログ，さらにクレジットカードやデビットカードのような，人びとの購買意欲，消費意欲を刺激するさまざまな装置がこのうえなく発達している。クルーズ船

やカジノを除けば，これらはすべて私たちにもなじみのある光景だろう。生活のいたるところに商品の購買をうながす情報が満ちあふれ，教育機関であろうと医療機関であろうと，このような商業主義が入りこんでくることを止められないでいる。かつては自宅で寛(くつろ)いでいるときには広告にさらされることはそれほど多くなかったが，いまではテレビや雑誌を見ているときはもちろん，レポートのためにネットで調べ物をしようとしても，SNS で友人からのメッセージを見るときにも広告にさらされつづけているし，何回かクリックしたり画面をタップしたりすることで商品を購入できるのである。

　リッツァによると，私たちはこのような大量の情報に包囲された状態で，モノやサービスを欲望するように「魔術をかけられている」。かつて，生活のさまざまな場面で合理化が進展してきた近代社会を，ヴェーバーは「魔術（呪術）からの解放」と呼んだが，現代の社会は，追放したはずの魔術的な力を再び呼び戻し，人びとの正気を失わせる装置を生み出してしまった，というのである。

3. モノをとりまく意味的世界

欲望が果たしてきた役割

　消費社会は資本主義の高度な発展段階に見えるかもしれないが，経済学者の佐伯啓思はむしろこれこそが資本主義の「純粋型」だと主張している。佐伯によれば，商品に対する人びとの欲望こそが資本主義を拡張させてきた（佐伯，1993年）。資本主義の本質は何か，資本主義とそれ以外の経済体制をどのように区別するか，という問題は簡単に応えられる問題ではないが，さしあたりここでは資本主義を「企業活動の資本投資による経済の無限拡張運動」，としよう。かつてマルクスが『資本論』において指摘したように，「貨幣（お金）」が「資本」に転化するのは，商品と貨幣の循環 $W—G—W'$ が $G—W—G'$（G はドイツ語で「Geld 貨幣」を，W は「Waren 商品」を表す）に変わるときで

ある。すなわち，貨幣を投資して，市場で交換できる商品を生産し，これを売って資本を大きくする，という発想に立ったときにはじめて貨幣はたんなる貨幣であることをやめて「資本」としてとらえられる。原初的には，農夫が自分でつくった農作物を市場に出し，その売り上げで別の食料品や日用品を購入していた段階があったはずで，この段階では，W―G―W′というかたちの交換が想定されている。それが，循環 G―W―G′ に転化したとき，本来の意味での資本が成立する，というのである（マルクスはこれを「資本の一般的定式」と呼んだ）。モノを売って別のモノを買う段階では，生活に不必要なモノをわざわざつくったり買ったりすることはなかなか発想しないと思われるが，資本の拡大のためには，生活に必要か否かというよりは，市場で売れるか否かが決定的に重要になるのである。

　佐伯のとらえ方は，このマルクスのとらえ方をふまえているといえるが，マルクス主義においても近代経済学においても，消費者の欲望の問題はあまり重要視されていなかった。需要と供給によって資源を最適に配分する「市場メカニズム」を想定する場合，人びとの間に何らかの需要（必要）が存在していることはあらかじめ前提されており，生産や流通のメカニズムによってそれが満たされる，と考えるが，この枠組みでは消費者の欲望を喚起するサイクルはとらえられない。消費社会論が主張するのは，むしろここに需要そのものをつくりだすようなメカニズムが埋めこまれているのではないか，ということである。日本のような「豊かな」社会において，私たちがお金を出して買いたいと思っているものは，生命を維持するためにどうしても不可欠なモノであることは少ないだろう。むしろ，マス・メディアによって届けられる広告や，まわりの他者とのコミュニケーションのなかでその商品について知識を得て，われわれを魅了する商品であることが多いのではないだろうか。たとえ生命を維持するのに不可欠な食品を購入するときであっても，ほとんどの場合は十分すぎる数の選択肢が存在し，私たちはさまざまな観点（好み，値段，栄養，安全性，ダイエットにふさわしいか否か，メーカーや産地のブランド価値，SNSに投稿する「ネタ」になりうるか否か，等々）から特定の商品を選んでいる。われわれは商品に関する情報がたえ間なく流れている社会のなかに

生きているので，たえず新しい商品について学習している（あるいは，させられている）のである。ここに「欲望の拡張」という仕組みがある。

アメリカの経済学者のジョン・ケネス・ガルブレイスは，こうした「豊かな社会」に生きる人びとは，広告によって本当は必要のないものを「ほしい」と思わされていると主張し，これを「依存効果（dependence effect）」と呼んだ。彼の主張には納得できる部分もあるけれども，その主張は事実の半面しか見ていないといわざるをえない。広告の効果は限定的であって，企業が強引に売りつけるのではないし，かといって消費者がまったく自由に選ぶのでもない。佐伯が指摘するように，ここには両者がともにかかわるような「共犯関係」が成立している。

顕示的消費と商品イメージ

なぜ人は特定のモノやサービスをほしがるのか。前述の佐伯は，モノが喚起するイメージこそが重要である，という議論を展開している。商品空間におけるモノはモノ自体がもつ実用的な価値以上に，それを超えた何かを暗示したりシンボライズしたりするからこそ，欲望の対象となるというのだ。たとえば，ハンバーガーチェーンの日本マクドナルドは，いまでこそ郊外の商業施設や幹線道路沿いに多く出店しているけれども，1号店は銀座の三越に出した。けっして安くはない価格設定であったが，これが当時の若者たちに圧倒的に支持された。それは，アメリカの物質的な豊かさの象徴であり，日本のものとは決定的に異質な何かであった。歩きながら・手に持って食べる，というスタイルが大人たちに非難され，だからこそ若者に支持された，という側面もある。また同時に流行したデニム（当時の言い方だとジーンズかジーパン）も，アメリカの自由（と思われたもの）を象徴していた。場面にふさわしくないという理由で大人が眉をひそめたりするならば，逆にそこが若者に支持される，という構造である。

あるいは，機械式の時計に何十万，何百万というお金を出している人びともいる。正確な時刻を知るという点では電波時計やクォーツ式の時計のほう

が機能的であるが，にもかかわらず，歯車やゼンマイで動く機械式の時計に価値を見出し，コレクションする人びとが存在する（「コレクション」自体がすでにモノとしての実用的な機能を逸脱した考えである）。そこに人びとが見出しているのは，人間がつくりだした時計という小宇宙へのあこがれであったり，時計職人の技術に関する称賛であったりするけれども，いずれにせよ人間の側がモノに見出している機能性を超えた意味が重要であることは確かであろう。

　こうした点は，景気のよかった時代の遺物でもなければ，一部の特殊な人びとだけに限定的な話でもない。なぜ特定のスニーカーがほしいのか，なぜ特定の携帯電話やスマートフォンがほしいのか，どうしてほかではなくそのテーマパークに行きたいのか，と突きつめると，そのモノが本来果たす機能では説明できない部分が自分のなかにもあることに気がつく人は多いのではないだろうか。

　人間はつねに観念を生み出し意味を見出す生き物であるので，まわりのモノにもいろいろなイメージや物語を読みこんでしまう。その意味で純粋なモノなどありえないのだし，あったとしても欲望の対象にはならない。経済学者で社会学者でもあったソースティン・ヴェブレンは19世紀末のアメリカの富裕層が他人に見せびらかすために消費を行っていることを批判して『有閑階級の理論』（原著1899年）を書いたけれども（これを顕示的消費：conspicuous consumptionと呼んだ），このサイクルはもっと以前から始まっている。コーヒーがヨーロッパにもたらされたのは中世末期だが，これは異国からもちこまれたというエキゾチックな色彩をまとっていただけでなく，理性の覚醒をもたらすべく神が与えてくれた飲み物，中世のまどろみを破る近代という新しい時代にふさわしいものというイメージをともなっていたので，爆発的に受け入れられたという側面もある（シヴェルブシュ，1988年［1987年］）。

　特定のモノや商品がもつ意味は社会的に構成されているという点も強調しておくべきであろう。すなわち，こうした欲望が欲望として成立するためには，その価値が人びとに承認されていることが必要である。美術品や骨董品の値段を「鑑定」するテレビ番組を見ているとわかるように，値段が高いということはそれだけ人びとによって価値を認められているということでもあ

る。それまであまり大事に思われなかったモノが，じつは高価だといわれた瞬間に貴重に思えてきたり，あまりよいと思わなかった芸術作品等が，たとえば海外で高く評価されていると聞いたとたんに輝いて見えたりするのはそのためである。欲望は他者に伝播したり，模倣されていくような何ものかであり，ある種の社会性をまとっている。

　たとえば，出かけるときに洋服を選ぶ際にはどんなことに気をつかうだろうか。服装や髪形にどの程度気をつかうかは個人差が大きいけれども，これは他者による称賛を求める行為にほかならない。1人で部屋のなかにいるときは気にならなくても，友人や家族といるときには相手にどう思われているのか気になるはずである。服装にはもともと人に見せるもの，という側面があり，体を保護するとか体温を保つといった機能を果たせばそれでよいものではない。私たちが何を望むか，何を欲望するか，といった問題は，まわりの他者にどのように思われているか，どう思われたいか，という問題と切り離して考えるわけにはいかないのである。

4. 新しい消費スタイルの模索

環境問題という限界

　しかし地球環境への負荷を考えるならば，いままでのような大量生産・多量消費のサイクルは維持できない。このこと自体には多くの人が気づいている。さまざまな環境保護運動に呼応するように，これまでの生産と消費のあり方に反省を迫る動きも起こっている。ファストフードに対する反動をきっかけとして，スローフード運動が起こったことを想起する人もいるかもしれない。これは，世界中どこで食べても同じ味がする（といわれている）ファストフードのような食品を供給するのでなく，その場所固有の食材や調理法を活かした「地産地消」のメニューを推奨し，ひいては農業や食品加工・流通のあり方や私たちの生き方そのものに反省を迫るものである。この運動は

1986年にイタリアで始まり，世界中に伝播したもので，日本にもスローフードジャパンが設立されている。あるいはロハス（LOHAS）という言葉が流行したこともあった。これは，Lifestyle Of Health And Sustainability の略であり，大量にモノを使い捨てにする生活を抜け出し，健康で持続可能（sustainable）な生活を送ろうとする人びと，あるいは彼ら・彼女らのライフスタイルをさす言葉で，日本には2002年に紹介された。

　とはいえ，こうした動きさえもまた企業活動のなかに飲みこまれていることを，われわれは認めざるをえないだろう。スローフードにしても，ロハスにしても，特定の商品やサービスを宣伝するための記号として消費されている側面があることは否定できない。商品としての「ライフスタイル」が成立しているともいえ，現代の資本主義は反商業主義的なラベルをも貪欲にとりこんでしまう逞（たくま）しさを備えている。もちろん，営利活動だからといって否定すべき理由はない。売れるものをつくり同時に宣伝するのは企業活動としては当然であるし，消費者が環境に配慮した商品やサービスを支持した結果，環境に負荷をかけないような新しいライフスタイルが広がっていくことは望ましいことでもある。しかし，そうした商品やサービスが宣伝されているとおりに，本当に「環境に優しい」のか，「ロハス」や「エコ」と呼ぶのにふさわしいのか疑わしいケースもなかにはある。

所有の見直し

　近年は，上述したような欲望を喚起するシステムがうまく作動していないのではないかと思わせる現象も起こっている。とくに，かならずしもこれまでのようにはモノをほしがらない若い人びとの登場が驚きをもって報告されている。たとえば，収入のあまり多くない若者がカードローンを組んでブランド物の洋服を着たり自動車を購入したりすることは，もちろん現在でもなくなってはいないけれども，相対的に少なくなってきている。使えるお金が少ないからというのではなく，そもそも高い洋服や自動車をほしがらない若者が増えているという。評論家の三浦展はこうした若者を「シンプル族」と

呼び，これからの消費社会のかたちが変わっていく可能性があると指摘している（三浦，2009 年）。

　自動車に関しては，移動にクルマを利用できればそれでよいのであって，その機能に限っていえばレンタカーでもカーシェアリングでも同じと考えているのだ。上述のロハスと重なる部分もあるが，彼らの間には，自動車に乗ることは「資源やエネルギーを浪費し，CO_2 をまき散らす罪悪であるという感覚」があるという。実際に自動車を所有しない若者が増えているというデータもある。2012 年度『国土交通白書』によると，若者の免許保有率は近年わずかに減少しているものの，依然として高い水準にある（20 代の 8 割以上，30 代の 9 割以上が自動車の運転免許をもっている）のに対し，30 歳未満の若者の自動車普及率を見ると，1999 年から 2009 年の間に男性では 63.1％から 49.6％へと 13.5 ポイント減少している（女性は 42.7％から 43.6％へと 0.9 ポイントの増加）。代わりに自転車の人気は上昇していて，三浦によると，1989 年に 865 万台だった自転車の販売台数は，99 年以降は 1000 万台以上をずっと維持している。

　また，洋服に関しても，近年はむしろ流行に左右されないシンプルで飽きのこないデザインが好まれる傾向が強まっていて，欲望を喚起しながら生産・消費・廃棄していくという，消費社会論が描いていたサイクルとはズレが見られるようになってきている。とくに近年は，流行のものを次々と買い求めて使い捨てるよりは，リサイクルショップやフリーマーケットなどを利用しながら，本当に必要なものを見極めて利用する，というスタイルが広がりつつある。もちろん，以前からサイズの合わなくなった子ども用の衣料品を親戚や近隣の人に提供する「おさがり」は普通に行われていたし，質流れや中古品の利用もないわけではなかった。しかし近年のリサイクルの動きは，従来のスタイルとは異なり，むしろ合理的でカッコイイものになりつつある。

　かつて社会学者の吉田民人は，所有権が意味するもののうち，使用・収益・処分を分けて考えるべきだと指摘していた（吉田，1991 年）。何かを「所有」している，ということは，それを使用する権利・そこから収益を得る権利・それを処分する権利を丸ごと保有する，と一般には考えられている。しかし，

コラム 15：近代社会と時間

　スウェーデン出身のヘレナ・ノーバーグ=ホッジは，インドのカシミール州東部のラダックを 1975 年に訪れ，ラダック語－英語の辞書を作成した言語学者であるが，何年かラダックに暮らすうちに，伝統的な自給自足の生活がグローバルな資本主義経済に飲みこまれていく様子をまのあたりにした。西洋的・近代的なモノや技術，考え方が，伝統社会に入りこみ，人びとの生活を変えていく様は，あらためて豊かさの問題をわれわれに問いかけてくる（ノーバーグ=ホッジ，2011 年 [1991 年]）。

　彼女が近代社会と対比させて描くラダックの変化はさまざまな論点を喚起するが，なかでも時間意識に関する指摘は興味深い。伝統的なラダックの暮らしでは，農作業が忙しいのは年に 4 か月ほどで，残りの 8 か月はわずかな作業を除けば忙しい仕事もなく，人びとは祝祭と宴，歌と物語，宗教行事などにたっぷりと時間を使っていた。分単位の時間を考える必要はまったくなく，人との約束も数時間の余裕をもって行っていた。ところが，そうした生活は近代世界と接続されることで変化してしまう。「変わりゆくラダックが教えてくれた大切な教訓のひとつは，近代世界の道具や機械が時間を節約する一方，全体的にみると新しい生活様式は時間を奪い去ってしまう，ということである」。電話が使えるようになると，直接メッセージを伝えに知人の家を訪ねることはしなくなる。自動車やバスが使えるようになると，徒歩や家畜に乗って移動することは選択肢に入らなくなる。テクノロジーによって時間は節約されるはずなのだが，余ったはずの時間は人びとの手元には残らない。「現代の経済は，時間というものを，何か売買できるような商品に変えてしまい，突如として計ったり，最小単位にまで分割されるものにしてしまった」。

　新しいテクノロジーに取り囲まれているわれわれにとっても，これは無縁の話ではないだろう。近代社会が失った「豊かさ」を考える際に，時間の問題はまちがいなく重要な位置を占めるはずである。

この三つの部分はそれぞれ分けて考えてもよいし，土地や建物の利用などを考えれば，これまでもすでに分割されていたともいえる。たとえばカーシェアやシェアハウスの発想は，「使用権」を他の権利と分けて，所有権を分解して扱うことが現実に進んでいることを意味している。三浦が指摘しているように，流行のモノや自動車をかならずしも「もつ」必要はないし，自分専用のモノをもつことにこだわるのはむしろ古い感性だ，という感じ方が広がっているのだとしたら，そこにはモノとのかかわり方についての新しい生き方が生まれつつある可能性も見てとれるだろう。

もちろん，若者が自動車を保有しないのは，一つには雇用情勢の厳しさから可処分所得が減少しているため，という事情はあるし，フリーマーケットが日本に定着しだしたのは1970年代のオイルショック以後の不況の時期なので，生活防衛的な側面があることは事実である。しかしながら，大量にモノを使い捨てにしていく従来型のスタイルが限界に達していることは明らかであり，来るべき時代にふさわしい消費の文化を，人びとはつくろうとしているという解釈も，否定しがたいのである（コラム15参照）。

参考文献

ヴェブレン，ソースティン『有閑階級の理論』（高哲男訳）ちくま学芸文庫，1998年（原著1899年）
内田隆三『消費社会と権力』岩波書店，1987年
佐伯啓思『「欲望」と資本主義——終わりなき拡張の論理』講談社現代新書，1993年
シヴェルブシュ，ヴォルフガング『楽園・味覚・理性——嗜好品の歴史』（福本義憲訳）法政大学出版局，1988年（原著1987年）
ノーバーグ＝ホッジ，ヘレナ『懐かしい未来——ラダックから学ぶ』（『懐かしい未来』翻訳委員会訳）懐かしい未来の本，2011年（原著1991年）
ボードリヤール，ジャン『消費社会の神話と構造』（今村仁司・塚原史訳）紀伊国屋書店，1979年（原著1970年）
三浦展『シンプル族の反乱——モノを買わない消費者の登場』KKベストセラーズ，2009年
見田宗介『現代社会の理論——情報化・消費化社会の現在と未来』岩波新書，1996年
吉田民人『主体性と所有構造の理論』，東京大学出版会，1991年
リースマン，デイヴィッド『何のための豊かさ』（加藤秀俊訳）みすず書房，1968年（原著1964年）
リッツア，ジョージ『消費社会の魔術的体系——ディズニーワールドからサイバーモールまで』（山本徹夫・坂田恵美訳）明石書店，2009年（原著2005年）

（伊藤賢一）

第6章

「自分らしさ」の迷宮を抜ける

――いま,エリクソンを読み直す

1. 内閉化する〈私〉たち

若者の自尊感情の低下

　第2章で言及したように,2010年実施の日本青少年研究所の調査「高校生の心と体の健康に関する調査」によると,「あなたは自分自身をどう思っていますか」と問われて,「私は価値のある人間だと思う」という項目に「全くそうだ」「まあそうだ」と回答した日本の高校生の割合は,アメリカ,中国,韓国に比べて著しく低かった。結果は下表のとおりである。この結果を日本の高校生の嘆かわしいほどの自信のなさと見るか,謙虚な国民性の表現と見るか,さしあたり意見は分かれるであろうが,この調査のほかにも日本の若者の自信のなさや自尊感情の低さを指摘するデータは数多い。「自信力」「自尊心」「セルフ・エスティーム」など,使う言葉は異なるが,指摘される事態はほぼ同様である。ここでは「自尊感情」という言葉で代表させておこう。それらの関連するアンケートのデータを参照すると,かなりはっきりと見えてくるのは,日本の若者の自尊感情ははじめからこれほど低いわけではなく,

	日本	米国	中国	韓国
1. 全くそうだ	7.5	57.2	42.2	20.2
2. まあそうだ	28.6	31.9	45.5	54.9
3. あまりそうではない	46.0	6.4	10.2	20.4
4. 全然そうではない	16.7	3.2	1.8	4.3
無回答	1.3	1.3	0.3	0.2

子どもから若者へと学年の進行とともに低くなること，しかも近年，その水準がいっそう低下していることである。

　児童精神科医の古荘純一の調査では，子どもの自尊感情は「自分に自信があった」「いろいろなことができるような感じがした」「自分に満足していた」「いいことをたくさん思いついた」という項目への回答によって，100点満点で評価される。2003年から07年にかけて実施された調査の結果によると，日本の小・中学生の平均は40点台であり，60点台の小学2年生から30点台の中学3年生へと，みごとに段階的に低下している。また，比較の対象となったオランダとドイツでは，小・中学生の平均は70点前後であり，日本と大きな差があった。とくに興味深いのは，オランダの日本人学校の生徒の平均が60点台で，オランダの現地校とあまり差がなかったことである（古荘，2009年）。要するに，日本の若者の自尊感情の低さは，オランダの日本人学校の例からわかるように，日本人特有の気質というよりも，学校教育のなかでしだいに形成され，高じているということである。小・中学生を対象とした2006年実施の内閣府の調査「低年齢少年の生活と意識に関する調査」でも，「自分に自信がある」という項目に「あてはまる」「まああてはまる」と回答した割合は，小学生で47.4％，中学生で29.0％となり，中学生になると大きく減少している。しかも1999年の調査では小学生56.4％，中学生41.1％であったから，2000年代になって自尊感情の低下がさらに進んだことになる。高校生の場合で見ても，1980年の調査では「私は価値のある人間だ」と「そうではない」とは拮抗しており，「そうではない」の高い割合はその後に顕著になったことがわかる。

　小・中学生，高校生の自尊感情について述べたが，大学生についても同様の結果が出ている。河地和子の調査によれば，日本，中国，スウェーデン，米国の15歳の中学生を対象とした自尊感情の測定テストを首都圏の大学生を対象に実施したところ，大学生の自尊感情は日本の中学生よりもわずかに高かったものの，他の3国の中学生に遠く及ばなかった（河地，2005年）。質問項目は，「全体として，私は自分に満足しているような気がする」「私は自分に対して積極的な評価をしていると思う」「私は，人並みにいろいろなこ

とをする能力があると思う」「私は，自分がもうちょっと自信があればと思う」「私は，自分を誇れるものがあまりないような気がする」「時々，自分は役立たずだと思う」の6項目。いずれの項目においても，大学生の回答は中学生の結果と近似していた。いったん低下した自尊感情は，成人の域に達した大学生という相対的に恵まれた境遇の若者にあっても，容易には回復しないようである。そして自尊感情の低下は，大学生たちの自立意識の停滞と「身近で小さな幸せ」にとどまろうとする意識の増加と無関係ではないように思われる。関西圏の大学生を対象に調査を続けてきた片桐新自によれば，「おとなになるより，子どものままでいたい」と思う大学生の割合は，1992年の44.3％から2007年の56.0％へと一貫して上昇を続けており，「身近な人たちとなごやかな毎日を送る」ことを生活目標とする大学生の割合も，同様に30.9％から43.7％へと上昇を続けている（片桐，2009年）。

セカイ系の時代？

　自尊感情をもてない〈私〉と「身近で小さな幸せ」に内閉化する若者の傾向について見てきたが，その傾向は，この間，サブカルチャー批評でさかんに論じられてきた「セカイ系」という概念に通じているように思われる。
　セカイ系とは，ある評論集の「教科書的な整理」によれば，「物語の主人公（ぼく）と，彼が思いを寄せるヒロイン（きみ）の二者関係を中心とした日常性（きみとぼく）の問題と，「世界の危機」「この世の終わり」といった抽象的かつ非日常的な大問題とが，一切の具体的（社会的）な文脈（中間項）を夾(はさ)むことなく素朴に直結している作品群」である（限界小説研究会，2009）。一般に，アニメ『新世紀エヴァンゲリオン』（1995年）に起点が求められ，アニメ『ほしのこえ』（2002年）に純化されたセカイ系の作品性が見られるという。いずれも14，15歳の中学生の少年（ぼく）を主人公とし，少年の孤独な内省的世界のなかで物語は進行する。『新世紀エヴァンゲリオン』では異世界から次々に襲来する不可解な敵との激しい戦闘のなかで，『ほしのこえ』では宇宙の果てで異世界の生命体と闘うヒロインとのかすかなメール交信のなか

で，揺れ動く思春期の少年の心が描写されている。

　アニメとして秀逸な作品であったことは確かであろうが，荒唐無稽とも思えるこれらセカイ系の作品が，なぜ多くの若者の心をとらえたのか。そのリアルが何であったのかがここでの関心である。上記の評論集は「社会は存在しない」という書名を掲げて，社会領域の消去されたセカイ系の作品のリアルさを論究している。要するに「社会は存在しない」ということがむしろ現代の若者のリアルな体感なのであり，そのリアルを社会領域の消去された作品世界に描き出したのがセカイ系的想像力だというのである。

　その点からすれば，作品の主人公が14，15歳の少年である理由もわかる。「第二の誕生」という思春期の意義を発見した18世紀フランスの思想家，ジャン=ジャック・ルソーは，16歳になって訪れる転換の始まりについて次のように述べていた。

　　　16歳になれば，青年は悩むとはどういうことかを知っている。自分で悩んだことがあるからだ。けれども，自分とは別の存在もまた悩んでいることはまだほとんど知らない。……しかし，感覚の範囲が広がってきて，想像の火が点火されると，かれは自分と同じような人間のうちに自分を感じ，彼らの悲しみに心を動かされ，彼らの苦しみに悩みを感じるようになる（ルソー，1963年［1762年］）。

　こうして少年エミールは人びととの共感に目覚め，社会との出会いが始まるのだが，もしも「社会は存在しない」とすれば，つまり共感できるほかの人間が不在だとしたら，大人への第一歩を踏み出す思春期の心象風景は，まったく異なるものになるであろう。共感なき世界への旅立ちは，異世界から次々と襲来する敵との，あるいは宇宙の果てに棲む敵との不可解な遭遇であり，恐怖の戦闘のイメージで語られても不思議ではない。戦闘ロボットに搭乗させられて奇妙な敵との戦いを強いられる中学生の姿は，娯楽作品としての創作であるばかりでなく，社会なきセカイに投げ出される現代の若者の思春期の苦悩をリアルに形象化しているように思える。一方，そうした非日常の戦

コラム16:「青年」から「若者」へ
──青年期の誕生と変容

　最近では「青年」という言葉が使われることはめっきりと少なくなった。たいていは「若者」という言葉が好まれる。政府関係の文書ではずっと「青年」が決まりだったが，1956年以来の『青少年白書』も2010年から『子ども・若者白書』に変わった。この年，「子ども・若者育成支援推進法」が施行されている。「青年」から「若者」へ。それはたんなる言葉の言い換えではなく，青年ないし若者をめぐる社会関係についての基本的な認識の変容を反映している。

　「青年」という言葉は，辞書に「青年期の男女」とあるように，西欧近代における青年期の誕生，つまり子ども期と成人期との間の移行期の成立を前提とする。一般にルソーが青年期の発見者であるとされる。ルソーは『エミール』（1963年［1762年］）において，思春期とともに訪れる子ども時代からの転換の時代を青年期と呼び，少年が社会に目覚め，人間として生きるための新たな教育の局面（「第二の誕生」）であるとした。「青年」は教育の対象であり，その言葉には成長や発達にかかわる強い規範性が含意されている。日本でも「青年」という言葉が用いられるようになったのは明治20年代のことであった。それまで年齢の若い者は一般に成人と区別して「わかもの（少年）」であったという。徳富蘇峰が『新日本之青年』（1897［明治20］年）において，未来を切りひらく青年の理念を掲げ，青年教育の必要性を説いたことが始まりとされる（北村，1998年）。近代日本における青年期の誕生である。

　こうして「わかもの」ならぬ「青年」が近代精神の担い手として誕生した。戦前から戦後，さらに高度成長期を通じて，日本における青年期の拡大と大衆化が続いた。そして今日，近代化の時代の終焉とともに「青年」の輝きも失われた。再び大人になれない未熟な「若者」，移行期の困難にさらされる「若者」が注目されるようになったのである。

闘は,「おとなになるより,子どものままでいたい」という思いを押しあげ,学校の日常のような「身近で小さな幸せ」への回帰を呼びかけるものでもあろう。内閉化するいまの若者たちの傾向は,社会なきセカイを前にした思春期・青年期のとまどいを背景として生じているのである(コラム16参照)。

　そして,ここで留意すべきは,「社会は存在しない」というのはたんなる比喩ではなく,かつてイギリスのサッチャー元首相が「社会といようなものは存在しない。あるのは個々の男性と女性であり,そして家族である」と述べたように,新自由主義政策の基本的な考え方だったということである。日本においてもセカイ系的想像力の社会的,歴史的な条件となったのは,1990年代後半以降の新自由主義政策の展開だったのである。ただし本書の社会学的分析によれば,そこにおいて「社会は存在しない」のではなく,不可視化され,「見えない」ということであった。その見えない社会のなかで,不可解な競争(戦い)に巻きこまれ,大人への道を手探りで進む〈私〉たちのアイデンティティの危機が,自尊感情をもてない若者たちの内閉化する傾向となって拡大しているのである。今日,ルソーが唱えた「第二の誕生」は,格別な困難にさらされていると見なければならない。

2.「自分らしさ」とアイデンティティ

「自分らしさの檻」

　現代では日常的に「アイデンティティ」という言葉が用いられるが,かならずしも明確な意味の理解が共有されているわけではない。アイデンティティとは「自分らしさ」のことだ,と考える人も少なくないであろう。だが,いまの日本で「自分らしさ」として求められることは,アイデンティティ概念の生みの親であるエリク・H.エリクソンが追究したこととはまったくといってよいほど異なる。すでに第2章で,「男らしさ」「女らしさ」から「自分らしさ」へというジェンダーフリーの標語が,現代ではむしろジェンダー

格差を見えなくする危険があることを述べた。一方，第二波フェミニズムで問われたのは，「女らしさ」の神話にとらわれた女性たちのアイデンティティの喪失だったのである。アイデンティティと「自分らしさ」というこの二つの言葉の違いをはっきりと見極めるところから，いまの日本において思春期・青年期を生きる若者が出会う困難と課題について，考えることができるであろう。

　現代の子どもたちが抱える「自分らしさ」の問題性については，土井隆義の研究が知られている。前節で用いた「内閉化」という言葉も土井のキータームである。土井は1990年代後半以降の少年犯罪の質的な変化，つまり「いきなり型」とか「非社会的」と評される少年犯罪の発生を背景として，「個性」を煽（あお）る社会のなかで「自分らしさ」への焦燥（しょうそう）に駆られる子どもたちの全般的な病理的様相について述べている（土井，2004年）。そこでは「個性」は，SMAPが「もともと特別なオンリー・ワン」（『世界に一つだけの花』）と歌ったように，生来的な属性（内閉的個性）と考えられており，子どもたちは生理的感覚のように「自分らしさ」（「本当の自分」）を自分の内面世界に追求し，見失い，焦燥に駆られる。そうした不安のなかで，子どもたちは強い自己承認の欲求に突き動かされ，友だち関係という具体的な他者からの承認に依存し，異常なまでにその関係に拘束されるようになった（土井，2008年），というのである。

　前節で自尊感情をもてない若者が「身近で小さな幸せ」に内閉化する傾向について述べたが，ここで土井が述べているのは，子どもたちの世界に広がる内閉的な「自分らしさ」への渇望であり，その結果として，学校の日常という「身近で小さな」世界に浸入する病理的状況である。いまの子どもたちの「自分らしさ」へのこだわりは，むしろ自尊感情を奪い，危うい友だち関係を醸成し，教室の日常に「地雷」を埋めこむような状況（「教室はまるで地雷原」）を生んでいるのである。ここでの「自分らしさ」はアイデンティティとはむしろ対極的な概念であり，したがって土井の議論は，「自分らしさの檻（おり）」からの脱出へ，と結ばれることになる。

　土井の分析は興味深いものだが，残念ながら「自分らしさの檻」から脱出

第6章　「自分らしさ」の迷宮を抜ける

コラム17：「私」とは何か
——「I」と「me」（ジョージ・H. ミード）

　本文では内閉化する〈私〉の問題について述べたが，そもそも「私」とは何か。デカルトの「ワレ思う，ゆえにワレあり」のように，確固たる「私」が先にあるわけではない。その問題を考えるにあたっていまも基本となるのは，ジョージ・H. ミードの『精神，自我，社会』（1995［1934年］）である。「精神」はmind，「自我」はselfである。「精神」や「自我」という言葉はどこか実体的なもの，神秘的なものを感じさせるが，ミードの議論の核心は，個人の精神や自我は社会過程に先行するものではなく，社会過程の内部で発生し構築されるという点にある。ミードは，社会過程における精神や自我の発生を個人の側から分析したのである。いまならmindに「心」，selfに「私」を充てて『心，私，社会』という邦題にすれば，ミードの議論と現代の「私」をめぐる問題とのつながりが見えやすいであろう。

　ミードによれば，個人は自分に向けられた他者の態度を通して，はじめて自分自身を対象化できる。ごっこ遊びからゲームへと子どもの「私」の成長が例示されるように，社会過程のなかで他者の役割（態度）を学習し，それを組織化することによって「私 self」が生まれるのである。そこには他者の態度の組織化である「me」と，これを自覚し反応する「I」という二つの局面があり，「I」と「me」との会話が個人の「心 mind」の営みである。したがって「私」の統合には，組織化された他者の態度の統合（「一般化された他者」としての共同体）が必要であり，「「私」であるためには，人は共同体（コミュニティ）の成員であらねばならない」。同時にそのとき「私」は共同体としての社会にはたらきかけ，変化させる存在でもある。内閉化する〈私〉の問題とは，ミードに即していえば，「I」と「me」との会話の困難な社会過程の問題であり，〈私〉の苦しみは共同体となる社会の不在に起因する問題なのである。

するための具体的な処方箋や政策に通じる手がかりをそこに見出すことはできない。分析が心理的な次元に偏り，「檻」の内部にとどまっているからであり，しかも少年事件に見られる病理的心理がしばしば若者一般の傾向へと無造作に拡大され，迷宮のように「檻」が仕立てられているからである。一般に「心理学化する社会」といわれるように，今日，さまざまな事件や出来事の本質を個人の心理に求める傾向が強い。土井の分析は，そうした社会変化のリアリティを追究して子どもたちの病理的な心理に肉迫するものだが，逆に心理学化されたリアリティにとらわれて，そこからの脱出口を発見できず，社会なきセカイの内閉するリアリティに追従する結果になっている。

　だが，ここでエリクソンに立ち返っていえば，思春期を襲うアイデンティティの危機は，たんなる心理的危機ではなく，ましてや特異な少年事件に見られる病理的心理と同一視されるものではない。思春期の危機は，若者の社会関係に必然的に起因する心理社会的危機であり，人間の発達における「転機の特質」としての危機なのである。危機を介したアイデンティティの心理社会的発達にこそ，個人的な意味においても，社会的・歴史的な意味においても，危機と不可分な思春期・青年期の意義があるというのがエリクソンの主張であった。犯罪少年に見られる病理的心理は，この危機の克服に失敗して選び取られた否定的アイデンティティの結果ではあっても，危機の原因なのではない。エリクソンに学ぶなら，今日の内閉化する危機と葛藤は，現代における若者の人間的発達と社会の歴史的刷新の可能性を内包しているのである（コラム 17 参照）。

心理社会的発達

　エリクソンの「心理・社会的」という考え方について，アイデンティティ概念の成立期の論文「自我の発達と歴史的変化——臨床的な覚書」（1946 年）から見ておこう（エリクソン，2011 年［1959 年］）。

　エリクソンは，もともとジークムント・フロイトの精神分析を学んで臨床的研究を精力的に進めていたが，やがて独自の心理社会的発達の理論を追究

することになった。幼児期からの精神発達にかかわる臨床的研究を行っていたエリクソンにとって、当時の精神分析のモデルには「社会的要因」についての理解が欠けていたからである。フロイトの理論では、人間の精神はエス、自我、超自我という三つの機能からなる。エスとは生物学的な本能的欲望の力であり、超自我とは親のしつけや教育によって内面化された外的規範の強制力である。そして自我は、エスと超自我との間で調整を行い、個人の人格としての現実的な統合をはかる機能であり、またそのために、それらのせめぎあう葛藤のなかで不安や強迫観念などの神経症の危機に陥るとされた。エリクソンが見るように、そこには個人の帰属する社会組織は登場しない。19世紀末の群衆心理を論じたフランスの社会心理学者、ギュスターヴ・ル・ボンの影響を受けたフロイトは、人間の集団をもっぱら「群衆」ととらえたからである。精神分析的思考のなかで個人は、「家族のなかの個人」か「群衆のなかの個人」か、そのいずれかなのである。

　フロイトに対するこの見解が興味深いのは、それが前節で述べた社会を欠くセカイ系の構図に、あるいは「社会は存在しない」というサッチャーの言葉に符合するからである。エリクソンは、カントが「天上の星」と「内なる道徳律」を道徳的市民の座標としたことを引き合いに出して、フロイトは「内なるエス」と「周りを取り囲む群衆」との間に「脅かされた自我」をおいたと述べている。しかし、このような「社会的要因」を欠く精神分析にあっては、心理的葛藤のなかで衰弱する自我の病理を記述することはできても、正常な自我の発達がどのようにして可能となるのかを示すことはできない。エリクソンによれば、そこでは「あらゆる人間は母親から生まれること、誰もがかつては子どもであったこと、……社会は子どもから親に発達するプロセスの途上にある人びとによって成り立っていること」、そうした「単純な事実」が無視されているからである。この言葉は、現在のセカイ系の文化を批判する言葉としても通用するであろう。

　前節ではセカイ系の文化と日本の若者の自尊感情の低さとの関連についてふれた。ここでのエリクソンの議論がさらに興味深いのは、自分が歩けるようになったことに気づいた子どもの例を引いて、子どもの自我発達の核心を

自尊感情から説明していることである。歩き方を覚えはじめた子どもは，繰り返し反復して歩行を完成させようとする。フロイトは生物学的なリビドー（無意識の性的欲動）による衝動であるとしたが，子どもは，たんに歩くという行為を反復し完成させようとする衝動に駆られているのではない。「歩けるようになった自分」にともなう「社会的な承認」に気づいており，そのことによって自尊感情を獲得しているのである。その場合の自尊感情は，フロイトのいうような幼児的ナルシシズムの残存なのではなく，社会的に励まされ育まれるものである。エリクソンが独自のアイデンティティ概念をはじめて理論的に定式化するのは，まさにこの点からである。そうした自尊感情がやがて成長して「集団の未来に向かって自我が確実に学んでいるという確信」，あるいは「社会的リアリティの中で明確な位置づけを持った自我に発達しつつあるという確信」，つまり「アイデンティティ」の感覚になるというのである。ここで決定的に重要なのは，自分という存在の「斉一性と連続性」，つまり一個の人間として同一な存在でありつづけるという確信であり，そのことを他者が認めてくれるという確信なのである。

　この論文では「心理・社会的」という表現はまだ用いられていないが，アイデンティティの形成にとって「社会的な承認」の重要性が強調され，自我の発達が社会の歴史的変化と不可分の関係にあることが論じられている。そして，この後まもなくエリクソンは，人間の成長と発達の過程を「心理・社会的」な危機と発達の過程として探求するようになった。それとともに，アイデンティティの心理社会的な形成の決定的な転換点（危機）として，青年期が焦点化されたのである。

青年期と歴史

　なぜ，アイデンティティ形成の課題は青年期に焦点化されたのであろうか。1968年のエリクソンの著作『アイデンティティ──青年と危機』によれば，青年期のアイデンティティ形成において，個人にとっても，社会にとっても，「過去と未来との連結」がはかられるからである。「アイデンティティは，今

も生きている過去の現実性と，前途有望な未来の現実性を連結させるものなのである」（エリクソン，1982年［1968年］）。抽象的な表現だが，ここで述べられているのは，若者の存在と歴史との不可分のかかわりであり，「社会と歴史における青年期の機能」なのである。

　人生の周期（ライフサイクル）において青年期は，親や教師との同一化によって達成された子ども時代の斉一性と連続性が有効に機能しなくなり，再び問い直される時点から始まる。性的な成熟とともに訪れるこの新たな段階において，家族と学校という子ども期の環境にとってかわるのは「社会」であり，若者は自らの自尊感情を，「社会的現実の内部で確かなパーソナリティを発展させつつあるという確信」にまで成長させなければならない。エリクソンが好んだ言い方によれば，そうでなければ若者は「人間の社会というジャングルの中では，生きているという実感をもつことができない」からである。そうしたアイデンティティを形成するために決定的に重要なのが，若者が共同体（コミュニティ）から応答され，周囲の人びとから承認される「社会的な承認」なのである。そして，それは一方的な承認の過程ではなく，相互承認の過程でもあり，同時にそのとき，共同体の側もまた若者によって承認され，新たな活力によって更新され，刷新されるのである。

　エリクソンによれば，こうして青年期は，個人の人格的な発達と社会の歴史的な変化との結節点となるのである。「心理的なものと社会的なもの，発達的なものと歴史的なものとの間のすべての相互作用」にとって，若者のアイデンティティ形成は，その範型としての意義をもつ。アイデンティティ形成において「過去と未来との連結」がはかられ，それゆえに青年期は「社会的進化過程における革新装置」であるともいわれる。したがってアイデンティティ形成の危機は，若者の心のなかにではなく，「歴史的現実性」のさなかにあり，社会の歴史的な変化における危機と切り離すことはできない。「青年の危機は，同時に，世代の危機でもあり，またその社会のイデオロギー的健全性の危機でもある」。

　ここで，冒頭でふれた日本の高校生の自尊感情の低さを振り返るならば，まさにそこには，現代の歴史的条件下において，アイデンティティ形成に立

ちすくむ日本の若者の心理社会的な危機の様相が見えてくるであろう。エリクソンによれば，それは個々の若者の心理的危機にとどまるものではなく，「世代の危機」であり，「社会のイデオロギー的健全性の危機」なのである。

　すでに本章では，そうした若者の心理社会的な危機の様相について，この間，それが世代的な傾向として強まっていること，そこに見られる社会なきセカイの感覚には，新自由主義イデオロギーの浸透が時代的な背景として理解されることを述べてきた。エリクソンの議論に重ねていえば，社会なきセカイの感覚，あるいは内閉的な「自分らしさ」を渇望する感覚は，若者の「社会的な承認」の不在に起因している。第一に欠落しているのは，若者を承認し共同体に迎え入れる「社会」の存在であり，「アイデンティティの保護者としての社会制度」なのである。そして新自由主義イデオロギーを背景とする社会政策・教育政策が，そうした「社会」の解体を推し進めるものであったことは，本書の各所で述べられているとおりである。

　だが，だからといって内閉化する危機には出口がない，というのではない。エリクソンの理論がとりわけ興味深いのは，人間の問題をもっぱら心や脳のはたらきに還元するいまの「心理学化」の傾向とは逆に，心の葛藤の側から社会を発見し，その関係のなかから歴史的現実性を紡ぎ出すことに，アイデンティティ形成の核心を求めているからである。臨床経験から生まれた最初の著書である『幼児期と社会』（1950年）において，エリクソンは自我発達の理論の青写真を示しつつ，自著を「歴史的過程に関する書」であると述べていた。今日の「世代の危機」はどのような歴史的過程なのか，内閉化する「自分らしさ」はどのような歴史的現実性と可能性にひらかれているのか。アイデンティティという概念がいまなお重要なのは，「危機という無政府状態のなかに復興の力がひそんでいることを顕示してくれる」からなのである。

3. 変容する青年期とアイデンティティ形成

戦後型青年期の解体

　アイデンティティの心理社会的な形成についてエリクソンの議論を見てきたが，現代の青年期の困難さをまのあたりにするとき，エリクソンが「正常な」個人の発達段階とする人生の周期（ライフサイクル）はいかにも時代遅れのステレオタイプに見える。幼児期から子ども期への発達，そして青年期の危機を超えて，曲折しながらも職業に就き，恋愛をして家族をもち，子どもの成長に関心をそそぐ。エリクソンは，そうした「正常な」人生において，若者が大人へと成熟することを想定していたのだが，いまやそれが少なからぬ若者にとって「正常」でも，普通でもないことは明らかであろう。第1章では10代で学校を離れた若者が正規雇用に就くことの困難さを指摘したが，同じ2012年の「就業構造基本調査」で25歳未満のデータを見ると，学校を離れた25歳未満の若者が正規雇用に就いている比率は，家事従事者を除いても非在学の若者全体の60％にとどまる。じつに4割の若者が安定した就業の機会を与えられていない。また2010年の「国勢調査」で見ると，30～34歳の未婚率は男性で47.3％，女性で34.5％であった。国立社会保障・人口問題研究所の推計では，20年後の2030年には生涯未婚率は男性29.5％，女性22％に達するとされる。いまの40代以上の大人にとって，遅くとも20代の前半までに安定した職に就き，女性は20代半ばまで，男性も30代初めまでには結婚して家族をもち，2人の子どもを育てることが「社会的標準」であった。ところが，いまや半数に迫る若者がそうした標準とは異なる青年期を歩んでいることになる。もとよりそれは「異常な」若者が増えたというのではなく，日本の青年期が大きな変容過程に入ったことを意味する。1990年代に入って訪れたこの急激な変化を，乾彰夫は，日本における戦後型青年期の解体であると述べている（乾, 2010）。

　「戦後型青年期」とは，上記の社会的標準となった〈学校から仕事へ〉の

移行過程，成人期への参入過程のことであり，高度経済成長にともなって1960年代前半に定着した「新規学卒就職」を枠組みとする移行の形態である。乾は，いまも多くの人びとが自明と信じていること，卒業前年に学校経由の求人によって就職先が内定し，卒業後の4月1日に一斉に入社して社会人になるということが，じつは「戦後型」の独特の青年期であったことを強調している。

学校と企業とが直結するこの枠組みは，労働行政の面では新規学卒者への職業紹介が学校に限定されて委託され，企業側では基幹労働力の新規採用が新規学卒者に限定されたことによって，成立した。その結果，高度成長期の労働力需要の上昇は新規学卒者に集中し，企業は主に学業成績を基準にして新規学卒者を採用し，終身雇用を謳う「日本的経営」のもと，企業内職業訓練によって新規学卒者の技能形成をはかったのである。こうした枠組みの形成にともなって，1960年代には高校・大学への進学率が急上昇し，「青年期の学校への吸収」が進んだ。「このシステムは学校制度内部の競争を一元的なものにした」。それは，若者をおのずと受験競争に駆り立て，その勝敗によって階層的に職業に振り分ける「パイプライン」に見立てられることもある。

こうして戦後型青年期は，「受験競争」や「偏差値」の弊害について批判を浴びながらも，1990年代の初めまで若者の〈学校から仕事へ〉の安定的な移行を保障するシステムとして，おおむね機能してきた。それを担ったのは，競争的な学校制度であり，学校と一元的に接続する階層的な「企業社会」であり，移行期の教育と競争の費用を全面的に負担する家族の存在であった。ところが，1990年代半ば以降，「日本的経営」の見直しによって新規学卒就職の枠組みが一気に縮小し，乾が述べるように，戦後型青年期は解体された。第1章で見た格差と貧困の拡大はまっ先に移行期の若者を直撃し，青年期の〈学校から仕事へ〉への移行はリスクに満ちた過程へと劇的に変わったのである。

現代における青年期の危機は，このような歴史的変化の過程のなかにある。本章で見た内閉化する〈私〉たちの危機は，バブル崩壊後の就職氷河期世代

がロストジェネレーションと呼ばれたように，一つの「世代の危機」として，この青年期の変容を生きる若者の経験なのである。エリクソンの言葉を繰り返すなら，それはたんに若者の心の問題なのではなく，心理社会的な危機の経験として，「生活史（ライフヒストリー）と歴史との相互補完的な関係」のなかに歴史的現実性をもつ。そして問題は，その危機の経験が過去と未来とをつなぐいかなる可能性にひらかれているか，である。

ノンエリート青年のアイデンティティ形成

　前項では，「戦後型」の新規学卒就職の枠組みが縮小し，かつての標準とは異なる青年期をたどらざるをえない若者たち（「ノンエリート青年」）の登場について述べた。そんな彼ら・彼女らの移行期を追跡した『ノンエリート青年の社会空間』という生活史研究がある（中西・高山，2009年）。取り上げられているのは，専門学校進学者の学びと就職，自転車メッセンジャーとなった若者の生活史，引越業労働者や製造業の請負労働者として働く若者の就労と生活の実態，そして非正規の職を転々とする高卒女性たちの卒業後5年間の生活史である。かつてであれば，それらの若者の生活史は〈学校から仕事へ〉の移行につまずき，社会的標準から逸脱した経歴であったが，いまでは10代の非在学の若者の半数以上，20代前半でも4割が経験する不安定な生活史の実例である。そこに見られるのは，戦後型青年期の解体後，ノンエリートの若者たちが非正規の就労と不確かな生活のなかで，「大人」への移行を模索するリアルな現実なのである。それは「世代の危機」と不可分であり，「キラキラした未来」とは無縁だが，それでも一人ひとりの聞き取り調査からは，内閉化する〈私〉たちの孤立化に抵抗し，人生をやりくりする「なんとかやってゆく世界」が見えてくる。

　この研究書の編者である中西新太郎によれば，「なんとかやってゆく世界」とは，経済的にも文化的にも乏しい資源のなかで，ノンエリートの若者がそれぞれの現場で「親密な他者」との関係をつくりだし，その関係を資源として，孤立化すれば破綻しかねない厳しい現実を切り抜けてゆくさまをいう。

それは，専門学校で学生が苦しい実習を乗り切るときの仲間同士の励(はげ)ましであり，会社の枠を越えて集まる自転車メッセンジャーの「横のつながり」であり，引越労働者の現場の一体感とそこから生まれる「社会的承認」であり，職場を離れても続く請負労働者の地域ネットワークであり，職を転々としながらも互いにつながって生きてゆく高校以来の友人関係である。ノンエリートの若者たちは，そうした「親密な他者」との関係を紡ぎ出しながら，生きづらい現実を意味あるものとし，「なんとかやってゆく世界」に変えて，「大人」への移行を模索しているのである。もう一人の編者である高山智樹がいうように，若者たちは，そうした「社会空間」のなかで社会と自己（ないしは「自分たち」）を結びつける回路を見出し，生活を維持するために，そして自分自身の生に意味と誇りを見出すために，「生活者」としてのアイデンティティ形成にかかわっているのである。

　この本に登場するノンエリートの「普通の」若者たちに注目したのは，「戦後型青年期」解体後における中層以下の若者が経験する不確かな移行期の「第二標準」がそこに認められるから，というだけではない。そして，かつての標準に従って彼ら・彼女らの移行期に「逸脱」や「配慮のなさ」ばかりを見る大人たちの視線の一面性を指摘したいから，というだけでもない。それらのことに加えて，そこには格差と貧困が拡大する現代社会の歴史的変化に際して，社会なきセカイの様相が深まるなかでアイデンティティの形成をはからねばならない若者の心理社会的な葛藤が，そして歴史的な課題と可能性が見えてくるからである。一言でいえば，それは共同的な関係形成としての「社会形成」であり，「社会空間」の必要性ということになろう。資源に乏しい若者たちは，そうした社会形成を頼りにして，またその空間のなかで，孤立化を強いる現代の社会なきセカイにあっても「なんとかやってゆく世界」をやりくりしているのである。

　中西はそうした点に力点をおいて，不利な境遇にあっても新自由主義型の社会をずらしてゆくノンエリート青年の編み出す「社会技法」に注目し，それを「今とは異なる相貌を備えた社会形成に向かう一つの地盤として位置づけるべきこと」としている。エリクソンの言葉でいえば，内閉化する〈私〉

コラム 18：人生前半の社会保障

　社会保障といえば，日本ではこれまで年金や介護など人生後半の問題というのがおおかたの理解だったが，近年「人生前半の社会保障」という考え方が知られるようになった（広井，2006 年）。子どもや若者の貧困や格差の拡大が目立つようになり，人生前半の子ども・若者に対する生活保障，そして教育の機会均等の保障があらためて社会的な課題となっているからである。これまで戦後の日本社会は，社会保険（医療，年金，介護，雇用，労災）を中心とする社会保障制度によって国民の生活保障をはかってきた。そこでは安定した雇用と家族の存在が制度の前提であった。日本型経営という男性労働者の長期雇用モデルのもとで，雇用上のリスクや退職後のリスクは社会保険によって分散され，安定雇用に支えられた家族に子どもや若者の生活保障と教育の保障がゆだねられてきた。ところが今日，日本型経営の解体にともなって雇用と家族の安定基盤が失われ，格差と貧困の拡大のなかで従来の社会保障の仕組みが急速に機能不全に陥っているのである。

　厚生労働省の発表では 2009 年の 17 歳以下の子どもの相対的貧困率は 15.7％で，1985 年の 10.3％から大幅に上昇している。総務省の「労働力調査」では 2010 年の 15〜24 歳の若者の完全失業率は 9.4％，非正規雇用比率は 31.5％で，それぞれ 1988 年の 4.9％，17.2％から大きく上昇している。いまの日本では，子ども時代の貧困はそのまま教育機会の貧困に直結しかねず，正規雇用に就けない若者はその後の生活保障を得られず，社会的排除の危険にさらされる。一方，日本の教育費への公的支出は GDP 比で OECD 諸国のなかで最低レベルであり，積極的労働市場政策（公共職業紹介や職業訓練政策等）への公的支出も同様である。人生前半の社会保障は，すでに北欧をはじめとする福祉国家で推進されており，家族に依存する日本の社会保障の根本的な転換をうながすものである。

たちに見られる「社会のイデオロギー的健全性の危機」のなかにあって、それらの若者たちの「社会技法」には、危機からの「復興の力」がひそんでいる、ということになろう。とはいえ、そのような「社会技法」が個人の才覚や「能力」にとどまるなら、ノンエリート青年の「なんとかやってゆく世界」は依然として自己責任の世界であり、社会的排除の危険をまぬがれるわけではない。それが「異なる相貌を備えた社会形成」に向かう地盤となるためには、「なんとかやってゆく世界」が若者の正統な心理社会的な発達の過程として承認され、これまでとは異なる移行期のアイデンティティ形成と成人期の自立への過程として、社会的に保障されなければならない。そうした青年期の自立保障は、日本ではまだ緒に就いたばかりである（コラム18参照）。

参考文献
乾彰夫『〈学校から仕事へ〉の変容と若者たち——個人化・アイデンティティ・コミュニティ』青木書店、2010年
エリクソン、エリク・H.『アイデンティティとライフサイクル』（西平直・中島由恵訳）誠信書房、2011年（原著1959年）
エリクソン、エリク・H.『アイデンティティ——青年と危機』（岩瀬庸理訳）金沢文庫、1982年（原著1968年）
片桐新自『不安定社会の中の若者たち——大学生調査から見るこの20年』世界思想社、2009年
河地和子『自信力が学生を変える——大学生意識調査からの提言』平凡社新書、2005年
北村三子『青年と近代——青年と青年期をめぐる言説の系譜学』世織書房、1998年
限界小説研究会『社会は存在しない——セカイ系文化論』南雲堂、2009年
土井隆義『「個性」を煽られる子どもたち——親密圏の変容を考える』岩波ブックレット、2004年
土井隆義『友だち地獄——「空気を読む」世代のサバイバル』ちくま新書、2008年
中西新太郎・高山智樹『ノンエリート青年の社会空間——生きること、「大人になる」ということ』大月書店、2009年
広井良典『持続可能な福祉社会——「もうひとつの日本」の構想』ちくま新書、2006年
古荘純一『日本の子どもの自尊感情はなぜ低いのか——児童精神科医の現場報告』光文社新書、2009年
ミード、G. H.『精神・自我・社会』（河村望訳）人間の科学社、1995年（原著1934年）
ルソー J. ジャック『エミール（中）』岩波文庫、1963年（原著1762年）

（豊泉周治）

第7章

〈心〉を自己管理する時代

　いま，日常生活のいたるところに「心」があふれている。すでに20年以上も前から「心理学ブーム」といわれているが，その傾向はいまも続いている。1990年代は「癒しブーム」という言葉が生まれ，アロマやヒーリングミュージックが市場をにぎわしていると報道された。そして，阪神淡路大震災と地下鉄サリン事件が起きた1995年頃を境に，被害者の「心のケア」が必要だという議論がしきりになされるようになる。さらに，1997年に神戸連続児童殺傷事件（いわゆる酒鬼薔薇事件）のあとは，「心の闇」という言葉が話題になった。ストレスの多い現代社会で心の平穏を取り戻すためには，心の内奥を見つめ，心を自己コントロールするために専門的な手段を用いなければならないというのが，すでに常識として広まっているように思われる。

　現代人に求められているのは，心の平穏を取り戻すことだけではない。心の自己コントロールは，日常の平穏を脱して自らを戦闘モードに駆り立てるためにも必要とされる。その際に助けとなるのが，書店にずらりと並ぶ「自己啓発」や「メンタルトレーニング」関連の書籍である。『思考は現実化する』（邦訳1989年）や『7つの習慣』（邦訳1996年）など，この分野のベストセラーは数多く，ビジネスにおける人間関係や人生観をポジティブなものに変えるための方法論が説かれている。

　自分の心のなかを知りたいと思う人や，心をコントロールすることこそが成功の鍵であると考える人が増えているのならば，その原因は何であろうか。こうした現象を取り上げるにあたって，必要とされる観点が二つある。一つは，社会全体で精神的なストレスが増加している可能性，もう一つは，そうしたストレスに対処するうえで，「心理的」な方法に頼ろうとする傾向が強

まっている可能性である。第一の観点も重要であるが、ここで注目したいのは、第二の観点である。たしかに現代は、ますます生きづらい時代になっているといえるかもしれない。また、物質的な困窮よりもメンタルな問題がより深刻になっているという解釈もできるかもしれない。しかし、ここで立ち止まって考えなければならないのは、メンタルな問題をメンタルな問題として解決することが、はたして正しいやり方なのかどうかという点である。

　メンタルな問題が生まれる背景には、学校や企業組織における複雑な人間関係の問題があるはずだし、そしてそのさらに背後には、依然として物質的ないし経済的な問題が横たわっている。そうだとするなら、メンタルな対処法とは、まさに対症療法にほかならず、それによって真の原因を覆い隠してしまっていることになるのではないだろうか。

1. 心の危機の現在

カウンセリングの普及

　心理的な問題のなかで学生にもっとも身近なのは、各大学などに設置されている学生相談室であろう。近年、その学生相談室に行きカウンセラーや医師に相談する学生が増えているというデータが、存在する。日本学生支援機構が行った「大学、短期大学、高等専門学校における学生支援の取組状況に関する調査」(2008年、2010年) によれば、学生相談室などでの相談件数は、少なくともこの10年間、増加の一途をたどっている。その原因を考えてみると、たしかに、学生の精神的なストレスが増えているという見方も可能である。就職活動が長期化し、卒業後についての不安が大きくなっている現状を考えれば、学生生活を気楽に過ごすことができず、「失敗してはならない」というプレッシャーに押しつぶされる学生が増えていてもおかしくはない。しかしもう一つの見方として、自分の問題を解決するうえで、家族や友人など身近な人間関係に頼るよりも専門家のアドバイスを求める学生が増えてき

たという仮説を立てることもできる。

　現代の学生にとって，カウンセラーはすでに身近な存在といえる。そもそもカウンセラーは，政策によって各所に設置されてきたという経緯がある。1995年に文部省が始めたスクールカウンセラー事業によって，全国の公立小・中・高校にカウンセラーが配置されることになる。同時に，臨床心理士養成体制を拡充するため，大学院の重点化と専門職大学院の開設が進められてきた。こうした政策が推進された要因の一つとして，一部の心理学者によるはたらきかけがあった。1986年の臨時教育審議会第二次答申にスクールカウンセラーの導入が盛りこまれたのは，著名な心理学者である河合隼雄の提言があったからである。河合らは日本臨床心理士資格認定協会を立ち上げ，臨床心理士資格をつくることに尽力した。その結果，1990年代末から2000年代初頭にかけて大学の学部レベルでも心理学科の設置が相次ぎ，臨床心理士は大学生が進路を考えるうえで有力な選択肢の一つとなった。

　実際には，スクールカウンセラーが設置されているのは，公立小・中・高では4分の1程度にすぎない。しかし，いじめや不登校の問題が取り上げられるたびにその必要性が主張されるため，カウンセリングはすでに身近な存在になったといってもまちがいないだろう。しかし，いじめや不登校にカウンセリングによって対処することについては，批判もある。つまり，本来これらは「社会問題」であるにもかかわらず，それをあたかも「心の問題」にすぎないとして密室で処理することは，それが「個人の問題」，すなわち「個人が自己責任で処理すべき問題」と思いこませることに帰結してしまうのではないか，というわけである。とくに教育現場において，これは好ましい現象とはいえないのではないだろうか。

　たとえば，中島浩籌は次のような批判をしている。現在広く行われているカウンセリングの主流は，カール・ロジャーズによって創設されたロジャーズ派のそれである。そこでカウンセラーが行うのは，クライアントの言葉にただひたすら耳を傾け，その体験や感情をひたすら肯定することである。たとえば，「(そのとき) 腹が立ったんですね」，「そうやって，投げやりな気持ちになったんですね」……などと。たしかに，カウンセラーにそういっても

らえることによって，クライアントは自分の感情と冷静に向きあい，自分の未熟さを克服できるようになるかもしれない。しかしそのとき，そもそもクライアントがいったい何に腹を立てていたのか，なぜ投げやりな気持ちになったのかという問いに，カウンセラーは答えてくれない。いじめや不登校の問題であれば，友人や教師の理不尽な振る舞いや教育制度の不備に原因があったからこそ，そうした感情を抱いたのだとしても，すべて自分の感情コントロールの未熟さという問題に還元されてしまう。カウンセリングは外部にある社会的な問題を内面の問題にすり替え，問題を「個人化」してゆく。言い換えれば，自分の能力の低さを反省する従順な主体を生み出す手段として用いられているとさえいうことができる（中島，2010年など）。

個人化する社会とカウンセリング

　第9章で説明するように，ドイツの社会学者ウルリッヒ・ベックは，1980年代以降，彼が「個人化」と呼ぶ傾向が先進国に見られるようになったことを指摘する。すなわち，失業や離婚など，本来は社会的な原因によって生まれるさまざまな人生上のリスクについて，個人で対処することを余儀なくされるという傾向である。そこでベックは，次のような説明をしている。

> 　労働組合や政治による雇用労働者のリスクの処理形式は，個人化しつつある，法的・医学的・サイコセラピー的なカウンセリングないし補償と，競合関係にたつ（ベック，1998年［1986年］：189頁）。
> 　社会問題が，直接，心的性向の問題へと変えられた。つまり，個人レベルにおける満ち足りない気持，罪の意識，不安，葛藤，ノイローゼの問題となった。……ここには，現代の「心理学ブーム」の根もある（同書：193頁）。

　ここで扱われているのはいじめや不登校ではなく雇用問題であるが，すでに述べたことがそのままあてはまる。本来，劣悪な労働条件や不当解雇といっ

コラム 19：病人という社会的役割

　社会学的に見ると，カウンセリングの普及という現象は批判的にとらえなければならない点が多々ある。しかし実際には，カウンセリングに頼らなければ現状を打破できない，救われる方法がほかに見つからないという状況が存在するのも事実である。カウンセリングに通うことによって楽になれるのなら，困っている学生はもっとカウンセリングを利用してもいい。

　「病人」として扱われることが社会のなかでどのような意味をもつかについても，社会学は考察を深めてきたが，とくに有名なのがタルコット・パーソンズ（Talcott Parsons, 1902〜1979 年）の「病人役割論」である。病人と認められることによって，患者の行為は道徳性を問われなくなり，通常求められるはずの社会的な責任が免除ないし軽減される。「病気だから仕方ない」と思ってもらえるというわけである（その代わり，医師と協力して治療にあたる義務，回復に向けて努力する義務が課される）。人間関係のストレスから逃れたくても逃れられない人にとっては，病院に通院するだけで「病人役割」を与えられ，周囲にいたわってもらえるようになるのである。

　この説明は，精神疾患についてはどの程度あてはまるだろうか。「病気だから仕方ない」と思ってもらえるケースがある一方で，精神病患者が逸脱者としてスティグマ（恥辱の烙印）を与えられ，強い差別を受けてきた歴史的事実もある。ひと昔前までは「病人役割」は精神疾患には該当しなかったと考えるのが妥当であろう。しかし最近は少し状況が変わってきている。"うつ病は心の風邪"という宣伝が広がるととともに，心療内科などを気軽に受診する人が増えている。うつ病との診断を受けることによって「病人役割」を与えてほしいと思う人が増えているということかもしれない。

　もちろん実際には，うつ病との診断を一度受けると職場復帰も再就職も難しくなるケースがまだまだ見られる。病気になった自分と折り合いをつけるのは，相変わらず困難な作業といえるだろう。

た労働問題は，労働組合や政党によって集団的な問題として政治的に「処理」されるべきものであった。それがいまや"職場のメンタルヘルス"という問題に変換され，セラピーやカウンセリングによって「補償」されるようになっているのである（引用文中でベックがいう「"法的"な補償」については，訴訟を個人で起こすといった，同じく「個人化」された処理方法をさすと思われる）。

　職場のメンタルヘルスをめぐっては，近年とくにうつ病に注目が集まっている。1998年頃に自殺者が急増すると，その原因の一つはうつ病であるとして，対策の必要性が叫ばれるようになった。しかし，たしかにうつ病と診断される人は増えているものの，本当にうつ病そのものが増えているかどうかはっきりしない。患者が増加したのは，製薬会社によるうつ病治療薬の販売プロモーション活動の成果という側面がある。たしかに，自殺予防のためにうつ病に罹患していないかチェックすることに意味はある。しかし，それを「病気」の問題として治療すれば事足りると考えることは，カウンセリングと同様，社会問題を個人的な問題に封じこめ，その本質を隠蔽することになりかねない（コラム19参照）。

2. 自己コントロールの要請

内面管理の重視

　教育現場の話に戻ろう。学校教育に心理学の手法を導入する動きは，スクールカウンセラーの例にとどまらない。教育改革の趨勢は，しだいに「心」に照準を合わせるようになってきている。

　1991年に行われた「指導要録」の改訂の際，成績評価の対象として，「関心・意欲・態度」という内面にかかわる事柄が重視されるようになった。これは1989年の「学習指導要領」の改訂で提起された，いわゆる「新学力観」を受けてのことである。すなわち，旧来の学力観は知識の習得に偏重していたとし，社会の急激な変化によって知識はすぐに陳腐化してしまうのだから，

コラム20：知識のストックは役に立たない？

　「新学力観」が主張している「知識のストックはすぐに陳腐化するから役に立たない」という考え方は，本当に正しいのだろうか。情報産業の急速な発達のなかで，たしかにわれわれは，ほんの3〜4年前に得た知識が最新の情報機器を使いこなすのに役に立たなくなるという経験をしている。あるいは，受験目的に特化した暗記中心の学習よりも，総合的学習の時間に養われるとされる「問題発見・解決能力」や「プレゼンテーション能力」（大学では，これらの延長線上にある「社会人基礎力」が奨励されている）を身につけるほうが，ずっと意味があると思えるかもしれない。

　教育社会学者の本田由紀は，コミュニケーション能力，主体性，自発性，独創性，問題解決力などを一括して「ポスト近代型能力」と名づけ，こうした能力の有無が正社員の地位や収入の多寡と相関しているかどうかについて分析している。それによると，男性の場合にポスト近代型能力の有無が収入を左右する傾向が見えはじめているという（本田，2005年：194〜195頁）。とくに問題なのは，こうした能力を獲得できるかどうかが家庭環境に左右されてしまう点で，階層間格差の固定化を招くことが危惧されている。一方で，もちろん旧来の「近代型能力」が無用となったわけではない。

　こうした議論を聞かされると，短い学生生活の間にいったい何を学んだらよいのか，きっと混乱してしまうだろう。簡単に答えが出る問題ではないが，考えなければならないポイントは少なくとも二つあるだろう。第一に，学校教育は，働くのに必要な能力を身につけるためだけにあるのではないということ。精神的に豊かな生活を送るためには幅広い教養が不可欠だし，一つの社会をともに担う責任ある「市民」として行動するために，ストックしておかなければならない知識はたくさんある。第二に，第4章で述べたように，自分の能力を高めることばかりにとらわれて，「自分はこれだけ能力があるのだから，その分報われてしかるべきだ」という能力

> 主義や成果主義の考え方に陥らないようにすることである。自分の能力を高めることはたしかに重要であるが，もっと重要なのは，能力や成果にかかわらず，誰もが平等な機会を享受（きょうじゅ）できる社会をつくることである。

これからは変化への対応力の育成を重視しようという考え方である。そのため，総合的学習に代表される体験的学習・問題解決的学習が導入され，同時に「関心・意欲・態度」が重視されるようになったわけである（コラム20参照）。

こうした教育改革の方向性は，二つの意味で問題をはらんでいる。まず，「関心・意欲・態度」という内面にかかわる事柄を評価の対象にすることは，教師にウケのいい「意欲」に満ちた内面を演じることを生徒に奨励（しょうれい）してしまう危険性がある。内申書の評価を上げ下げする権限を握っているのは教師の側であるため，生徒たちは，教師のまなざしを内面化して自己コントロールに励（はげ）まざるをえなくなる。これでは，生徒自身による自己コントロールを媒介として，間接的に内面の管理を強制する教育になってしまう。2002年からは，小中学校の道徳の補助教材として「心のノート」が配布されるようになるが，これもまた，内面を見つめ直してノートに書かせることが内面を演じることに帰結してしまうとして，批判されている。心のノートは，「わたしたちの道徳」という名称で1.5倍の分量になることが2013年に発表されている。

フレキシブルな対応力

もう一つの問題は，変化への対応力を育成するというねらいが，まぎれもなく経済界の要請に沿っている点である。これについては少し詳しく見ていこう。アメリカの社会学者リチャード・セネットは『それでも新資本主義についていくか』（1999年［1998年］）のなかで，現代の企業においては課題から課題へと器用に渡り歩く能力，あるいは端的（たんてき）に「潜在能力」が必要とされると指摘している。急激な景気の変動と流行の変化に対応しなければならない現代の企業は，つねに新製品・新サービスの開発とイノベーションに励まなければならない。すると，労働組織もまたフレキシブルに拡大と縮小を繰

り返し，つねに変化することを余儀なくされる。その手段として広く用いられているのが，第4章で説明した，非正規雇用の活用とアウトソーシングである。セネットの分析によれば，こうしたフレキシブルな組織で働く労働者は，技術の習得と長期的な思考が否定されるということである。次々に与えられる短期的な課題に順応するためには，過去の経験を進んで放棄することが必要となる。つまり，労働する主体自ら，"フレキシブル"に対応しつづけることが求められるのである。

フレキシブルに自己管理する主体がとりわけ求められるのは，おそらく対人的なサービス労働の現場であろう。アメリカの社会学者アーリー・R.ホックシールドは『管理される心』（2000年［1983年］）のなかで，自分の感情を「商品化」し自分の感情を「マネジメント」するビジネスとして，客室乗務員の分析を行っている。不愉快な感情を与える乗客に接するときも，自分の感情を適切にコントロールすることが要請される仕事である。客室乗務員だけではない。感情マネジメントを必要とするサービス労働や介護労働が，消費社会化と少子高齢化の進行，そして産業構造の変化によって，ますます重要な位置を占めるようになっている。労働の現場では，感情労働という自己コントロールが当たり前の時代となったのである。

「関心・意欲・態度」の教育改革は，それまでの暗記中心のつめこみ教育・受験勉強中心の教育に対する批判と共振するため，それなりの共感をもって迎えられた。知識のストックを重視する教育に代わって，対人コミュニケーションにおいてうまく立ち回る能力と，知識をフレキシブルに獲得しつづける意欲や態度が重視されるようになりつつあるといえる。こうした変化は，企業の採用行動と一致している。2013年11月に日本経団連が加盟する企業に行ったアンケートによれば，企業が「新卒採用時に重視する要素」の1位は「コミュニケーション能力」，2位「主体性」，3位「チャレンジ精神」であり，「コミュニケーション能力」はすでに11年連続して1位とされている。

「関心・意欲・態度」を重視する政策は，こうした経済界の要請を反映したものと考えてまちがいない。しかし，コミュニケーションにおけるフレキシブルな対応と，フレキシブルな知識の獲得を求められつづけるのは，労働

者にとって大きなストレスとなる。そもそも，労働組織がフレキシブルに変化することによって，自分がいままでどおりに仕事を続けてよいという保証，つまり安心や安定の感覚がすでに毀損されてしまっているからである。経済界が求める人材に自らを高めてゆくことは，リスクと不安に満ちた現実をすべて個人の責任で引き受けることを意味するのである。

3. 自己啓発がもたらすもの

ポジティブ・シンキングの功罪

　冒頭で紹介した，「自己啓発」や「メンタルトレーニング」を扱うおびただしい数の書籍もまた，自分の意欲や態度をポジティブなものに変え，フレキシブルに対応するための助けとなることをねらったものである。自己啓発本と呼ばれる，こうした俗流心理学の書籍がはらむ問題性について考えるうえで，アメリカのコラムニスト，バーバラ・エーレンライクが著した『ポジティブ病の国，アメリカ』（2010年［2009年］）が参考になる。

　エーレンライクが説明しているのは，自己啓発本や関連するCD・DVDなどの商品（「モチベーション商品」）の普及によって，アメリカで"ポジティブ・シンキング"が広まっているという現実である。多くの企業が社員にモチベーション商品を大量に配布するとともに，"モチベーショナル・スピーカー"を招いて講演をさせている。企業だけではない。メガ・チャーチと呼ばれる2000人以上の信者を集めるキリスト教右派の教会では，聖書の悲惨な物語や「罪」をあまり強調しない"ポジティブ"な説教が人気を博し，その内容は自己啓発本に酷似しているという（コラム21参照）。

　自己啓発本で説かれているポジティブ・シンキングの教えを，エーレンライクは「引き寄せの法則」という言葉でまとめている（ロンダ・バーン『ザ・シークレット』による）。望みのものを思い描きさえすれば，現実にそれを引き寄せることができるとする思考法である。こうした教えがそれ自体として有害

コラム21：疑似科学とポジティブ思考

　「占いを信じる？」と聞かれて，本気で信じていると答える人は少ないかもしれない。それでも，雑誌の片隅やテレビ番組の小さなコーナーで「今日の運勢は……」「ラッキーアイテムは……」などといわれると，注目せずにいられない人は多いだろう。なぜなら，占いの効用とは，信じる／信じないとは無関係に，「今日も前向きに頑張ろう」と思わせることにあるのだから。いわゆる自己啓発本のたぐいを実際に読んだことがある人は少ないかもしれないが，それと同じ効用を与えてくれるのが，占いなのである。

　本文中では，アメリカのメガ・チャーチでの説教が自己啓発本の内容に酷似しているという例をあげたが，ポジティブ思考を身につける手段は，それが宗教であろうとなかろうと，科学的であろうとなかろうと，どちらでもよいのかもしれない。血液型占いが，本気で信じている人が少ないとしてもネタとしてけっして廃れることがないのは，「非科学的」なものであるはずの占いに，血液型ごとのデータという（疑似）「科学的」な要素がうまくミックスされているからなのかもしれない。また，いくら「非科学的なものを信じるのは馬鹿げている」と主張する人がいても，ポジティブ思考を身につけるという効用さえあれば，疑似科学が廃れることはけっしてないだろう。「こんなもの馬鹿げている」と思う人も，その馬鹿にできない影響力の大きさについて考えてみてはどうだろうか。

　一方，心理学や精神医学は「科学的」であると言い切れるだろうか。たとえば，精神疾患の病名については新しいものが「発見」されることがある。一般的には，アメリカ精神医学会が発行する『精神障害の診断と統計の手引き』というガイドラインに従って診断されるのだが，はたしてその各々を「病気」としてカテゴライズすべきか否か，論争が起きることがある。しばしば製薬会社の利害によって新たな病気がつくりだされることもあるのが難しいところだが，いずれにせよ，「病気」の定義は「科学」が独占しているのではなく，そこには「社会」が介在しているのである。

なわけではないが，問題はその利用のされ方にある。エーレンライクによれば，ポジティブ・シンキングの流行は，1980年代，人員縮小（ダウンサイジング）の時代が始まるとともに加速したという。ポジティブ・シンキングは，当初，セールスマンに歓迎される考え方であった。しかし，「いつ解雇の憂き目にあうかわからない新しい職場環境では，誰もがつねに販売努力を怠らないよう促され，自分をさかんに売りこむよう教えられた。……「自分というブランド」を磨きつづけなければ，「自由に」移動することは望めなかった」からである（エーレンライク，2010年［2009年］：141頁）。

　企業はまた，ポジティブ・シンキングを社員に勧めることによって，会社に対する批判を封じようとした。その教えは，ネガティブなこと，すなわち不平・陰口・批判を口に出してはならない，そしてネガティブなことをいう人とは距離をとらなければならない，というものだからである。企業によっては，解雇された社員が裁判を起こしたり，会社の悪口をいいふらさないよう，"再就職斡旋会社"に依頼して解雇された者を元気づけるサービスを実施してもらうことがあるという。リストラされた社員は，こうしたサービスを受けることによって，失業という過酷な現実を「生きるうえでの前進だった」「成長体験だった」とポジティブにとらえるようになるからである。

　ポジティブ・シンキングでは，自分の成功体験は，ポジティブな態度がもたらした成果であると意味づけられる。しかし，「ポジティブ思考の裏を返せば，容赦なく個人の責任が強調されるということだ。つまり，事業に失敗したり職を失ったりしたときに，努力が不十分だったとか，成功への確信が不十分だったなどとされてしまうのだ」（同書：15頁）。アメリカは，先進国でもっとも格差が固定化した国であるにもかかわらず，もっともポジティブ・シンキングが普及し，自分は出世できると信じている者がきわめて多い国でもある。これは，どこかおかしくはないだろうか。

クリティカル・シンキングへ

　はじめに紹介したカウンセリングの例がそうであるように，心理学という

手法に頼ることによって、たしかに自分の感情と向きあい、自分の未熟さを克服することができるようになるかもしれない。そうした有益な側面があることは、ポジティブ・シンキングも同じである。自分の人生の幸福だけを考えるなら、いつ解雇されても前向きかつフレキシブルに対応しようという態度を身につけておいたほうが、きっと有益にちがいない。ポジティブ・シンキングを心がければ、人生に前向きになれるし、コミュニケーションや感情労働も円滑に行うことができる。

　しかしカウンセリング批判のところで述べたように、こうした心理学的手法は、社会問題を「個人の問題」、すなわち「個人が自己責任で処理すべき問題」であると思いこませることに加担してしまう。むしろ必要なのは、社会問題を社会の問題としてとらえること、すなわち社会的な問題を共同で解決してゆく道筋を見失わないことである。エーレンライクは、必要なのはポジティブ・シンキングではなくクリティカル・シンキング（批判的な思考）であると述べているが、そこでの彼女のメッセージは学生の読者に向けられたものである。「批判的思考は本来懐疑的なものである。もっとも優秀な学生とは、教授につかのまの不愉快な思いをさせる危険がともなうにしても、鋭い疑問をぶつけられる者である」、と（同書：242頁）。

参考文献
エーレンライク、バーバラ『ポジティブ病の国、アメリカ』（中島由華訳）河出書房新社、2010年（原著2009年）
セネット、リチャード『それでも新資本主義についていくか——アメリカ型経営と個人の衝突』（斎藤秀正訳）ダイヤモンド社、1999年（原著1998年）
中島浩籌『心を遠隔管理する社会——カウンセリング・教育におけるコントロール技法』現代書館、2010年
ベック、ウルリッヒ『危険社会——新しい近代への道』（東廉・伊藤美登里訳）法政大学出版局、1998年（原著1986年）
ホックシールド、A. R.『管理される心——感情が商品になるとき』（石川准・室伏亜希訳）世界思想社、2000年（原著1983年）
本田由紀『多元化する「能力」と日本社会——ハイパー・メリトクラシー化のなかで』NTT出版、2005年
森真一『自己コントロールの檻——感情マネジメント社会の現実』講談社、2000年

（鈴木宗徳）

第8章

〈メディア〉が生み出す欲望と愛情
―― 「本当の恋愛」と「究極の純愛」のはざまで

1. 欲望の三角形

恋愛と私の存在の謎

　「若者の結婚や家族観に関する調査結果」（内閣府，2011年）によると20代，30代の64％が「交際相手なし」と答えている。しかしその一方で，同じく20代，30代のじつに86％が将来結婚を望んでいる。若者が恋愛をしなくなったといわれるが，恋愛に関心がないわけではないようだ。そのことはバブル崩壊以降，純愛ブームが続いていることにも表れている。むしろ，恋愛の理想と現実の恋愛のズレが恋愛そのものを困難にしているように思われる。ただし，理想と現実のズレといっても，人びとの無知が実現不可能な高い理想を抱かせ，恋愛のハードルを高くしているわけではない。われわれが生きる時代や社会のつくりだす恋愛イメージ（「本当の恋愛」の観念）が，実現を困難にする矛盾を内部に抱えているのである。ズレはわれわれの無知に起因するものではなく，時代の変化や社会の混乱がある種の必然性をもって自己の内部に生み出されるのである。本章では，理想の恋愛がなぜ実現を困難にする内的矛盾をはらむのか，そしてその結果，いかなる恋愛に対する態度が生み出されるのか，いくつかの理論モデルと社会の変化を見据えながら解明していく。恋愛という現象は，私の内面で起こるという点で，誰でも接近可能な経験だが，それを言語化して理解するのは困難である。むしろ，恋愛は時代や社会のあり方に大きく規定されている。したがって，恋愛について知ることは私の内面の謎を解くことであり，また社会の仕組みや変化を私の内側を

通してとらえ直すことでもある。

メディアと欲望の三角形

　最初に注目すべき社会の変化は，コミュニケーション手段の発達である。携帯電話，Eメール，SNSの普及によって，男女のコミュニケーションは確実に容易になった。たとえば携帯電話がない時代には，相手と話がしたいと思えば自宅の電話番号を聞き出さねばならなかった。しかも電話に本人が出るという保障はない。本人が出ない場合は相手の両親（家族）にまず自己紹介し，自分が友人なのか，それとも恋人なのか，（真偽は別にして）自身の立ち位置を理解してもらう必要があった。携帯電話，メールそして各種のSNSが発達した現代では想像しにくい状況である。その意味で，メディアの発達は出会いや恋愛の機会を確実に増やしている。しかし反対に，コミュニケーションの簡便化が恋愛それ自体を難しくしたという見方もある。たとえば，最近「告白」する男女が少なくなったといわれる。コミュニケーション手段が制約されている段階では，互いの思いを感じあう機会も制限されていた。しかし24時間連絡がとれるようになると，気まずい空気やふられるというリスクを冒してまでお互いの思いをわざわざ確認する必要はない。その結果，友人と恋人の区別があいまいになる。そして，一方で告白という儀式を経ずとも段階的に親密な関係へと移行することが可能となり，「私たち／僕たちってつきあってるんだよね」と事後的に確認するといった状況が一般化する。また他方では，告白の習慣が薄れることで「友人以上，恋人未満」の関係をさらに深め，その壁を突破する機会も失われる。

　このようにコミュニケーション手段の発達は，われわれの恋愛の作法にさまざまな変化をもたらす。だが，メディアの発達はコミュニケーション障壁を除去するだけではない。メディアの発達によってバーチャル空間というもう一つの現実が立ち上がる。むしろ，これまでバーチャル空間は現実空間の一部にすぎなかったが，現在では現実空間のほうがバーチャル空間の一部にさえなっている。バーチャル空間にわれわれが包摂されると，リアルを前提

としてきた恋愛のあり方も大きく変化する。たとえば，バーチャル空間では非実在的な恋愛対象が生み出される。いまや，実在世界との対応物がまったくないバーチャル・アイドルまで登場し，メディアが恋愛の対象と欲望をつくりだす時代なのである。

　しかし，メディアが恋愛の対象や欲望を生み出すのは，現代に限ったことではない。むしろ，いつの時代もメディアが恋愛の対象と欲望をつくりだしてきたともいえる。以下では「構成された自己を問う」という観点から，恋愛感情（欲望）がメディアによってつくられる局面に光をあててみよう。ただし，こうした見方の前提として，メディアという言葉の意味を再検討する必要がある。通常メディアといえば，新聞・雑誌，テレビ・ラジオ・映画そしてインターネット，SNSを思い浮かべるだろう。しかしメディア（media）の原義は情報やコンテンツを運搬し，人と人，人と社会を接合する「媒介者」という意味である。本章ではメディアを情報技術のみに限定せず，こうした媒介者という広い意味で理解しておこう。そうすることで，恋愛感情を媒介するメディアそれ自体の変化を射程におさめることが可能となる。とはいうものの，外部の媒介者が私の内面に恋愛感情を生み出すという見方は，依然なじみがないかもしれない。なぜなら，恋愛には奇跡や運命と同時に「（本当の）気持ち」という強い内的な実感がともなうからだ。そしてこうした実感が，恋愛感情が外的，社会的な媒介者によって生み出されるという側面を見えにくくする。

　それに対し，社会学者の作田啓一は恋愛感情を恋愛する主体の心の内部に由来し（本当の気持ち），それが奇跡や運命的な出会いをきっかけに特別な相手に向けられるとする見方を，ロマン主義と呼んで批判している。恋愛は一般に，主体（S）と主体にとっての特別な対象（O）との間の「一対一」の関係で生じるとみなされるが，作田は恋愛の主体（S）と対象（O）に加え，主体（S）と対象（O）をつなぐメディア＝媒介者（M）を登場させる。そして主体，対象，媒介者の間に生じる模倣＝媒介の関係を欲望の三角形と呼ぶ。

　作田によれば「欲望とは他者の欲望」である。つまり，私が対象（O）をほしいと思うのは，私の内面の「本当の気持ち」に由来するのではなく，私

以外の媒介者（M）が対象（O）を求めており，その欲望を私が「模倣」したことによる。こうした欲望の三角形は，恋愛よりもファッションや流行現象を思い浮かべるとわかりやすいかもしれない（第5章参照）。たとえば，店で見かけた時計（O）をほしいと思ったとしよう。それは本当にあなた（S）の「心の底から自然に生まれた欲望」だろうか。そうではなく，友人（M）がほしがっている，あるいは世の中の多くの人（M）がほしがっている，つまり人気がある——それを手に入れることであなたもその人気や評価に浴することができる——からあなた（S）も，彼／彼女らの欲望を模倣して，ほしいと思うだけなのかもしれない。時計と恋人を同列に論じるなという批判もあろう。そこで著名な文学作品に注目し，恋愛感情にも欲望の三角形が存在することを明らかにしよう。

『こころ』と「先生」の不思議

　作田が注目するのが，夏目漱石の『こころ』（1992年［1914年］）である。物語の語り手である「私」は，鎌倉の浜辺で「先生」と呼ばれる不思議な人物と出会う。先生は「奥さん」と二人暮らしで学識豊かな人物だが，定職はなく親から譲り受けたという財産で生活している。やがて私は先生が毎月かならず1人で墓参りにいく習慣があること，それが現在の先生の心に落としている暗い闇の部分と関係のあることに気づく。交流を重ねるうちに先生と私は信頼で結ばれ，先生はいつか私に自分の過去を打ち明けることを約束する。ある日，先生から分厚い手紙が届く。「この手紙があなたの手に落ちる頃には，私はもうこの世にはいないでしょう」という結末の言葉でそれが先生の告白と遺書だとわかり，私は急いで東京に向かう。これが物語の前半である。後半は，先生からの手紙という形式で進行する。

　東京の大学に通う先生は，母娘二人暮らしの家に下宿する。やがて先生は，先生と同じく故郷の実家や親戚と断絶し，生活に困った親友Kに手を差し伸べ，自分と同じ下宿に移るように説得する。独立心の強いKは先生の援助を拒否するが，先生はそうした彼を強引に説得し，先生，K，母娘の4人

の生活が始まる。親切な母娘との関係によって，他人に心をひらかなかったKの性格も変化し，しだいに娘である御嬢さんと親しくなる。しかし，じつは先生も御嬢さんのことを思っており，しだいにKに対する嫉妬に苦しむようになる。そうしたなか，先生はKから御嬢さんへの思いを告白される。それにショックを受けた先生は，策略によってKに精神的なダメージを与え，最終的に自殺に追いこんでしまう。その後，先生は奥さんこと御嬢さんと結婚するものの，日増しに強まる罪悪感に苦しめられ，とうとう遺書に記されたように自ら命を絶ってしまう。

　不可解なのは，先生の行動である。旧友のKを御嬢さんのいる下宿に呼び入れたのは当の先生自身である。そしてまたKと御嬢さんを近づけるように仕向けたのもまた先生である。しかし，最後に先生はKを裏切りによって自殺に追いこんでしまう。こうした先生の矛盾した行動も，先の欲望の三角形理論を適用するとうまく説明できる。

　主体（S）は先生である。そして欲望＝恋愛の対象（O）が奥さんこと御嬢さん，媒介者（M）は親友のKである。この小説で注目すべき点は，奥さんこと御嬢さんの叙述が全編を通じてほとんどないということだ。先生も私も「ただ美しい」という印象以外は「何の感じも残っていない」。先生の心を虜にし，最後には友人を自殺に追いこむ当のヒロイン（御嬢さん）は，完全な脇役にすぎない。そしてさらに興味深いのは，親友を自殺にまで追いこむ先生自身，当初は御嬢さんの母親が私に御嬢さんを押しつけようとしているのではないか，御嬢さんも共謀しているのではないかと疑っている点である。およそ恋愛とはほど遠い感情を抱いているのである。

欲望の模倣と恋愛

　先生は小さい頃からすべてにおいて自分より抜きんでたKに対し，畏敬の念を抱いていた。そんなKが窮地に陥ったとき，先生はKに異常な執念をもってKに援助を受け入れさせようとした。まさに，Kとの関係を逆転させる好機だったからである。先生の御嬢さんへの思いが強まるのは，Kの欲望を

コラム22：承認をめぐる闘争

　承認は，ドイツ観念論哲学，とくにヨハン・ゴットリープ・フィヒテとゲオルク・W. F. F. ヘーゲルによって使用された概念である。社会学的にはおおよそ以下の事態をさしていると考えてよい。すなわち，人間（自己）の存在は他の人間（他者）からの承認によって支えられているが，自己と他者が互いに相手からの承認を同時に得ようとする場合，両者の間に熾烈な闘争（ライバル関係）が生じることがある。そうした自己と他者の間の闘争関係を承認をめぐる闘争と呼ぶ。たとえば，私の能力を例に考えてみよう。私の優れた能力は，友人から認められることによって，はじめてその優秀さを確証することができる。しかし，そうした私の能力を認める友人は，私が私と同等，あるいはそれ以上に能力があると認めた優れた人物でなければならない。こうした状態にあるとき，私と友人はともに，自分の能力を相手に認めさせることによって，自分の能力を確証しようとする闘争状態に入る。また承認をめぐる闘争は，男女の関係においても成立する。両者の愛の関係を考えてみた場合，両者の愛は，互いに相手から愛される（相手の承認を得る）ことによってしか成就しない。そこに男女の愛をめぐる闘争関係が成立する。しかも現代社会のように男女の平等化が進み，両者の関係が関係性そのものによってしか維持されない場合──いわゆる「純粋な関係性」にある場合（第9章参照）──関係を維持する心理的負担は大きくなる。こうした不安定な関係を外的な強制力あるいは暴力に維持しようとする場合，家庭内暴力やデートDVが発生する。さらに近年では，アクセル・ホネットやチャールズ・テイラーが同概念を社会理論の中心におき，さまざまな社会運動や異議申し立てを，当事者たちの抱える問題，権利，文化的アイデンティティに対する不当な認識や評価を修正し，正しい承認を要求するという意味で，承認をめぐる闘争（あるいは承認の政治）と位置づけている。

模倣したこと,つまりライバルのKが欲望する御嬢さんを自分のものにしたいという欲望,そうすることによってKとの闘争に勝利したいという欲望を抱いたことによる(コラム22参照)。

　作田によると,先生はじつは御嬢さんやその母が自分に向ける好意を感じとったとき,御嬢さんが自分の恋愛対象にふさわしいか否か,Kという存在を通して確認したかったのだという。Kが御嬢さんを自らの欲望の対象としたその瞬間,先生も御嬢さんを自身の欲望の対象とすることができた。つまり御嬢さんは自分の尊敬するKも認めた＝愛した存在だということになる。さらに先生は,そうしたKの欲望を自分の欲望とする＝模倣することにより,今度はKと御嬢さんをめぐってライバル関係となるが,この戦いに勝つことが先生の次なる目的となる。欲望の三角形理論を採用すると,一見不可解な先生の行動も首尾一貫して理解できるだろう。先生の御嬢さんに対する欲望は,御嬢さんそれ自身とは相対的に無関係であり,媒介者たるKの欲望を模倣することによって生み出されたのである。

2. メディアと欲望の構造

マス・メディアという媒介者

　『こころ』のなかで注目すべき点は,欲望のメディア＝媒介者が現実空間に生きる実在する人物(K)であるということだ。作品の時代背景を確認しておこう。この作品が発表されたのは大正3(1914)年,明治から大正への転換期にあたる。日清・日露戦争に勝利したのち,政治経済の面では産業革命によって高度な資本主義が発達し,大正デモクラシーという民主主義の萌芽を経験しつつあった。その一方で,文化の世界では映画,レコード,ラジオといった新しいメディアが人びとの生活に浸透し,いわゆる「大衆」と呼ばれる社会層が出現した時代でもある。社会学には大衆に対置される概念として,「公衆」という概念が存在するが,それは発達したマス・メディアを

通して公論（世論）を形成し，国家と批判的に対峙しながら，政治に対して能動的にはたらきかける市民階級のことをさしている。ハーバーマスが『公共性の構造転換』で論じた公共圏の担い手たちである（第11章参照）。しかし，メディアの発達は理性的な市民の連帯を生み出すだけではなく，流行や娯楽というかたちで画一的な欲望を人びとの間に広めていく。欲望が次から次へと拡大することによって，人びとは公論の担い手という性格を失い，メディアが提供する流行や娯楽を享受するだけの存在と化す。ただし，そうした大衆たちの時代の到来を現実の背景にもちながらも，『こころ』の先生自身は，旧時代（明治）の終わりとともに自らの命を絶つ存在である。先生とKの恋愛物語は，マス・メディアと大衆文化が社会を覆い尽くすまさに直前の，いわば歴史の狭間をその舞台としていたといえる。

　しかし，本格的なマス・メディアの時代に入ると，Kのような実在する人物に代わり，マス・メディアが欲望を媒介する。こうした欲望の媒介構造をギュスターヴ・フローベールの『ボヴァリー夫人』（2007年［1856年］）を手がかりに明らかにしていこう。この作品が生み出された19世紀半ばのフランスは，ハーバーマスが論じた18世紀の市民的公共圏が崩壊し，大衆が社会にあふれはじめる時代である。いわばメディア時代の欲望を表象する先駆け的な作品である。主人公エンマ（ボヴァリー夫人）の恋愛感情（欲望）は，実在する他者ではなく，メディアが生み出すバーチャルな世界のなかに存在している。

　田舎の農場主のもとで育ったエンマは，多感な少女時代を修道院で過ごす。しかし，彼女はその禁欲的で厳粛な雰囲気になじむことができず，ひたすら情熱的な恋愛小説を読みふけった。やがて修道院を去って退屈な田舎生活に帰り，父の治療に訪れたやもめの医師，シャルル・ボヴァリーと結婚する。結婚によって実家の生活から逃れることができたエンマであったが，やはり凡庸な夫との平凡な田舎暮らしに我慢ができず，夫に内緒で不倫と借金を繰り返す。最初の不倫は公証人の書記を務めるレオン，さらにレオンとの関係が終わると，別の男性ロドルフとの不倫に及ぶ。しかし問題は不倫にとどまらない。不倫の間にふけった贅沢の結果，夫に内緒で膨大な借金を抱えてし

まうのである。いよいよ裁判所の差し押さえが避けられなくなると、エンマは夫に膨大な借金を残し自ら死を選ぶ。

エンマの恋愛の特徴は、それが現実の経験にいつも先行している点にある。フローベールは、そうしたエンマの心理を次のように描写する。「結婚するまで、エンマは恋をしているものと信じていた。しかるに、その恋から当然くるはずの幸福が来ないのは、自分の思い違いだったに相違ないと考えた。そしてエンマは「幸福」とか「情熱」とか「陶酔」とか、物の本で読んだ時あれほど美しく思われた言葉を、世間の人は本当はどんな意味に使っているのか知ろうとした」。つまり、彼女の欲望には当初から実在の対応物が存在せず、つねに読書体験（バーチャルなメディア空間）によって欲望が生産されている。それは、少女時代から読みふけった恋愛小説に登場するパリ社交界、ロマンスを繰り広げる貴婦人の欲望を模倣した結果なのである。

恋愛の三つのモデル

エンマの欲望がメディア空間のヒロインの欲望に基づく以上、その欲望は、平凡な田舎暮らしに満足する凡庸な夫との恋愛や結婚生活によってはけっして満たされない。欲望を彼女に媒介しつづけるメディア空間と彼女がその充足をはかろうとする現実空間がズレてしまっているからである。その限りにおいて、現実空間に生きる彼女の欲望は永遠に宙吊りにされ、アノミー的に肥大化しつづけざるをえない（第5章）。反対に『こころ』の先生の欲望は、現実空間に実在する具体的な他者（K）によって媒介されている。したがってKが欲望しなくなる（命を絶つ）と、先生の欲望も消滅する。先生とエンマの間に、まだ近代化初期の名残をかすかに残す明治の高等遊民の文化と、

関係性の類型	主体（S）	媒介者（M）	対象（O）	
手段＝実在的関係 （『こころ』）	先生	K （現実空間）	御嬢さん （現実空間）	手段
手段＝非実在的関係 （『ボヴァリー夫人』）	エンマ	小説のヒロイン （メディア空間）	夫・不倫相手 （現実空間）	手段

すでに市民革命と産業革命を成し遂げたパリの爛熟(らんじゅく)するスノビズムとの差異を見出すことも可能だろう。しかし，先生とエンマには，欲望がつねに外部のメディア＝媒介者によってもたらされるという共通点がある。そして，彼らの恋愛対象（O）は，媒介者の模倣によって得た欲望を充足するための手段にすぎない。このことから，両者の恋愛関係をここでは手段的関係と呼ぶことにしよう。さらに，一方の先生は具体的他者（K），他方のエンマはメディア空間（恋愛小説）によって媒介されていることから，前者を手段＝実在的関係，後者を手段＝非実在的関係と名づけることができよう。

だが，これらの手段的関係性はわれわれが恋愛に対してもつ「本当の恋愛」のイメージに合致しているだろうか。ここで「本当の」という表現は「道徳的に正しい」という意味と「現実的に行われている」という二つの意味をもっている。やはり，御嬢さんには目もくれず，友人との駆け引きにのみ心を砕く先生や夫はそっちのけで不倫と贅沢三昧のエンマは，人間の心理としては理解できるものの，われわれの恋愛イメージからは多少ズレている。先生やエンマを見て「これを愛といっていい？」と思ってしまうのではないだろうか。そこで今度は，普通に「恋愛」と考えられるモデルを立ててみよう。

まず「本当の恋愛」では，媒介者は存在しない。ここで媒介者の意味を再確認しておこう。そもそも，メディア＝媒介者（M）とは主体（S）のあこがれや羨望(せんぼう)の対象となる存在である。そうであるがゆえに，主体はその欲望を模倣しようと考える。こうして媒介者（M）は，主体（S）の内面に主体の意識を超えた欲望を生み出すが，そうした主体に生み出された欲望は，媒介者の「欲望を欲望する」欲望と考えられる。とすれば「本当の恋愛」においては，上述の手段的な関係においてたんなる「手段」としか見られなかった対象（O）こそ，媒介者（M）ということになるだろう。少し話が複雑になったので，『こころ』の原作を改変して説明してみよう。

原作では，先生の御嬢さんに対する欲望は，ライバルであるKの欲望を模倣し，自らの欲望としたものであった。このとき，御嬢さんはたんなる先生の模倣＝媒介された欲望を充足させる手段にすぎない。しかし，「本当の恋愛」の場合，先生が欲望するのは，御嬢さんの自分（先生）に対する欲望

＝愛である。つまり，愛するという欲望は，対象をただたんにモノとして所有する通常の欲望とは異なり，対象からも「欲望されたい（＝愛されたい）と欲望する」ことである。相手の欲望を欲望することなのである。したがって，原作でKが占めた位置を「本当の恋愛」では御嬢さんが占めることになる。これは，われわれの理想の恋愛についての直観的なイメージにぴったりと一致するのではないか。欲望（愛）の対象の欲望（愛）を欲望するのが恋愛のあり方である。さて，実在する恋愛の対象（御嬢さん）がたんなる手段的存在ではなく，主体（先生）に欲望を生み出し，同時に恋愛する主体（先生）にとっての目的的存在になっていることから，この「本当の恋愛」の関係を目的＝実在的関係と呼ぶことにしよう。われわれが先生やエンマの姿にある種の違和感を覚えてしまうのは，この目的＝実在的関係を「ノーマル」だと思いこんでいることによる。逆に違和感を覚えない読者は，いい意味でも悪い意味でも，この時代の「常識」を超越した思想のもち主だ。

　『こころ』の先生（主体）とK（媒介者）の関係は，すでに述べたようにライバル関係（承認をめぐる闘争）であった。先生はKから認められ，打ち勝つために，Kの欲望の対象（御嬢さん）を欲望し，さらにKを出し抜き勝利しようとした。小説ではKの側からの描写がないが，おそらくKも先生の欲望の対象を手に入れたいと思ったにちがいない。その結果，先生とKの間での御嬢さんをめぐる「駆け引き」が生じただろう。対して先生と御嬢さん，Kと御嬢さんの間の駆け引きは存在しないか，二次的なものである。だがいったん先生と御嬢さんが互いの欲望（愛）を欲望しあう関係（相互に目的＝実在的関係）になると，両者の間で「恋の駆け引き」が始まる。しかし，なぜ恋に駆け引きが必要なのだろうか？

　もし，恋愛の相手がたんなる別の欲望充足の手段であれば，その関係は，ずいぶんドライなものとなるだろう。恋愛というよりも契約に近い。しかし双方にとって相手が目的となると，関係性は純粋化するが同時に不安定化する。社会学では，こうした相手との関係それ自体を目的とするようなあり方を「純粋な関係性」と呼んでいる（第9章参照）。そもそも目的関係に基づく「本当」の恋愛関係は，お互いが相手の欲望（愛）を欲望しあうような関係であっ

た。したがって相手の欲望以外のものを望むことはないし，望めばその関係は手段的なものとなる。相手の自分に対する欲望（愛）が目的それ自体ではなく，別に財産，地位，身分・家柄，評判・名誉が目的であったとしよう。そのとき，関係性は目的を手に入れるための手段にすぎなくなる。興味深いのは，われわれの直観が，こうした関係性の手段化とでも呼べる事態を「不純な関係」として心理的に拒絶してしまうことだ。ところが，近代以前の社会では，じつは男女の関係は本来的には手段的なものであった。たとえば，戦国時代の政略結婚を見てみよう。男女の関係はそれ自体が目的となることはなく，家と家との軍事同盟の手段にすぎなかった。

しかし他の目的の手段であることによって，逆に関係自体は補強され安定化する。たとえば，家族制度が法的に保護され離婚が難しいのは，この制度下の夫婦関係が政治的・経済的に国民を掌握するための社会制度の基礎単位であり，次世代育成（再生産）の手段的役割を担ってきたからである。反対に外的な目的に依存せず，関係が相手の自分に対する欲望を欲望することによってのみ支えらえると，関係が継続できるのはお互いの愛が一致するかぎりとなる。アーネスト・バージェスは，こうした家族の変化を「制度家族から友愛家族へ」と呼んだ。前者は法律・習慣・道徳という外的で客観的な支えがあったが，後者は，愛情・理解・合意という主観的な感情でしか支えられない。

関係の純粋化と不安定化によって，男女関係は駆け引きや関係性の拘束（補強）を必要とするようになる。自分の愛が冷めると，その時点で関係は破綻する。しかし自分の愛が強すぎると，相手はそれに見合う愛を提供できず，この場合も関係は破綻する。ゆえに時に無関心を装い，相手の欲望をかきたてねばならなし，相手の欲望に屈する仕草も必要となる。駆け引きの段階が終わると，代わって「誓い」や「儀式」が必要となる。目的化した愛は，ほかに支えがないために，相手の愛に対する期待，つまり約束を頼りとせざるをえない。また，そうした約束を確実にするために，互いの約束を確認し想起させる特殊な儀式（たとえば記念日）が必要だ。「本当の愛」は逆説的にも複雑な駆け引き――それは大きな心理的負担となる――や欲望を縛る約束

（拘束）を招きよせる矛盾した形式をもつ．

3. 現代恋愛事情
恋愛ゲームから純愛ブームへ

　先の三つのモデルを眺めてみると，四つめのモデル「目的＝非実在的関係」の存在を理論的に予想することができる．この関係モデルの対象は，たんなる手段ではなく，主体に欲望を生み出す媒介的存在であり，かつ現実には実在しないという点で非実在的存在である．アイドル，アニメキャラクターがこれにあたる．このモデルの登場は，バーチャル空間が現実の一部であった時代が終わり，バーチャルな空間が強いリアリティをもち，場合によっては現実空間がバーチャル空間の複製，あるいはそれ以上のものとなる時代の到来を告げている（コラム23参照）．

　以上，恋愛の四つのモデルを取り出すことができた．以下ではこれらのモデルを駆使して，昨今の恋愛事情を分析してみる．まずバブル全盛期の恋愛．1980年代から90年代の前半にかけて，日本社会は空前の好景気を謳歌していた．この時代の恋愛に特徴的な現象が贅沢のかぎりを盛りこんだ恋愛のマニュアル化である（コラム24参照）．それを体現したのが，一連のトレンディドラマである．登場人物は都心の高級マンションに暮らし，自家用車をもち，おしゃれな職業に就き，そして都会の恋愛ゲームを楽しんでいる．バブルの

関係性の類型	主体（S）	媒介者（M）	対象（O）	
目的＝実在的関係 （「本当の恋愛」）	私／僕	あなた／君 （現実空間）	あなた／君 （現実空間）	目的
目的＝非実在関係 （アニメキャラなど）	私／僕	キャラクター	キャラクター	目的
手段＝実在的関係 （『こころ』）	先生	K （現実空間）	御嬢さん （現実空間）	手段
手段＝非実在的関係 （『ボヴァリー夫人』）	エンマ	小説のヒロイン （メディア空間）	夫・不倫相手 （現実空間）	手段

コラム23：シミュラークルとシミュレーション

　IT技術が発展すると，現実と非実在的な記号空間（バーチャル空間）との区別が難しくなる。このような現実／非現実の区別が失効する社会を批判的に解明する概念が，フランスの社会学者ボードリヤールのシミュラークル／シミュレーションである。通常，記号は現実の世界にその対応物をもっている。たとえば「時計」という記号には，それに対応する実在としての〈時計〉がある。しかし，記号空間が現実の世界から遊離し肥大化すると，オリジナルな実在をもたない記号が生み出されるようになる。こうしたオリジナルなき記号のことをシミュラークルという。さらに，このような記号を通して現実がシミュレーション（模造）されることにより，新たな現実としてハイパー・リアリティが立ち上がる。ボードリヤールは，こうしたシミュラークルによる現実のシミュレーションに注目することによって，その背後で「現実の不在」が隠蔽されることを明らかにした。

　東京ディズニーランドを例にとってみよう。この場合「東京」は，実際には地理的実在をもたない記号である。なぜならば，東京ディズニーランド自体は，東京にはないからである。しかし「東京」という記号を使用することで，東京にディズニーランドが不在である事実を見えなくさせる。また，ディズニーランドはしばしば夢の国といわれている。ディズニーランドは，われわれがディズニーランドを夢の国と名指せば名指すほど，ディズニーランドの外部に「現実」があるかのような印象を与えるという機能をもつ。しかし，実際には，ディズニーランドの外部もディズニーランドの内部と同様，バーチャル空間化が進んでいる。ディズニーランドは，そのキャラクターという記号（シミュラークル）を通じて夢の国（ディズニーワールドという世界）を模造＝シミュレーションすることにより，その背後で現実空間が消滅しつつあることを隠蔽するのである。

コラム24：恋愛と贅沢と資本主義

　近代資本主義の起源を考える場合，社会学には禁欲説と解放説の二つが存在する。禁欲説は，マックス・ヴェーバーの説（第4章参照）に依拠したもので，資本主義誕生の土台となる資本蓄積が禁欲的な労働態度によって可能となったとし，そのルーツを禁欲的プロテスタンティズムに求めるものである。それに対して解放説は，近代資本主義の飛躍的発展が営利欲の解放と旺盛な消費活動にあるとする立場をさす。禁欲説が資本主義の成立局面に，解放説がその発展局面に注目したという視点の相違があったにもかかわらず，両者は近代資本主義の起源に関する対立する学説として理解されてきた。最近では，ヴェルナー・ゾンバルトの『恋愛と贅沢と資本主義』（2000年［1912年］）に人びとの関心が集まっている。ゾンバルトは同書のなかで，自由恋愛の成立による奢侈品消費の拡大が，資本主義の発展を支えたことを明らかにした。そもそも，自由恋愛はヨーロッパにおいて結婚制度の外部にある非合法な関係であった。結婚は恋愛に基づくものではなかったし，結婚生活のなかで現れる愛は宗教の教えによって封じこめられていたからである。しかし，時代とともに婚姻制度と自由恋愛との矛盾が大きくなると，自由恋愛は制度の外部（不倫関係や娼婦との関係）に出口を見出し拡大していった。ゾンバルトは，こうして生まれた新たな自由恋愛が，旺盛な贈物や贅沢の習慣をともなうことで，奢侈品を供給する製造業（各種の織物や陶器製造など）の発展に大きく貢献したと考えたのである。ゾンバルトの研究で注目すべき点は，婚姻制度の外部で生まれた自由恋愛が，大都市を中心に愛妾経済と呼ばれる大市場を生み出した事実を詳細な社会史的事実によって示したことである。彼の主張は，自由恋愛と消費および資本主義の発展が連動する関係にあるとした点にあり，バブル期における消費と恋愛の関係，バブル崩壊後の消費の低迷と恋愛の低迷を考えるうえで，興味深い論点を提示している。

渦中にいた人びとは，ゲーム感覚の恋愛を楽しんだが，彼らの現実世界でも，恋愛は贅沢な消費と結びつき，夏はビーチ，冬はスキー，クリスマスは赤プリ（赤坂プリンスホテル）で過ごすことが恋人の理想とされた。こうした楽しみ方が，再び雑誌・週刊誌で取り上げられ，人びとの消費と贅沢の欲望を掻きたてた。この時代の恋愛は——むろん当時の若者全員がバブルに踊ったとは思えないが——メディア（ドラマの主人公たち）が媒介者となり，マニュアル化を通して人びとの欲望を形作ったという点で，エンマの系譜（手段＝非実在的関係）の特徴を色濃くもっている。

　バブルの反動から，メディアが提示するゲーム的なものから，いわゆる純愛へとシフトする。バブル崩壊以降，若者がモノを買わなくなったといわれるが，恋愛においても贅沢や消費への志向は薄れてゆく。その結果，それらと結びついたマニュアル化した恋愛パターンも顧みられなくなり，お互いにとっての癒しと居場所を求め，互いの気持ちや思いを重視するようになってゆく。典型的なバブル期の恋愛ゲームが，手段的＝非実在的関係の色彩を帯びていたとすれば，こうしたバブル崩壊後の純愛ブームは，どのモデルに相当するのだろうか。純愛志向を背景として，多くの純愛作品が生み出されたが，ここではブームの先駆けとなった『世界の中心で，愛をさけぶ』（2006年）を取り上げ，その欲望を分析してみよう。

朔太郎の欲望・オタクの愛

　主人公の朔太郎と同級生の亜紀との出会いから，彼女の死とその後のエピソードにいたる物語を主題とした純愛小説である。この物語にも，朔太郎に欲望（愛）をもたらす媒介者のような人物が登場する（親友の大木やクラスメート）。当初，朔太郎が亜紀を恋愛対象と見ていなかったことを考慮すると，『こころ』の先生同様，朔太郎の愛も他者によって媒介されたものと見ることもできるが，先生と違い，愛が芽生えてからは一貫して2人の間を純粋な関係が支配する。

　関係の目的的性格と朔太郎と亜紀が実在的関係にあることから，両者の関

係は——作品自体はフィクションだが——目的＝実在的関係，つまりわれわれの直観が教える「本当の恋愛」に相当するようにも考えられる。だがこの作品には「本当の恋愛」が想定しない決定的要素がある。亜紀の死である。死という展開は純愛物語にはよくあるプロットである。しかしこの設定が本作品を「究極の純愛」たらしめると同時に「本当の恋愛」からのズレをも生み出している。

亜紀の死は，もはや彼女が欲望しないということを意味する。亜紀が欲望をもたなくなると，朔太郎の欲望は，宛先のない一方向的なものになる。亜紀が自身の死期を悟って次のように語るシーンは象徴的である。「わたしはね，いまあるもののなかに，みんなあると思うの」「いまここにないものは，死んでからもやっぱりないと思うの。いまここにあるものだけが，死んでからもありつづけるんだと思う」。本来「もの」は時間の流れとともに消滅する。しかし亜紀の世界は永遠に同一で，未来永劫何も欠けるものがない。したがって，亜紀の主観的世界においては朔太郎が変わらず存在しつづける。自身の世界にすべてが存在していると確信する亜紀は何も求めない。それに対し朔太郎は，亜紀がいない世界を「欠けたもの」としてしか経験できずにいる。「ぼくにとってアキのいない世界はまったくの未知で，そんなものが存在するのかどうかさえわからないんだ」。

最愛の恋人を失い，愛をさけぶべき世界の中心に無を抱える朔太郎は悲劇の主人公である。しかし死＝欲望の停止というように，死を象徴的に解すると，そこにはある種のナルシシズムが姿を現す。朔太郎の欲望は，亜紀から欲望＝愛という見返りは期待できないが，代わりに無償の愛がもつ崇高さを手にする。無償の愛は，不可能であるがゆえに崇高さを帯びるのである。亜紀が欲望する存在であれば，朔太郎はその欲望を欲望し，亜紀の欲望（愛）がその見返りとなる。だが，そうした見返りは朔太郎には封じられている。ゆえに朔太郎の愛は欲望でありながら，崇高さを享受する。

純愛の果てに

　じつは，四つのモデルのなかで「無償の愛」に相当するものが一つだけ存在する。目的＝非実在的関係だ。非実在的な他者は，本来的に欲望をもたないがゆえに，主体の側は自分に欲望（愛）が向けられることを期待しない。それゆえ，主体は非実在的な他者に対しては，ただ献身的に愛をそそぐだけだ。このような「究極の純愛」の実践者の欲望は，アイドルやアニメのキャラクターに萌えるファンの欲望と同じ構造をもつ。その意味で，オタクが現代におけるもっとも純粋な純愛の実践者であるという指摘にも一理ある。あるいは現代人がオタク的メンタリティを広く共有しはじめたとも考えられる。オタクの意味は時代とともに変化し，現在では性的，非性的に特殊な趣味や嗜癖をもつ人という意味が薄れ，一つの物事に深いこだわりをもつ人と理解されている。その意味で，現代人の心性そのものがオタクと親和的なのかもしれない。そのなかで，オタクのアイドルに対する熱狂と愛する人への熱狂は，ともに偶像（idol）に対する崇拝にも似たナルシスティックな崇高さをわれわれに約束してくれる。

　われわれが直観的に感じる「本当の恋愛」は，心理的負荷の大きい恋の駆け引きか，あるいは約束と儀式のいずれかを要求する。約束と儀式を選択しても，それらは「お約束」と「マニュアル」へと転化し，「本当の恋愛」を掘り崩す危険と背中合わせだ。時代は，互いに互いの愛だけを求める「純愛の時代」である。この緊張に満ちた純愛の時代，人びとは負担と不確実性に満ちた「本当の恋愛」を生きるよりは一方的に不可能な愛をそそぐ「究極の純愛」が与えてくれる崇高さに束の間の癒しを見出しているのかもしれない。ただし，われわれが「本当の恋愛」に心理的負担を感じ現実には不可能な「究極の純愛」の観念つくりあげてしまうのは，この「本当の恋愛」がまちがった観念だからではない。愛の関係がさまざまな戦略や手段から解放され，自己目的化するのは社会変動の必然的な帰結である。しかし同時に，パートナーを互いにとってかけがえのない目的的存在とみなすこの関係はわれわれの社会の到達点でもある。むしろ，関係の純粋化を受け入れながら，古い

因習や家制度によって抑えこむのでなく，そうした脆い純粋な関係性を外部から支える多様な社会的連帯と社会制度を紡ぎ出していくことこそが求められている。

参考文献
片山恭一『世界の中心で，愛をさけぶ』小学館文庫，2006年（単行本2001年）
ギデンズ，アンソニー『親密性の変容——近代におけるセクシュアリティ，愛情，エロティシズム』（松尾精文・松川昭子訳），而立書房，1995年（原著1992年）
作田啓一『個人主義の運命——近代小説と社会学』岩波新書，1981年
ジラール，ルネ『欲望の現象学——ロマンティークの虚偽とロマネスクの真実』（古田幸男訳），法政大学出版局，1971年（原著1961年）
ゾンバルト，ヴェルナー『恋愛と贅沢と資本主義』（金森誠也訳）講談社，2000年（原著1912年）
夏目漱石『こころ』岩波文庫，1992年（初版1914年）
フローベール，ギュスターヴ『ボヴァリー夫人（上）（下）』（伊吹武彦訳）岩波文庫，2007年（原著1856年）
ベンジャミン，ジェシカ『愛の拘束』（寺沢みづほ訳）青土社，1996年（原著1988年）
ボードリヤール，ジャン『シミュラークルとシミュレーション』（竹原あき子訳）法政大学出版局，1998年（原著1981年）
本田透『萌える男』ちくま新書，2005年

（出口剛司）

第9章

やりたいことがわからない

——自由化／個人化の帰結

1. 強要される生き方の"物語"

現代におけるライフコース

　第4章でもふれたが，近年の大学生の大きな関心事の一つは就活（就職活動）である。最近は就活を乗り切るためのさまざまなスキルや資格を身につけるためのマニュアルやサイト，セミナー等々があふれていて，これ自体が一つの産業をなしているようでさえある。企業の面接では，いままでどういう学生生活あるいは人生を過ごしてきたか，個人史をストーリーにして語ることが求められ，それと関連づけてなぜその企業を志望するのか，論理的・整合的に説明することが求められる。これは多くの場合かなりの苦痛をともなう課題である。うまくそうした「物語」がつくれる場合はよいけれども，私たちはかならずしもある特定の目的のために毎日の生活を組織しているわけではない。多くの学生のなかで採用担当者の目にとまるためには，他の学生にはない個性が必要だとさまざまな場面でいわれており，それを意識する人は多いだろう。けれども，「学生時代に打ちこんだこと」やその企業を「志望する理由」は，他の多くの学生とどうしても似たようなものになりがちである。かといって，エントリーシートや面接で「目立つ」ことを目標に4年間の学生生活を組み立てるとしたら，それこそ本末転倒であろう。

　苦労して就職しても数年で企業を辞めてしまう若者は多いという。内閣府が発表した2012年版『子ども・若者白書』によれば，就職後3年以内に離職する若者は，大卒で3人に1人，高卒で4割弱，中卒では3人に2人に

のぼっており，この数字は，近年はやや低下傾向にあるものの，かなりの若者が離職を経験している。2013年には「ブラック企業」という言い方が流行語となったが，厳しい経営環境が常態化するなかで正社員に過大な仕事が振り向けられ，劣悪な労働条件が原因で離職せざるをえない場合もある。

　従業員を使い捨てにする企業に対する厳しい風潮が出てきたことは望ましいことであるが，これから就活に臨む学生は，ますます選択に慎重にならざるをえない。就活に挑む学生に対する負担が増しているのは雇用情勢によるところが大きいとはいえ，こうした傾向はじつはもっと根が深い，構造的なものでもある。すでに労働（第3章），アイデンティティ（第6章），心理学ブーム（第7章）といった面からふれてきた問題ではあるけれども，この章では「ライフコース」という切り口から，この問題について考えてみよう。

2. やりたいことがわからない

自分の人生を自分で決める

　最近は大学に入学したとたんに「キャリア教育」が始まり（人によっては，中学や高校でもそうした指導を受けているかもしれない），どういう仕事がしたいのか，どういうふうに生きたいのか，とまわりからたえず問われることになる。とはいえ，こうした指導のなかではけっして教えてくれないことがある。それは，一人ひとりの学生が何をやる・べ・きか，どういう仕事に就く・べ・きか，ということである。何をやりたいと思うのか，何を目標にするのかを決定するのはあくまで本人，ということが前提になっているので，ほかの誰かが代わりに決めてくれたり何かを強制したりすることは（ほとんどの場合は）ない。責任を負うのはあくまで当の本人，という構図がつらぬかれている。早く目標を決めろといわれても，なかには「自分が何をやりたいのかわからない」という人もいるのではないだろうか。なるほど職業選択の自由はあるのだが，かといって自分が望むようなコースが実際にひらけるわけではなく，それな

のに選択の責任だけは背負わされるのである。いったいいつから，そして，どうしてこういうことになったのだろうか。

　就職活動において個人史に引きつけた「物語」を今日のように強制されるようになったのはおそらく最近のことではあるけれども，職業選択の自由が認められるようになったのは近代以降の話である。身分制の社会ではそもそも職業を自分で選択できない場合が多かったので，なぜその仕事をしたいのか・しなければならないのかと悩む必要はなかった。そうした「選択の自由」が一般の人びとにひらかれたのは，日本の場合は明治以降のことである。もちろん法的に，あるいは形式的に自由に選べるようになったからといって，実際にやりたい仕事に就ける人はごく一部にすぎなかったのだが，それまでの閉ざされた状況とは大きく異なり，庶民も努力すれば出世できるということの衝撃は大きく，明治時代には「立身出世」がブームになった（竹内，1991）。中村正直が翻訳したサミュエル・スマイルズの『西国立志編』（明治3～4年）は明治の終わりまでに100万部，福沢諭吉の『学問のすゝめ』（明治5～9年）は300万部以上売れたという。明治35（1902）年に雑誌『成功』が登場して大ブームになる頃までには，立身出世熱は庶民にも及んでいた。とはいえ戦前までの学校教育体制は，旧制中学から旧制高校・大学へと続くエリートコースと，その他のノンエリートが分かれる体制であり，学歴を身につけて立身出世をめざすコースはむしろ限られた階層の人にとってしかリアリティをもたなかったし，この時代は，農業や自営業に就く人びとが多く，学歴を通じた出世をすべての者がめざしたわけでもない。

　そうした枠が撤廃されるのは，高度成長期を経て日本の労働者の大半がサラリーマンとなる時代である。高校進学率が上昇し，それに続いて大学進学率も上昇する1970年代頃になると，それ以前に比べるとかなりの部分の生徒たちが受験競争に巻きこまれることになった。「いい学校を出ていい会社に入る」コースが，多くの生徒の目標になっていく。男性よりも遅かったとはいえ，やがて女性も大学や短大に進学して企業に就職するコースが一般的になっていった（第2章参照）。教育社会学者の竹内洋は，この頃の日本社会が「加熱」と「冷却」を繰り返して人びとを受験勉強や会社での昇進競争に

巻きこんでいく様子を『日本のメリトクラシー』（1995年）のなかで描写している。この当時は受験勉強でも会社の昇進レースでも，リターンマッチの機会を用意して小刻みな選別を繰り返すことで，競争自体からはなかなか降りられないような構造をつくりだしていた。ある選抜で失敗してもまた次に頑張ればよい，というかたちでつらい競争そのものは続くのだけれども，目標はつねに見えていたのである（コラム25参照）。

このように誰にとっても自明の人生の目標が画一的に定められたように思われた時代には，むしろ人と異なった個性や，独自性が尊ばれることになる。1980年頃の教育に関する問題として，しばしば「画一化」が取り上げられ，一定の価値観を生徒たちに押しつけることの弊害が問題視されていた。他人とは異なる「個性」を表現しようとする「自己表現型」の消費パターンが拡大するのは1980年代からといわれるが，この時期にこうした消費行動が現れたのは偶然ではない（第5章参照）。むしろ画一的な人生のコースが決まっていたからこそ，人びとは他人と違う存在になることをめざしていたのである。

自由の重さと責任

このように近代社会は個人が選択できる領域を拡大してきたといえるが，それはそこに生きる個人にとって解放的な面ばかりをもっていたのではない。選択できる，ということは選択した当の本人がその責任を引き受けることでもある。イギリスの社会学者アンソニー・ギデンズは，近代社会とは個人の選択の余地がそれ以前よりも格段に大きくなり，同時に個人が引き受ける責任や負担がそれだけ重いものになる社会である，と指摘している（『モダニティと自己アイデンティティ』2005年［1991年］）。「伝統だから」「いままでそうしていたから」，という理由が徐々に認められなくなるのが近代社会だが，この社会が行き着く先では，選択肢を選ぶための基準も各人に選択させることになり，そこに生きる私たちは「二重の選択」を行わなければならない。「モダニティ［近代］は個人を複雑多様な選択に直面させ，さらにそれは根拠

コラム 25：メンバーシップ型社会における就活

　就活で語ることを強要される「物語」が苦痛なのは，多くの日本の企業では，どういった能力が求められているかよくわからないからでもある。これは，ある特定の職務をこなす能力ではなく，さまざまな仕事をこなす一般的な能力を求める日本の企業組織の性質によるところも大きい。日本型の雇用システムでは，就職する（＝ある職に就く）のではなく，入社する（＝ある企業に入る）ことをめざさなければならないことは，労働（社会学）研究にかかわる多くの論者が指摘している点である。

　たとえば，濱口桂一郎は『若者と労働』（2013年）において，欧米や日本以外のアジア諸国型の「ジョブ型社会」と日本型の「メンバーシップ型社会」を対比させて論じている。ジョブ型の社会では雇用契約を行うときに特定の職務（ジョブ）を果たすことを取り決めておくのだが，一般的な日本の会社では一人ひとりの職務が明確に決まっていないため，病気で休んだ同僚の仕事をカバーすることを求められたり，同じ職場の上司や同僚が残業していると自分だけ退社することが難しかったりする。会社の正規のメンバーになった以上は，与えられたものはどのような仕事でもこなし，命じられた転勤にも応じるのが当然とされるのがメンバーシップ型の特徴である。したがって，採用するときも特定の職務を遂行する能力を求めるのではなく，むしろ入社後に実際に業務をこなしながら仕事を覚えていくのが普通である（これをオン・ザ・ジョブ・トレーニング，OJTという）。こういう状況では，採用時に求められる能力といっても，「人間力」や「コミュニケーション能力」のような，抽象的でよくわからない能力にならざるをえない。「何か特定のことができる」というよりは「求められれば何でもできる」ことが重要とされるのである。

　ある意味で，近年の経済情勢において求められるフレキシビリティは，日本ではずっと前から重視されてきたものともいえる。しかし，このやり方が本当に望ましいかどうかは大いに検討するべき問題である。

付けられていないゆえに，どの選択肢を選ぶべきかについては，ほとんど助けてくれない」。たとえば，われわれは職業を選ぶときに「なるべく時間が自由になる仕事がよい」とか「自分の個性が活かされる仕事がよい」などという基準を用いるが，なぜそうした基準を用いるのかと問われるなら，そこには「自分が選んだから」という以上の絶対的理由はなく，その根拠は恣意的に思われてしまう。なかには，家業として特定の職業に就くことを強制されている（あるいは，まわりから強く期待されている）場合もあるだろうが，すでに形式的には「職業選択の自由」が行き渡っている以上，その「運命」をあえて引き受けるという決定もあくまで本人の責任においてなされる。このように選択にともなう個人の責任が重くなるのが近代社会の基本的な仕組みである。

　自分で選んだ職業（職場）であるという以外の理由はないとするならば，そこでどんな目にあっても，ほかの誰かに責任を押しつけるわけにはいかなくなる。厳しい雇用情勢のなかで，当の本人には実質的には選択の余地がなかったとしても，その職業に就いたことはやはり個人の責任ととらえられてしまうのである。このように近代社会における個人は，孤独な責任主体として立ち現れる。

個人化する社会

　個人の責任が重くなってくる理由として，「個人化」の傾向を指摘することもできるだろう。社会が個人化している，と最近多くの社会学者が指摘している。社会がバラバラの個人になってしまえばもはや「社会」とは呼べず，社会の「個人化」とはおかしな表現だが，そのようにいうしかない傾向がある。さかのぼれば，ドイツの社会学者フェルディナント・テンニースが『ゲマインシャフトとゲゼルシャフト』（1957年［1887年］）を書いた時代から一貫して社会学は「社会の個人化」を主張しつづけているともいえるのだが，最近指摘されている個人化は，19世紀に問題にされたような前近代社会から近代社会へと移り変わる際に観察された現象とは質が異なる。それは，いっ

たん成立して安定したかに思われた個人間の秩序がもう一度流動化するという事態である。

たとえば，第7章にも登場したドイツの社会学者ウルリッヒ・ベックは，『危険社会』(1986年)のなかで社会の個人化について論じている。『危険社会』は，原発事故等の環境破壊や核戦争の危機など，われわれが自ら招いたリスクが人びとの意識と行動を大きく制限するようになったことを論じた著作だが，これと同時に論じられているもう一つのテーマが「社会の個人化」である。かつては階級や家族のような集団単位で対処してきたさまざまなリスクに対して，個人化した現代社会に生きるわれわれは，「個人的なこと」として対処しなければならない。たとえば，失業の問題は同じような境遇に見舞われた労働者に共通のものであるが，労働組合に訴えて階級としてこれに対処するよりは，失業保険の手続きのために個人としてハローワークに並ぶようになるのである。

いったいなぜ社会はこのように個人化していくのか。ベックによれば，学校教育のおかげで女性にも権利意識が浸透し，自らのキャリアを求めるようになったこと（それゆえ，家族成員の必要は当の女性の最優先事項ではなくなる），あるいは福祉制度が充実してきたこと（労働組合のような階級単位の利益集団に頼るよりは行政サービスに頼るようになる）など，さまざまな要因が複雑に絡みあっている。いずれにせよ，個人単位でものごとを考えることが現在ではますます多くなってきており，それだけ人びとの利害が一致する部分は小さくなっている（と考えられている）。

人びとがたどる生涯の経路を社会学ではライフコースと呼ぶが，ギデンズによると，近代社会におけるライフコースは「移行 passage」の連なりとみなされる。われわれの人生は移行に満ちている。進学／進学の失敗，就職／就職の失敗，失業／再就職，恋愛／失恋，結婚／離婚／再婚，病気／快復，転居，等々，さまざまな出来事が人びとの人生をつくっていく。義務教育や成人式のような一部を除けば，こうした人生における移行は徹底的に個人化している。そのつど，われわれはリスクとチャンスのなかをくぐり抜けて最善の選択をしようとしている。将来が見通せなくなればなるほど，選択の意

味は大きくなるし，その責任も重くなる。こうした選択を通してわれわれは自分の人生の編集者となり，作者となる。そのつど，自分の人生という物語を紡いでいることになる。

物語としてのライフコース

　この章の冒頭で，就活のときの「苦痛」について述べたけれども，実際私たちは就活の場面以外においても，自分のライフコースを「物語」として理解し，他者に語っている。たとえば，大学入学後に知りあった友人に自分のことを紹介するときにどのようなことを語っただろうか。多くの場合は，たとえば「高校球児として甲子園をめざしていたが，怪我をして挫折した」とか，「お笑い番組が好きで，大学で落研に入るのが夢だったので，受験勉強に打ちこんだ」などと，わかりやすい物語として提示したのではないだろうか。あるいは「平凡な，ごく普通の高校生だった」と提示したかもしれない。その場合でも，ある一定のイメージを相手側に喚起していることにかわりはない。もちろん，実際の生活は雑多な要素から成り立っているので，24時間「高校球児」や「受験生」として生きているわけではなく，さまざまな矛盾と混乱に満ちた，わかりやすい「物語」には回収できない部分が含まれるのだが，にもかかわらず他者に伝えようとする場合には何らかの物語のかたちでしか語れないものであるし，そもそもそのようにしなければ自分でも自分の生き方を理解することもできないのである。「平凡な高校生」にしても「熱血高校球児」にしても，すでに流通している既存のイメージを利用しつつ，われわれは自分と他者を理解しているといえる。社会学者の井上俊は「物語としての人生」（1996年）という論考において，これを「文化要素としての物語」と呼んでいる。

　その際，見落とされがちなのは，こうした「物語」が成立するためには，他者による承認が必要だということである。井上はこれを「相互作用要素としての物語」と呼んでいるが，つまり私たちが提示するこうした「物語」は，まわりの他者によって，いわば「批准される」必要がある。私たちが自分に

ついて語る物語は，多かれ少なかれ「こうありたい」という願望や理想を含んでいる。それは，まわりの他者からすれば幾分かは相対化されるようなものだが，他者は他者でやはり自らの物語を語るときは同じような願望や理想を語るものである。その意味では「お互いさま」なのであり，相互に存在を承認しあう空間として，私たちの社会は成り立っている。

　このように考えると，私たちが自分の人生を理解したり他者に説明する際の「物語」は，ある程度自分の意志で選びとっていったり，書き換えたりできるものではあるけれども，まったく自由にできるようなものでもないし，「受験の失敗」や「失恋」なども起こりうるので，かならずしも望んだとおりの展開になるとは限らない。いずれにせよ「やりたいことがわからない」のは，こうした「物語」の生成に失敗していることを意味している可能性がある。それは，自分の物語を肯定してくれる身近な他者がいないからなのかもしれないし，お互いに矛盾する複数の物語を押しつけられている結果なのかもしれない。あるいは，選択の責任を回避するあまり先延ばししてきた結果かもしれない。

　しかし近年のライフコースの「物語」生成に関しては，別の困難もありうる。ここで視点を変えて，別の側面からこの困難にアプローチしてみよう。

3. 揺らぐ雇用環境，揺らぐ人間関係

リキッドな組織のフレキシブルな労働力

　アメリカ・クリントン政権時代の労働長官だったロバート・ライシュは『勝者の代償』（2002年［2001年］）において，情報化をともなうニューエコノミーが社会にもたらす影響について論じている。さまざまな情報機器と高度に発達した情報ネットワークに基づいた新しい経済体制は，人びとに多くの恩恵をもたらすけれども，同時に，雇用を流動化させ，結果として貧富の差を拡大する（第4章参照）。新しい情報社会のなかでとくに必要とされる人材は，

独創的な発想と高度の専門的知識という特殊な能力を備えた一部の労働者になるので，企業は高い報酬だけでなく，さまざまな手当や年金，ストックオプション，スポーツクラブの利用等々といったサービスを用意して彼ら・彼女らを厚遇するが，それと引き換えに，そうした能力をもたない一般の労働者の雇用条件は劣悪なものにされてしまう。1990年代以降のアメリカ社会で急速に進行した格差の拡大は，こうした産業構造の変化に関連したものである。ライシュが強調するのは，固定的な組織の一員として，組織に対する忠誠心をもち，年齢とともに職場での地位と権限，それに報酬も上がっていくような安定的人生に対する見通しはもはや過去のものとなりつつある，ということである。私たちは「決められたレールの上を進んでいくだけ」というかつての閉塞感から解放されたけれども，それと同時に以前は手にしていた（少なくともそう思われていた）安定性をも失いつつある（コラム26参照）。

　ライシュがニューエコノミーと呼んだ現代社会の趨勢を，第7章にも登場したリチャード・セネットは「新しい資本主義」と呼んでいる。2人の主張には異なる部分もあるが，かなりの部分は重なっている。技術革新のスピードが早まっている現代の市場を勝ち抜くためには，企業は次々と新しい製品やサービスを打ち出さざるをえないので，組織もそれに応じて柔軟なものとなる。そこでは，「短期的に考え，みずからの潜在性を伸ばし，何ごとにも後悔しない新しい人間でなければ，富はえられない」のである（セネット，2008年［2006年］）。

　セネットが用いている喩えを使うならば，それはいわば「MP3プレイヤーのような組織」である。MP3プレイヤー（携帯型の音楽プレイヤー等）を使っている読者は多いと思われるが，このタイプのプレイヤーは，CDやMDを再生する機械とは異なり，ストックされた何千曲（場合によっては何万曲）ものリストのなかから，いくつかの曲を選んでプレイリストをつくることができる。その日の気分によって異なったジャンルや演奏家の曲を自由に組み合わせることができるし，リストはいくらでも組み換えることができる。組織もそのように自由に選択・活用ができるものになりつつあり，かつての組織に比べて非常に柔軟につくられるようになっている。刻々と変化する状況に

コラム26：雇用の流動化と「社縁」の衰退

　本文中にも登場したセネットは，新しい構造変化によって失われる人びととの共同性をソーシャルキャピタル（social capital：社会関係資本）であると論じている。要するに人と人とのつながりや絆といったものだが，日本語の「絆」がそうであるように，ポジティブな意味で用いられることが多い。誰かとつながっていることは，本人にとってメリットがあるのはもちろんであるが，一般的に他者に対する信頼性が高い社会では，治安がよくなるとか，（取引のコストが相対的に引き下げられるので）商取引が活発になる，などの公共のメリットがあるとされている。

　しかしソーシャルキャピタルという言葉を有名にしたのは，政治学者のロバート・パットナムであろう。かつてアメリカのコミュニティには，多くの自発的な団体や組織が発達しており，これがアメリカ社会のデモクラシーを支えている，といわれていた。ところが，そのアメリカでも人間関係は希薄化していることを，パットナムの研究は示している。政治参加，さまざまな任意加入の組織や結社，宗教組織への加入状況，職場における結合，インフォーマルな交際や交友，寄付やボランティア活動といった各方面での調査を検討した結果，人びとの交流は希薄化し，衰退しているというのだ。『孤独なボウリング』（2006年［2000年］）という彼の著作のタイトルは，かつて仲間たちと出かけるのが普通であったボウリング（しばしばサークルがつくられる）にも，1人で出かけるようになったアメリカ人の孤独を象徴したものだ。仲間と出かけるときに人びとが注文していたピザやビールなどの売り上げが減少することはボウリング場の経営にとっては打撃であるが，そこで仲間同士であれば交わされたはずの会話が消失することは，アメリカのデモクラシーにとってはもっと深刻な打撃である。われわれは，市民同士のふとした会話や何気ないおしゃべりから多くの情報を得ているし，そうした人間関係は何か深刻な問題が起きたときにも役立つような，ある種の公共財的な側面をもつからである。

適応するためには，課題が変わるたびに「組織は膨らんだり縮んだり，社員は増えたり減ったり」する。それぞれの部署があらかじめ決められた業務をこなすというよりは，達成する課題のためにつくられたプロジェクト・チームが業務をこなしていくのである。なかには，外部の業者にアウトソーシングされる業務もある。アウトソーシングされる先の業者は，インターネットで結ばれた（相対的に低賃金の）外国の企業かもしれない。

　こうした柔軟な組織が，従業員に「協調性」を求めるのは偶然ではない。いま所属しているプロジェクト・チームが来年も，あるいは来月も存続している保証はない。どのような環境においても，誰とでもうまくやっていける能力が求められるようになる。かつての労働者は，一つの専門技術に熟練していったり，専門知識を蓄えたりすることが推奨されていたが，それはこのような柔軟な組織にとってはむしろマイナスとなる。同じやり方のビジネスをいつまでも続けられる保証は急速に小さくなっている。「コミュニケーション能力」「人間力」という言葉が強調される日本でも，基本的には向かう方向は同一である。

　このような構造変化にともなう社会的損失として，セネットは，①組織への帰属心（＝忠誠心）の低下，②労働者間のインフォーマルな相互信頼の消滅，③組織についての知識の減少，をあげている。かつて日本的経営は終身雇用・年功序列が特徴とされていたが，日本の企業であっても近年は年俸制を導入したり，「リストラ」という名の解雇がめずらしくなくなっている。もともと，被雇用者の3分の1が非正規雇用であるなかで，2008年の経済危機（リーマン・ショック）の際には日本の多くの職場で「派遣切り」が横行したことは記憶に新しい。こうした状況で企業組織に帰属意識をもちつづけるのは難しいであろう。職場の人間関係が長期間続かないとなれば，労働者の間にインフォーマルな相互信頼は育ちにくくなるであろうし，組織が行う業務に関する個々の労働者の知識も減少していくにちがいない。セネットが例にあげているように，たとえば，突発的な事故が起きたときに適切に対処できるかどうかは，従業員が業務のプロセスをどの程度理解しているかによるのである。

　いずれにせよ，これらの研究が示しているのは，現代の企業社会において

第9章　やりたいことがわからない　　157

は，自分の専門的な知識や技能をコツコツ積み上げるようなタイプではなく，状況の変化にフレキシブルに対応できる柔軟さを備えたタイプの労働者が求められている，ということである。どうしてもミュージシャンになりたいとか，クルマづくりにかかわっていたい，というような「やりたいこと」を強烈にもっていると，現代の組織においてはむしろ不適応とみなされる可能性がある。ある意味では特別な「やりたいこと」をもたない（しかし労働意欲はあり，「コミュニケーション力」のような柔軟な適応力を備えた）労働者を，現代の企業社会は求めているといえる。

　こうした企業社会の事情がわれわれの文化にも影響を与えている，とセネットは主張している。セネットが多くの労働者に聞き取り調査したなかで発見したのは，組織に「不要とされることへの不安」が高まっていることである。新しい資本主義のもとでは，労働者は組織からいつ「不要」といわれるかわからない。業務それ自体が次々と新しくなっていくなかで，いつまでも必要と思われるには，どのように振る舞ったらよいのか，いかなる能力を身につけていけばよいのか，それらを判断して主体的に振る舞わなくてはならなくなる。こうした事情は，まだ仕事の世界に入っていない学生にも伝わっているのではないだろうか。「いま求められる労働力」「企業が採用したい学生像」のような，メディアをにぎわしている言説を通して各種のメッセージが伝えられることもあるし，そうした直接的なものでなくても，企業の採用人事や賃金体系を伝える報道を通じた間接的な知識として伝わる場合もあろう。ギデンズが「制度的再帰性」と呼ぶ構図がここでも成り立っているといえる。それまで積み上げてきた自分の「物語」を，こうした状況に適応するように書き換えることを求められている，ともいえる。このような状況が続くとするならば，有意味なライフコースを紡いでいこうとすることは，ますます困難になっていくにちがいない。

　職場での人間関係が不安定化するなかで，「仕事は仕事」と割り切って私生活を充実させることは合理的な適応といえる。職業生活で自己実現することは望ましいことではあるけれども，仕事以外の部分で生の充実をめざす生き方ももちろん許容されるべきだ。しかし近代社会は，親密な空間をも不安

定化する傾向があることを指摘しておかなければならない。

揺らぐ人間関係——純粋な関係性

　2011年の東日本大震災の福島第一原発事故で避難を余儀なくされていた人びとが，一時帰宅した際に自宅からもってきたものには，多くの場合，家族の写真・アルバムが含まれていたと報道は伝えている。なるほど思い出を記録した写真やアルバムは代替不可能なものであり，生活に不可欠なものとはいえないけれども，自分と他者との関係性を示すもの，なくしてしまえば絶対に戻ってこないものである。ある意味では，こうしたものは生きていくうえで不可欠なのだともいえる。東日本大震災に際して，家族や友人などとのつながりや絆の尊さを再確認した，という声はさまざまな場面で多く聞かれた。

　同時に，他者との人間関係は私たちを悩ませるものでもある。そのことは震災後の現在でも変わってはいない。先に言及したギデンズは，近代社会では人間関係がつねに見直されるようになり，「選択的なもの」になる傾向があると指摘している。伝統社会では，人びとは多くの場合，生まれ育った村や町で一生を過ごし，血縁・地縁のある知人たちと交流していたので，関係を選択できる余地はあまりなかったといえる。こうした事情が大きく変わるのは近代以降である。とくに親密な人間関係の領域では「純粋な関係性（pure relationship）」というかたちが現れつつあるという。ギデンズによれば，近代社会は再帰性（reflexivity）に基づいた制度化を推し進める，という特徴をもつ。これはいわば，現在のさまざまな制度ややり方をつねに問い直し，反省を迫っていく社会である。学生は学期ごとにどの程度学習したか，学習の到達度を評価されるが，会社員も毎年どのぐらい企業に貢献したか評定を受ける。大学教員も例外ではなく，毎年何本の研究論文を書いたか，大学外部からの研究資金をいくら獲得したかを報告する義務があるし，学期末には学生による授業評価アンケートを実施している大学も多い。同様のことは個人にとどまらず，企業組織や（非営利の）公的機関にも及んでいる。つねに自

らを振り返り，反省に基づいてよりよいやり方を探究していくのが近代社会の特徴である。

　この考え方に基づいて，企業はよりよい製品やサービスを生み出し，さまざまな制度的工夫が積み重ねられてきた。これはたしかにダイナミックで活力に満ちた社会を生み出したが，同時に，別の面では困った側面ももっている。近代社会は，伝統をたえず破壊してきた社会ともいえる。もちろん，現在でも「伝統」として残っているものは多くあるけれども，何かが「伝統だから」とか「昔からそうしているから」というだけの理由で伝承されていくことは難しくなっている。つねに見直される，ということはそれだけ不安定化する，ということでもある。それは人間関係も例外ではない。

　親密な関係，夫婦や恋人（異性間に限らない）の関係は，時代や社会を超えて普遍的なものと考えられることが多いが，時代が変わると変動する面もある。ギデンズのいう「純粋な関係性」については第8章でも紹介したが，これは近代性が高度に開化したハイモダニティにおける親密な関係のことである。そこでは，人間関係自体がたえず見直しと反省にさらされる。たとえば，恋愛結婚という制度は，結婚に関するある考え方を前提にしたものであるが，これが純粋化されると，恋愛（愛情）以外の要素を不純なものとして排除するようになる。経済的な動機で結婚したり，たとえば前の配偶者との間の子どもの世話のために結婚する，といった考え方は排除されるようになる。あくまで恋愛（愛情）だけに基づいた関係を求めるこうした考え方は，一見純粋で美しいものに映るかもしれないが，同じぐらい流動的な，それゆえ不安定なものにもなりうる。愛情だけのために一緒にいる，ということは，愛情の終わりが，そのまま関係の終わりを意味する。夫だから，妻だから，恋人だから，といった理由で稼ぎ手や家事労働の担い手といった特定の役割を期待するのではなく，関係自体からどのような恩恵が受けられるかがそこでの焦点なのである（ギデンズ，1995年［1992年］）。

　それゆえ，現代の人間関係は特有の不安定要因を含んだものになっている。選択的な，すなわち，いつでも取り替えられる人間関係とは，立場を変えれば，自分もいつでも取り替えられるかもしれない，というリスクを含んだ関

係でもある。夫だから，妻だから，というかつては信頼できた安定的な関係性に安住することはもはやできない。もちろん，ギデンズのいうような純粋な関係性がすべての関係を覆っていくわけではないにしても，私たちの関係を規定していた自明性は失われつつある。

4. かけがえのないものをつくりだす

新しい共同体をつくる動き

　このように，職場の人間関係が流動化し，親密な者同士の関係も不安定化しているとすれば，私たちの社会は，それだけ自由で選択的であり，その分，個々人の負担が重く，不安定なものになっているのだろうか。会社組織についてセネットやライシュが論じていたように，あまりに断片化した企業組織は，むしろ存続が危ぶまれることがあるし，明日以降どうなるかわからないような不安定な夫婦関係や恋人関係も，望ましいものとはいえないだろう。だとすれば，私たちはこうした流れにどこかで抗することが必要なのではあるまいか。人間はそのつどそのつど状況からの要請に従うだけの存在ではない。経済情勢から求められているからといって，個人としてはどうしても譲れない部分があるのではないだろうか。

　個人意識が先鋭化する背後で衰退しているといわれる共同性を，積極的に復活させようとする動きもある。第5章で取り上げたシェアハウスも，失われた共同性をつくりだそうとする運動の一環といえる。なるべく近所の人とはかかわらないようにし，個室で自分の趣味に生きることをよしとしていたかつての若者とは対照的に，他人同士で同じ建物に同居し，学校や仕事の話を共有しあうシェアハウスは，とくに最近の若い世代に人気が高いという。この4年で3倍に増え，現在日本では1000軒に1万4000人が住んでいると報じられている（『日本経済新聞』2012年1月9日）。Facebookやtwitterのようなツールは，リアルな人間関係の代わりにはならないとしても，人びと

コラム27：「シェアハウス」を謳った違法ハウス

　2013年の夏頃，いわゆる「違法ハウス」に関する報道が相次いだので，本文で取り上げた「シェアハウス」に対して疑わしい感じを抱いた読者もいるかもしれない。

　たとえば，NHKのクローズアップ現代「潜入"違法ハウス"〜住宅弱者をどう支えるか〜」（2013年7月16日放送）では，木造一戸建ての普通の住宅に37人を住まわせている例や，一見オフィスビルに見えるが，一つのフロアをベニヤ板で19に分け，建物全体では100部屋におよそ120人を住まわせている例を紹介している。後者は，天井まで80センチしかなく，立つこともできない，窓のない3畳ほどの部屋に2人で「シェア」しながら住んでおり，家賃は格安の2万8000円だという。これらは，「貸しオフィス」や「倉庫」などと自治体に届け出ているが，実際には住居であり，建築基準法や消防法に違反している。低所得層の弱みにつけこんだ悪質で違法なビジネスといえる。

　ワーキングプアと呼ばれる経済的な弱者は，同時に「住宅弱者」でもある。賃貸物件に入居しようとすれば，たいていの場合，敷金・礼金のほかに保証人も用意しなければならないが，この負担が重くのしかかり，住居を確保することが難しい。敷金・礼金・保証人が不要で，家賃も格安，即座に入居することが可能なこうした「違法ハウス」が拡大してきたのは，こうした理由からである。行政がこうした違法ハウスを摘発することは必要なことであるが，そのことでむしろ住居を失う人びとが出てしまう。このような悪質なビジネスが成立する条件が私たちの社会にはあるのだということ自体が，問題といえよう。

　もちろん，本文で言及したシェアハウスは，このような人の弱みにつけこむビジネスとはまったく別のものである。

を結びつけるには役立つものである（コラム27参照）。

あるいは,「隣人祭り」という言葉を聞いたことはあるだろうか。以前, NHKテレビなどでも取り上げられたので, 知っている人もいるかもしれない。隣人祭り（La Fête des Voisins）は, 1999年にパリの小さなアパートで起きた高齢者の孤独死をきっかけにして始まった市民運動である。はじめは住民たちが交流のための食事会を中庭で開催しただけであったが, 現在ではヨーロッパ中に広がる市民運動になっており, 日本にも支部がある（日本支部は2008年に非営利活動団体として発足）。NHKが孤独死を扱ったNHKスペシャル『無縁社会——"無縁死"3万2千人の衝撃』を放送した2010年には, やはり血縁や地縁の希薄化を問題視する動きが活発化し, 人とのつながりを取り戻そうとするさまざまな試みが現れている。

自由化／個人化は長い目で見れば, 大きな時代の流れでもあるけれども, 私たちはそうした流れに一方的に流されるだけの存在ではない。新しい共同性を, ともにつくりだしていくことで, よりよい未来は切りひらかれるのである。

その際に, 注意しなければならないのは, 新しくつくりだされる関係性（NHKは"縁"と表現しているが）が十分人びとを包摂できるか, ということである。血縁や地縁のような有無をいわさず放りこまれるような関係とは異なり, 新しくつくられる関係は選択的なものにならざるをえない。それは「自由に選べる」ものではあるけれども, そのことは同時に「選ばれない」リスクを抱えるものでもある。関係性においても格差の発生と拡大, という新しい課題を, 私たちの社会は抱えこむことになろう。

参考文献
井上俊「物語としての人生」『岩波講座現代社会学第9巻　ライフコースの社会学』岩波書店, 1996年
NHK「無縁社会プロジェクト」取材班『無縁社会——"無縁死"三万二千人の衝撃』文藝春秋, 2010年
ギデンズ, アンソニー『モダニティと自己アイデンティティ——後期近代における自己と社会』（秋吉美都・安藤太郎・筒井淳也訳）ハーベスト社, 2005年（原著1991年）
ギデンズ, アンソニー『親密性の変容——近代社会におけるセクシュアリティ, 愛情, エロティシズム』（松尾精文・松川昭子訳）而立書房, 1995年（原著1992年）
セネット, リチャード『不安な経済／漂流する個人——新しい資本主義の労働・消費文化』（森田典正訳）大月書店, 2008年（原著2006年）

竹内洋『立志・苦学・出世――受験生の社会史』,講談社現代新書,1991年
竹内洋『日本のメリトクラシー――構造と心性』東京大学出版会,1995年
テンニエス,フェルディナンド『ゲマインシャフトとゲゼルシャフト――純粋社会の基本概念(上・下)』(杉之原寿一訳)岩波書店,1957年(原著1887年)
パットナム,ロバート『孤独なボウリング――米国コミュニティの崩壊と再生』(柴内康文訳)柏書房,2006年(原著2000年)
濱口桂一郎『若者と労働――「入社」の仕組みから解きほぐす』中公新書ラクレ,2013年
ベック,ウルリッヒ『危険社会――新しい近代への道』(東兼・伊藤美登里訳)法政大学出版局,1998年(原著1986年)
ライシュ,ロバート『勝者の代償――ニューエコノミーの深淵と未来』(清家篤訳)東洋経済新報社,2002年(原著2001年)

(伊藤賢一)

第Ⅲ部

新たな社会を紡ぎ出す

民主主義・再考

第10章
民主主義を支える〈最初の約束〉
——代表制と多数決のよりよい理解をめざして

1. 二つの選挙から

総選挙と選挙

　誰が新曲のシングルCDを歌うのか，多数のメンバーで構成されるアイドルグループにとって，またそのファンにとって重要な問題である。かつてはプロデューサーや音楽業界の関係者が，誰がメンバーに入るのか，そして誰がセンターに立つのか，おそらくベテランの経験と勘で決めていたのだろう。しかし，いまではアイドルたちも毎年の「総選挙」によって過去1年の活動実績が評価され，「組閣」によって今後1年間のポジションが与えられる。しかも，序列の入れ替わりは現実政治のごとく「政権交代」と呼ばれている。われわれと同様，アイドルも厳しい競争的環境におかれているのである。しかしここでの問題は競争の激化，自己責任，格差社会ではない。そうした現実をふまえたうえで，社会の仕組みそのものを設計する方法，つまり政治制度としての民主主義について考えてみたい。

　本章から始まる第Ⅲ部の課題は，われわれ自身の側から社会を構想し設計していく方法について考えていくことにある。そこで冒頭の本章では，社会を構想し設計する際に重要な制度的手段となる民主主義に焦点をあて，それを制度化する際の課題，困難，そして解決への道筋を提示していきたい。じつは，このアイドルグループの「総選挙」の仕組みが現代社会の選挙や民主主義を考えるうえで，とても興味深い論点を提供してくれるのである。

　しかし「現実の選挙とアイドルの人気投票は一緒にはできない」という反

論もあるだろう。かつて「総選挙」で1位に選ばれたメンバーも，あるインタビューで「（本当の選挙は）私たちのとはわけが違うと思います」と断言する。しかし，現在の民主主義が抱える問題点，具体的には政治に対する距離（代表制）と結果の自明性や政治のマンネリ化（多数決）という点から見ると，「総選挙」のなかに民主主義の問題を俯瞰しうる論点を見つけ出すことができるのである。

政治における「距離の遠さ」と「数の論理」

　読者のなかにも，政治にあまり関心がないという人もたくさんいるだろう。そう感じる原因の一つは，政治の遠さにあるのではないか。現代は，アイドルも身近な存在ゆえに人気を集め，政治家も生活感覚に根差していることが得票の前提になる。文化研究の領域では，アイドル像の変化について以下のような指摘がなされる。すなわち，かつてのスターが容姿や卓越した演技力，歌唱力によってファンを魅了したのに対し，近年のアイドルはファンとの近さによって人気を博する，と。たしかに，例のアイドルグループは「クラスで10番目にかわいい子」，つまり「高嶺の花」ではなく「身近なアイドル」「会いに行けるアイドル」としてプロデュースされている。上から目線を嫌い，既存の権威や秩序の溶解したフラット化した社会に私たちは生きているのだが，そういう社会においてスターや絶世の美男美女ではなく，われわれの日常世界のどこにでもいる存在であることが大切なのだ。他方政治家の場合も，政治的な決定に必要とされる交渉術や根回しの能力に長け，また強い結束を誇る後援会に支えられたプロの政治家よりも，いわゆる「永田町の論理」に毒されていないフレッシュな人材が人びとの支持を集めやすい。じつは，民主主義という仕組みを考えるうえで，あるいはそれを有効に機能させるうえで，選挙人と被選挙人の距離という要素は，とりわけ都市部の浮動層の投票行動を考える際にはとても重要な意味をもちはじめている。そしてしばしば，政治や選挙に関心が向かないのは，政治が遠いことに原因があるとされている。

政治に関心をもちにくいもう一つの理由は，われわれが政治の遠さとともに決定には「数がものを言う」という多数決，数の論理を自明なものとして受け入れていることに求められる。もちろん，ここでいう決定とはたんに何かを決めるだけでなく，決めたことを自他ともに納得し，それに従わせる強制的な仕組みも含んでいる。総選挙で1位になったアイドルは，総選挙の前にはなぜ自分がセンターに選ばれたのか自信をもつことができなかったという。ところが総選挙を経てトップに立つことで，自分がセンターに立っていいんだ，という確信をもつことができたそうだ。つまり，多数者の支持を得ることで，ある地位や決定がなされ，しかもそれが「正しい」ものとして受け入れられるという仕組みが選挙には含まれているのである。現実の政治の場合も然りである。与党と野党の区別，予算案や法案の可否，これらは投票による多数決によってなされる。また選挙で国民に信を問うというのも，まさに国民の多数から支持されているかを判断し，その地位の「正しさ」を確認する作業なのである。センターという位置も政治家の椅子も，数の論理が支配する。そして数の論理の前に，すべての選挙人／被選挙人はその結果を「正しい」ものとして受け入れなければならない。とするとどのような結論にいたるのか。あらゆる決定は多数派の決定とイコールとなり，選挙の結果が出た瞬間に，すべての中間的な手続き（利害の調整や見解の修正）は意味をもたなくなる。政治に関心をもつにしても，結論は最初から見えている。すべては数の論理，とくに出発点の選挙における得票数で決定してしまう。その結果，政治は遠くなると同時にマンネリ化してしまうのである。
　第一の論点である政治の遠さは，民主主義の代表制あるいは間接民主主義の問題と，そして第二の結果の自明化やマンネリ化は，民主主義における多数決，数の論理に関連している。日本の，そして世界の多くの国々が採用している民主主義は，多数決によって代表者を選び，そのまた代表者の多数決によって政策を決定するシステムである。その意味で，代表制と多数決は民主主義という制度の本質をなす2本の柱となっている。その意味でもこの二つの問題は，民主主義の制度化をめざすうえで避けて通ることができないテーマである。以下では，この問題に対する「有力」な解決策を提示したカー

ル・シュミットの政治思想を紹介しよう。

独裁政治と両立する民主主義

　重要な論点となるのが，民主主義と独裁制は両立可能だとする彼の主張である。しばしば，独裁者に対する盲目的な帰依(きえ)を批判し，そういう態度を偶像崇拝と呼ぶことがある。アイドルの原義も偶像 (idol) であるが，アイドルに対する崇拝は民主主義における独裁者に対する帰依を考えるうえでとても興味深い現象である。われわれは，指導者（たとえば総理大臣や大臣クラスの政治家, 日本には存在しないが大統領など）が特別に大きな権限や権力をもつのは，それらが法律によって認められているからだと考えている。権限や権力の合法性が力の源泉となっているとみなしているのである。逆に，法律に基づかない決定や強制を無効とみなす。しかし，民主主義のもとでは，こうした法律（議会で公開の議論を経て制定された法規）だけではなく，人民の直接投票（人民投票）によって権限や権力を手にすることができる（シュミットは法律による前者を合法性，人民投票による後者を正当性と呼んでいる）。しかも，われわれは直観的に民主主義と選挙という制度の性格上，より直接的に人民の意思を表現する後者の正当性のほうが，法律によって間接的に得られる前者の合法性に勝(まさ)るとみなしている。既存の制度に対抗する市民運動のグループが，住民投票（条例の制定）を求め，日本国憲法が憲法改正や地方特別立法に対し，法律以外に国民投票や住民投票を要求しているのもこのためだ。

　シュミットは，民主主義における権限や権力の真の源泉（正当性）は，人民による直接的な意思表示である「人民投票」に由来すると考えた。「ヤー (Ja：賛成)」もしくは「ナイン (Nein：反対)」の二者択一で直接表示される人民の意思，彼の言葉を借りれば指導者に対する「拍手喝采(かっさい)」こそ，権限と力の源泉というわけである。シュミットが人民投票に関心を示したのは，議会制度に決定的な弱点を見出していたからであった。その弱点とは，代表制の議会が本来果たすべき公開の討議による決定という機能を現実的に担うことができないという点にある。シュミットによれば，議会は代表者の集まり

というよりも，利益集団である政党によって統制され，党利党略に基づく密室での駆け引きの場へと変質してしまっている。現代日本の政治もこれと似た状況を指摘することができるかもしれない。たとえば第一に，党議拘束の名のもとに国会議員は個人の政治信条よりも党の（利害を反映した）決定に従うことが強制される。第二に，国対政治や料亭における密会に見られるように，公開の場における討議ではなく，密室での駆け引きによって重要な決定がなされている可能性がある。第三に，先の民主党政権時代には，与党が安定多数に達しないために生じる「決められない政治」ということがしばしば話題になった。シュミットはこれらの問題が生じる原因として，政治的ロマン主義に対する批判を展開している。政治的ロマン主義とは，対話を繰り返すだけで責任を回避し，重大な決定を行わない政治的態度のことをいう。さらに日本の文脈でいえば，現行の選挙の区割り（小選挙区制）が民意を正しく反映せず，代表を選出してしまっているという批判もある。

　シュミットが，非常事態における独裁者による主権の発動（政治的決定）に注目した背景には，上記のような政党政治や議会政治の機能不全という現代の日本の政治状況にも通じる問題意識が存在していた。たしかに，先のシュミットの人民投票における指導者に対する拍手喝采，そして非常事態における大統領の独裁的権限をめぐる説がそれなりの説得力をもつのは，それが現実の政党政治と議会政治の抱える問題に迫っているからである。しかし，シュミットの議論が魅力的に思える最大の理由は，彼が公開の討議の無力さを指摘しただけでなく，支持か不支持かの二者択一的な人民投票が，われわれが求める政治的参加のリアリティ（政治の近さ）を約束してくれるからだ。拍手喝采に基づく大統領独裁は，統治者と被統治者の直接的な一体感を保証し，政治へのコミットメントを保証してくれる。しかも，人民投票による正当性を得た大統領は非常事態（例外状況）において，強大な政策実行力を手にすることができるために，この制度のもとでは多数決はマンネリ化した自明性ではなく，統治者と被統治者の熱い一体感を演出することができるのである（コラム28参照）。

コラム 28：自由からの逃走と自由のパラドックス
──ファシズムを引き起こしたもの

　周知のように，ナチスの政権獲得は手続き上ワイマール憲法下での民主的な選挙と国民の支持によるものである。国会放火事件の捏造のようなさまざまな謀略があったことはまちがいないが，選挙による独裁政権の誕生というこの歴史的事実は，民主主義があるというだけでは自由を守ることが難しいことを証明している。そうしたなか，社会心理学者エーリッヒ・フロムは，ナチス台頭の原因を第一次世界大戦後の急激な自由の拡大に求めた。大戦前のドイツは皇帝が支配する権威主義的な社会であったが，戦後成立したワイマール憲法は，社会権が最初に成文化された憲法でもあり，広くドイツ国民に自由と平等を保障するものであった。フロムは急速な自由の拡大がかえって，人びとの心に孤立感と無力感を生み出したと指摘する。さらにそこに戦勝国による法外な賠償金要求と急速な経済状況の悪化が人びとを直撃した結果，下層中産階級の間で，かつてのドイツ帝国の栄光を取り戻すカリスマ的支配者を待望する心理が芽生えていった。ヒトラーは，こうした人びとの無意識の欲求に応えることができたのである。また，ヒトラーは戦勝国が押しつけたヴェルサイユ条約の破棄や非ドイツ人であるユダヤ系市民の徹底的な排除を訴えたが，当時の支持者はこうした強権主義的なヒトラーを崇拝し，彼の権力と一体化することによって自らの孤立感や無力感をやわらげることができた。フロムの主張のポイントは，自由は自由を放棄する自由を内包するという自由のパラドックス（自由からの逃走）にある。一方でフロムは，自由を消極的自由（〜からの自由）と積極的自由（〜への自由）に分類し，前者の権威や抑圧からの自由は，孤立感や無力感を生み出すにとどまる結果，権威への服従を助長してしまうがゆえに，その先の積極的自由に向かわねばならないと主張した。積極的自由とは，創造的な活動のなかで自由を発揮し自己の無力感や孤独感を克服するものである。

2. 制度の弱点と問題点を洗い出す

代表制の予期せぬ効果を考える

　拍手喝采によって民主主義と独裁制を結合させる論理が，ナチス＝ヒトラーの台頭を正当化するイデオロギーとして機能したことは指摘するまでもない。こうした民主主義の独裁制への転化を予防するためには，政治の遠さや結果の自明化，政治のマンネリ化を別のかたちで解消していく必要がある。

　まず，政治の遠さが生じる理由について詳しく検討してみたい。ここで再び例の「総選挙」と比較をしてみよう。アイドルの「総選挙」の親しみやすさと現実の選挙の縁遠さの原因は，じつは投票の「結果の見え方」の違いにある。「総選挙」の場合，その順位によって，誰がどの場所でどのパートを歌うのかが決定され，コンサートやテレビ番組の映像にただちに反映される。つまり，自分たちの投票の結果をすぐに体験できる。それに対して現実の政治の場合，投票の結果や成果が見えない。われわれ自身が直接政治に携わるのではなく，われわれが選んだ代表者が予算や法律の制定といった政治活動にかかわる。しかも日本のように議院内閣制を採用する国では，行政権（執行権）の最高責任者（内閣総理大臣）は選挙に選ばれた国会議員による投票によって選ばれる。その結果，権力の行使という観点から見ると，私たちの投票行動とその結果は二重の意味で間接的となり，それだけいっそう政治に対する距離は遠くなる。

　しかし，わざわざ政治を遠くする代表制には，それなりの根拠がある。古代ギリシアのような小規模社会を前提とした直接民主制の導入が難しいにしても，大統領制に近い首相公選制を導入するという方法もたしかに存在している。しかし，代表制を採用するのは，直接民主制導入が技術的に難しいというだけではなく，そこに予期せぬメリットが存在しているからである。それは，政治が大衆民主主義化するなかで，支持者の直接的反応を政治的な最終決定に直結させないという点にある。代表同士が議論することで，人びと

の（支持あるいは敵対といった）感情的反応を合理的な見解に置き換え，よりよい合意形成のための契機へと変容させることが可能となる。人びとの感情的不満がフィルターを通さず，現実の政治に流れこむと，感情的不満と対立は一致点や妥結点の発見を難しくし，決めるための意思決定の場は，たんなる攻撃を効果的に演出する劇場へと変化してしまう。投票と政治的意思決定の間にあえて断絶を入れることで，そうした危険性を回避するメリットが代表制には存在するのである。

　代表同士が議論するという代表制の特色を考慮すると，アイドルたちの「総選挙」と現実の選挙との差異がよりいっそうクリアに浮かび上がる。「総選挙」の場合，選挙の結果そのものがわれわれの投票の「目的」である。それに対して現実の選挙の場合，投票結果がそのまま立法，予算，政策というかたちで実現するわけではない。「はじめ（投票）とおわり（政策）の遠さや不一致」という問題が現実の政治にはつきまとう。現実の選挙は勝者と敗者を決定することではなく，代表を選びその選んだ代表が討議によって全体としての社会の意思決定を行うことを目的とする。選挙はあくまで「手段」であって，目的はその先，代表者による討議と意思決定にある。

多数決の前提条件を考える

　続いて，多数決と数の論理の問題に論点を移してみよう。われわれはさまざまな決め方のなかで，多数決をもっとも民主的な方法と考えている。多数決がそう考えられるのは，決定への制度的に平等な参加が保証されているからである。「総選挙」の例をあげてみよう。「総選挙」での投票権（選挙権）を得るには，CDの購入，ファンクラブのメンバーであることなどいくつかの条件があるという。その結果，CDを大量に購入すれば購入するほど，複数回の投票権が与えられる。たしかに，複数回の投票が可能となるという点や投票権が商品の購入によって得られるという点だけ見ると，平等からほど遠いように見えるが，じつはそうではない。現実の選挙にも選挙資格があり，日本国籍を有していることや，選挙を実施する市町村に一定期間以上生活し

ていることなど，さまざまな条件がある。両者の違いは，選挙権の条件の設定の仕方の違いにすぎない。いったん，あらかじめ決められた条件をクリアすると，（具体的な「人間」にではなく）どの票に対しても同じ重みが与えられ，得票数の単純集計で決が採られる。そしてそうした得票数による決着は，民主的な決定として正当性をもち，全員がそれを承認しなければならない。多数決とは文字どおり，1票1票を足し算し，その多寡によって意思決定を行う方法であり，だからこそ，われわれは多数決をもっともクリアで民主的な意思決定の手続きと考える傾向がある。

　しかし，多数決をほかにない理想的な解決手段と考えてしまうと，選挙の結果にのみ注目が集まり，それ以外の政治参加は形骸化し，やがて選挙そのものもマンネリ化する（投票率の低下として現れる）。しかもそれ以上に，多数決には本来の民主主義を破壊しかねないより危険な契機が含まれる。民主主義の原理を徹底すれば，すべての人が合意できる見解を集合体全体の決定とみなす必要がある。しかし，価値観の多様化を前提とせざるをえない現実の前では，全員一致ということはありえず，多数派に回収されない少数意見というものが出現する。こうした矛盾を解決するために，民主主義は少数派が多数派の意見に立場を変えることを要求する。少数者が多数者の見解に従うことを，いわば反民主主義的に強制してしまうのだ。シュミットのいう指導者への拍手喝采が統治者と被統治者の一体化を保証するような状況では，さらにこの傾向は強化される。

　ただし，民主主義の独裁への反転を回避するための条件が一つだけ存在する。すべての見解を他の見解と融合させることによって，より発展した意思決定へと変化させるという前提に立つこと，そしてそうした前提のもとで制度を設計することである。つまり，少数派のみが自身の見解を翻すのではなく，あらゆる参加者が――多数派も少数派もともに――討議を通して自身の見解を発展させてよりよい合意（意思決定）に向かうという理念を採用するのである。このとき，意思決定はそれ以前のいかなる場合よりも，よりよい決定をめざす途上にある暫定的決定と位置づけられる。またそういう観点に立つ場合にかぎり，多数派の見解をもって全体の見解を代表させるのでは

なく，少数派の利益や見解がつねに配慮されるかたちで暫定的な合意形成がなされる。少数派の見解は，多数派の見解をより豊かにするための無視できない重要な契機とさえ，みなしうるのである。

　では，アイドルグループの「総選挙」の場合はどうであろうか。この場合，そもそも合意や見解の変容という事態が想定できない。むしろ，好みのメンバーがファンごとに絶対的に異なることが前提である。もともと，そうした多様な選好（好み）をそのまま——つまり変化させることなく——代表できるように複数の個人がグループを結成してデビューしているのである。自分の好みの女性像や男性像が討議によって変化する，さらに討議によって他の友人と一致するというのは，やはり奇妙な事態ではないか。

　総選挙，組閣，政権交代という類似の表現が用いられているにもかかわらず，アイドルグループの「総選挙」と現実の選挙はさまざまな点で異なる。しかし，問題はその差異が何に由来するかという点にある。代表制と多数決に関するこれまでの議論から明らかなとおり，それは決定に関しての「代表者による討議と見解（あるいは選好）の変容」という民主主義の根幹にかかわっているのである。

3. 理想＝理念を制度化する

社会契約というアイディア

　これまでの議論において，民主主義の弱点（独裁制への転化）を回避するためには，その基本的な構成要素である代表制と多数決の前提に「討議によるよりよい合意の形成」という理念をおき，かつ——遠さや自明性の感覚を克服して——政治のリアリティを回復させるようなかたちで，民主主義の制度化を実現させる必要があることを確認した。制度の実現を試みる際には，その制度の基本理念——この場合は討議による合意形成という理念——を形にする設計図が必要となる。だが，ここで大事な点は理念と理念の実現可能

性を相対的に区別しておくことだ。たしかに，現実と大きく矛盾する実現不可能な理念は制度化に値しない。しかし，理念を理念として保持し，実行可能な制度化をめざすことは可能である。たとえば，教育の機会均等の立場から高等教育の無償化を理念として掲げたとしよう。100％の無償化を実行できなくとも，理念を生かして奨学金制度をいっそう充実させるというかたちでの制度化は可能である。

　じつは，トーマス・ホッブズ以降の近代政治思想史も，こうした理念を制度化するための設計図作成の歴史といえる。そしてホッブズからロック，ルソーへと続く社会契約説は，そのなかでも現代の政治制度にとってもっとも影響力のある設計図の一つである。日本国憲法における三大原則の一つ，主権在民の原則もこの契約説に由来すると考えられる（他の二つは基本的人権の尊重と平和主義［戦争の放棄］）。以下では，この社会契約説にしたがって設計図の作成を試みよう。

　思想史の観点から見ると，社会契約説は政治的な主権が神によって国王に与えられているとする王権神授説に対し，諸個人の契約によって主権が形成されると主張する立場をさすが，現実の歴史においては，人民主権の観点から制度の設計を行うための設計図として機能してきた（コラム29参照）。ただし，民主主義の基本構想を社会契約に求める際に，注意すべき点は，この社会契約説もまた独裁制を正当化するイデオロギーとして機能しうるということだ。ここでは社会契約説のなかでも，フランスの思想家ジャン＝ジャック・ルソーの契約説を取り上げたい。ルソーを取り上げるのは，その思想がもっともラディカルな人民主権の立場に立ち，一方で（あるいはそうであるがゆえに）フランス革命後の恐怖政治を生み出したと考えられているからである。

　ルソーの契約説の特徴は，先行するホッブズの契約説の問題点を批判するなかで練り上げられた。ホッブズによると，自然状態にある人間は自己保存を実現するためにお互いに戦争状態にある。そうした戦争状態を回避すべく，自分たちの生命財産を守る自己保存の権利（つまり自然権）を契約によって主権者に譲渡し，強力な政府を打ち立てる。王権神授説をもとに制度を設計する場合には，国王には絶対的な権力を行使する権限が与えられる。しか

コラム29：現代の契約論としての正義論──ジョン・ロールズにおける「無知のヴェール」と格差原理

　1971年政治哲学者ジョン・ロールズによって『正義論』が刊行され，再び社会契約説に注目が集まった。その原理が古典的な社会契約説に由来していたのである。契約論的アプローチを理解するうえで大切なのは，前提とされる状況（たとえば契約以前の自然状態）が反事実的な想定のうえに成立しているという点である。契約論者たちは自然状態における社会契約の存在を主張するが，実際に自然状態が存在したか，契約がなされたか，といった問題はじつは重要ではない。むしろ，個別的な事情や事実関係を捨象したある種の反事実的な抽象的次元を想定することにより，個別的・具体的利害を超えて人びとが合意できる社会の構成原理を発見することが目的だからである。ロールズの場合，「原初状態」が想定されるが，そこでは人びとは「無知のヴェール」をかぶっており，自分自身の属性（出自，地位，能力等）に関する情報をもっていないとされる。自分だけが有利となる利己的な行動がとれない場合，人びとは最低限どのようなルールに合意することが可能か，思考実験を行うための舞台設定がなされているのである。実際，われわれがもつどの資質が社会のなかで有利にはたらくかは，人がどの社会に生まれ落ちたかに依存し，原理的には偶然に左右され，資質と利益の間に必然性はない（その意味では原初状態の想定は事実に即している）。ロールズによると，原初状態において人は最悪の事態を回避できる原理を採択するという。ここでは正義に関する二つの原理のうち，有名な格差原理（第二原理）をあげておこう。「第二原理：社会的・経済的な不平等は次の二条件を満たすように編成されなければならない──（a）そうした不平等が最も不遇な人びとの期待便益を最大限に高めること，かつ（b）公正な機会の均等条件のもとで全員に開かれている職務や地位に付随する［ものだけに不平等をとどめるべき］」と。

し，ホッブズ流の社会契約説のもとでは，主権は人びとの契約によって存立するために，制度設計上構成員の「自己保存を保護するかぎり」という王権に対する制約がつけられる。では，ルソーはそうしたホッブズの社会契約をどのように見ているのだろうか。

ルソーの観点からすると，ホッブズ的契約は，権利を譲渡する者（被統治者）と譲渡される者（統治者）との分裂を生み出す。こうした契約は，自分自身の自由意思を制約するものであり，一種の奴隷契約である。実際，政治哲学の世界では，しばしば自然権の譲渡を主張するホッブズの社会契約説は，絶対王政を擁護するものとみなされることもある。それ以上に，読者のなかには気づいた人も多いだろうが，こうした統治者と被統治者との分離を容認した理念を制度化してしまうと，そこから現実の問題として先に論じた代表制による政治の距離化と多数決の形骸化が起こり，シュミットが提唱したような全員一致をめざす拍手喝采への道を開く可能性が生じる。

とすれば，設計図に書きこまれなければならないのは，メンバーの各人が契約を結んで主権を構成し，しかも何人にも服従しないような契約に基づく社会のイメージである。ルソーはそうした契約について次のように述べている。「各人は自己をすべての人に与えて，しかも誰にも自己を与えない。そして，自分が譲り渡すのと同じ権利を受け取らないような，いかなる構成員も存在しないのだから，人は失うすべてのものと同じ価値のものを手に入れ，また所有しているものを保存するためのより多くの力を手に入れる」。そしてそのためには，全員が全員に一致して譲渡契約を結べばよいというのである。ややわかりにくい事態だが，ルソー研究者の川合清隆は土地の所有権を例に説明している。ある人が土地を占有している。そのままでは他者からの侵害を受ける危険性がある。そこでメンバー全員が全員と例外なく譲渡の契約を結ぶ。そのことで元の「占有者」は何も失わずに新たに土地の「所有権者」となり，土地の事実的な所有が可能となる仕組みをつくる。つまり占有という「事実」が，契約を通して所有権という正当性をもつ「権利」のもとで共同的に保護されるのである。

ルソーは全員一致の契約という観点から，イギリスの統治機構を厳しく批

判する。イギリスでは選挙によって統治機構を形成するが、結局は選挙が終了すればそれに服従し自由を失うことになる。事情は現代の日本と類似している。おそらくルソーが生きていたなら、現代の日本の選挙制度を当時ルソーがイギリスに見ていた奴隷契約と同一視したかもしれない。他方でまた、多くの民主主義体制がそうであるように、選挙によって統治機構、つまり政府を設立するということは、事実上多数決の原理を採用するということになる。選挙も多数決の一つとすれば、統治機構はすべて多数決によって形成される。しかし、ルソーは多数決が人びとに受け入れられるためには、論理的には多数決以前に多数決を正当なものとして認めあう約束、つまり全員一致の「最初の約束」がどうしても必要だという。たとえ選挙や代表制によって便宜上、多数決によって政府が設立されるにしても、その前提に全員一致の「最初の約束」がなければ、いかなる統治機構も支配と隷属（統治／被統治）の関係性を生み出してしまうからである。ルソーによれば、少なくとも一度はあらゆる服従関係を失効させるための約束として「全員一致の契約」を締結することで、共通のしかも不可分の主権を樹立する必要があると考えたのである。

価値の共有か、手続きに関する約束か？

　ルソーによれば、この契約によって設立された政治的共同体は、全員に共通する一般意思を表現するもので、共同体のメンバーはこの一般意思に服従すべきだという。しかし、いったん表明された一般意思への全員服従というルソーの主張には、独裁制を正当化する側面がつきまとっている。実際、思想史的に見ると、先のシュミットは指導者に対する拍手喝采をルソーのいう一般意思が具現化したものとみなしているし、歴史的にもルソーの一般意思の理論がジャコバン独裁とその恐怖政治を生み出したとみなされることもある。問題は、この統治者と被統治者の区別を失効させる最初の約束をどのように概念化すれば民主主義の理念（よりよい合意形成）を実現する設計図が描けるのか、という点にある。政治思想史のなかでは、この「最初の約束」の困難を解決するものとして二つの立場がある。

一つは共和主義と呼ばれる立場で，ルソーの思想をそのまま引きついだものである。二つ目は手続き主義と呼ばれるものである。

　前者に関してルソー自身は，市民宗教というアイディアを導入している。これは，ある政治的共同体の公的な領域において排外的な宗教が衰退したのち，成員によって共有されたゆるやかな宗教的価値や儀礼のことである。ルソーがこうした市民宗教なる概念を導入したのは，純然たる契約によって共同体を維持することは難しく，契約に先行して価値の共有が必要だと認識していたためではないかと推測できる（コラム 30 参照）。しかし，各章で繰り返し指摘されてきたように，現代社会は個人化と価値観の多様化が進展する社会である。ここにこそ，制度を設計する方法として民主主義を選択した根拠がある。そうしたなかで価値の共有を求める共和主義を導入すると，設計図に大きな矛盾を抱えこむ。

　共和主義に対するもう一つの考え方が手続き主義である。この立場に立つと，最初の約束として同意されるのは意思決定の方法（手続き）に限定される（手続き主義については，第 11 章のコラム 31 を参照）。民主主義の立場から意思決定に際して，外的な強制のない討議に基づく合意によらねばならない，また討議にあたっては妥当性のある根拠を提示しあわなければならない，等々が最低限の手続きとして約束される必要がある。ただし合意と決定に先行する歴史的・伝統的な価値観や宗教的な価値意識の共有を前提にしてはならない，という点に手続き主義のポイントがある。こうした討議の対象とならない実体的な価値は，価値の多元化が進んだ社会においては，それを共有しない人びとにとっては強制として作用することがありうるからである。

　しかし，こうした手続き主義的な立場に対して，共和主義の立場からは，合意のための形式的な手続きは，共同体としてのつながりや連帯を保証するものではないという批判が向けられる。また，共同体としての意思決定は，一定の価値観の共有によって可能になるし，意思決定の遵守も共有価値の存在によって担保されるという。こうした共和主義の立場からの批判に手続き主義は何らかの答えを出す必要がある。本書の最終的な立場は，第 12 章において具体的に示されるが，本章ではそのための補助線として，「共通価値

コラム30：価値の共有と市民宗教
——ルソーとベラーの市民宗教

　ルソーは宗教を四つに分類している。一つめは「人間の宗教」と呼ばれるもので，主としてキリスト教的な純粋な福音信仰を意味する。二つめは「市民の宗教」で，公的領域としての政治的共同体全体を支配する神政政治がイメージされている。この宗教は共同体外の成員に対しては不寛容である。三つめの宗教は「聖職者の宗教」であり，共同体を世俗的領域と宗教的領域に分断し，後者にしかかかわらない。これら三つの宗教に対置されるのが「市民宗教」である。市民宗教は神の存在や死後の世界に対する信仰を意味するが，特定の教派・教義ではなく成員に強制しないという寛容性をもつ。ただし，信仰を共有しないものを「非社交的な人間」として共同体から追放できる。ルソーは，社会契約の共同体全体がこうした比較的寛容性の高い市民宗教によって神聖化されることを期待していたのである。社会学者のロバート・ベラーは，市民宗教概念をアメリカ社会に応用し，そこには自由とその拡大をめざすというキリスト教的な価値に由来する市民宗教が存在していること，それが政治文化に大きな影響を及ぼしていることを明らかにした。アメリカの大統領が就任式で聖書の上に手を乗せて宣誓を行う映像を見たことはないだろうか。これは，アメリカの政治制度のなかで，もちろん特定の宗派に特化されるわけではないが，ゆるやかなキリスト教的な宗教的価値が重要な意味を帯び，アメリカ国民の間で広く受け入れられていることを意味している。日本では，戦前の国家神道が市民宗教の一つと見られる場合があるものの，国家神道は戦争遂行と植民地政策を正当化するイデオロギーとして機能した（国家と宗教的価値の関係については第12章参照）。元来，市民宗教は他の宗教形態と比較し，寛容性が高いと定義されているが，戦争中の日本や9.11直後のアメリカのように，ナショナリズムと結合しやすい特徴をもつ点に留意する必要がある。

を共有する一元的な統合型社会」から「社会問題を共有する多元的協働社会」へと社会のイメージ転換をはかることを提案しておきたい。

約束以前のもの

　第一に，討議をより有効なものとし，さらには討議や決定そのものの実効性を担保するためには，価値の共有は十分条件であるが，けっして必要条件ではない。民主主義の観点からいうと，価値の共有は，合意がなされた結果として受容されるものである。むしろ，成員の間で共有されねばならないのは，現実の社会が抱え，解決すべき問題およびその背景である（たとえば少子高齢化，いじめ，貧困・差別，環境破壊などがあげられよう）。第二に，そのためにはわれわれ自身の社会のイメージを「共通価値を共有する一元的な統合型社会」から「社会問題を共有する多元的協働社会」へと転換させる必要がある。価値の共有を前提とする共同体では，かならず多数派の価値が少数派の価値を排除するという構図が浮かび上がる。それに対して問題状況を共有する共同体では排除は起こりにくく，協働による問題解決に向かう可能性がひらかれる。第三に，そうした協働型の社会イメージを日常的に共有することができれば，社会問題の解決，利害や見解の調整を行う政治の必要性が日常生活のレベルでリアリティをもつ。手続き主義は，手続きの形骸化や政治のマンネリ化を生みやすいが，協働型社会において日常的な問題解決の必要性が強く認識されればされるほど，手続きや政治そのものの重要性に対する認識も高まる。政治や手続きの重要性の認識は，日常生活における問題解決の重要性の認識に依存しているからである。

　もちろん，協働型社会の実現やその前提となる問題の共有は複雑化した現代社会において困難であることはまちがいない。しかし価値多元社会における価値の共有の困難さは，問題共有の困難さを上回り，その弊害も大きい。最後に問題の共有をより容易にするために，ドイツの社会哲学者アクセル・ホネットの先行承認という考え方を紹介しておきたい。問題を共有しようとする際にもっとも大きな障害となるものが，問題を抱えている人びとに対す

るわれわれの感情的な反発である。ホネットは反発という評価的態度をとる前に、われわれが反発を感じる人びとの感情世界に寄り添ってしまっているメカニズムを解明している。

　ホネットはそれを「認識に対する承認の優位」というテーゼとして定式化し、他者の認識には他者の存在の承認（一種の共感的理解）が先行することを明らかにしている。ホネットは、この事態を説明するために「私は君が苦痛を感じているのを知っている」という言明に注目する。それによると、自己が他の主体の感情を「認識」する以前に、他者の感情世界に実存的に巻きこまれてしまっているという。つまり、苦痛を感じる他者の感情世界への自己同一化がなければ、「（苦痛を感じていることを）知っている」という認識は成立しないのである。もちろん、他者と同じ程度と種類の痛みを感じるわけではない。あくまで、他者の感情経験に反応＝応答し、いったんそこに身をおくという意味での共感的理解である。

　そしてその共感的理解は、他者の苦痛に対する評価的態度にも先行している。近年、自己責任の名のもとに貧困や差別に苦しむ人びとに反発を感じ、排除する傾向が進んでいる。われわれは他者の苦痛を「自己責任」として切り捨てることも可能だし、逆に「連帯」して支援することも可能である。しかし、そうした評価的態度をとる以前に、他者が感じる苦痛に反応＝応答してしまっているのである。この場合、われわれは他者の快楽ではなく、まさに「苦痛」の経験に巻きこまれ身をおく、それからそうした苦痛を生活保護受給権の行使によって取り除くべきか、国への寄生と見て自己責任の観点から放置すべきか、いずれかの評価的態度をとっているのである。他者の感情に反発するその一歩手前で、われわれは他者の感情経験に身をおいているのである。手続き、すなわち「最初の約束」以前には、そうした他者に対する不可避的な応答関係が存在しているのである。

参考文献

宇野重規責任編集『政治の発見④つながる──社会的紐帯と政治学』風行社、2010年

川合清隆『ルソーとジュネーヴ共和国──人民主権論の成立』名古屋大学出版会、2007年

シュミット、カール『現代議会主義の精神史的地位』（服部平治・宮本盛太郎訳）社会思想社、1972年（原著1922年）

シュミット, カール『政治的ロマン主義』(橋川文三訳) 未來社, 1982 年 (原著 1919 年)
シュミット, カール『合法性と正当性』(田中浩・原田武雄訳) 未來社, 1983 年 (原著 1932 年)
田村哲樹責任編集『政治の発見⑤語る──熟議／対話の政治学』風行社, 2010 年
フロム, エーリッヒ『自由からの逃走』(日高六郎訳) 東京創元社, 1951 年 (原著 1941 年)
ベラー, R. N.『社会変革と宗教倫理』(河合秀和訳) 未來社, 1973 年
ホネット, アクセル『正義の他者──実践哲学論集』(加藤泰史・日暮雅夫ほか訳) 法政大学出版局, 2005 年 (原著 2000 年)
ホネット, アクセル『物象化──承認論からのアプローチ』(辰巳伸知・宮本真也訳) 法政大学出版局, 2011 年 (原著 2005 年)
ルソー, J. ジャック『社会契約論』(桑原武夫・前川貞次郎訳) 岩波文庫, 1954 年 (原著 1762 年)
ロールズ, ジョン『正義論 改訂版』(川本隆史・福間聡・神島裕子訳) 紀伊國屋書店, 2010 年 (原著改訂版 1999 年, 原著旧版 1971 年)

(出口剛司)

第 11 章

公共空間をつくりだす

―― 公共圏とコミュニケーション

1. インターネットは民主主義の敵か

過激になるネット上の討議

　日本やアメリカでインターネットが本格的に普及しだしたのは 1990 年代半ばである。いまではすっかり一般的なものになったが，当時は世界中に向けて誰もが情報発信できるメディア，マス・メディアのように一方向的ではない双方向性を備えたメディアとして歓迎され，これによって市民の政治プロセスへの参加がうながされ，民主的な世界が実現するのではないか，と期待された。

　しかししだいに明らかになってきたのは，多くの人びとが予想しなかったようなスパムメールの氾濫，架空請求・不当請求・フィッシング詐欺のような犯罪や反社会的行為，匿名であることを逆手にとった個人情報の漏洩，犯行予告（ときには実行された），なりすまし，誹謗中傷，炎上といった，むしろ困った使い方の数々であり，民主的な意思決定とは相いれないさまざまな情報行動である。アメリカの憲法学者のキャス・サンスティーンが，インターネットはむしろ民主主義を脅かすものになりかねないと警告したのは 2001 年であった（サンスティーン，2003 年［2001 年］）。その理由は二つある。

　第一に，「見たいものしか見ない」という振る舞いは，人びとの共通の関心を堀り崩す危険性をはらんでいる。新聞やテレビのニュースであれば，一面やトップで大きく扱われるニュースは，それだけ重大な事件であるとか，社会にとって影響が大きいとメディアが判断したものになるので，たとえス

ポーツニュースにしか興味のない人であってもそれを目にしたり，偶然ふれたりすることになる。しかしインターネットのニュースはユーザーが好きなようにカスタマイズすることが可能であり，最初からスポーツ関連のニュースのみを表示するように設定することができるので，難しい政治や経済のニュースは一切目にしない，ということもありうる。この傾向が進行して，人びとの共通の関心事項が掘り崩され，公的な事項に対する無関心がわれわれの社会を覆(おお)ってしまうことになれば，民主主義にとっては由々しき事態である。

　もう一つは，ネット上での討議が過激な方向に向かいやすい，という問題である。しばしば匿名で行われるネット上での討議は，普段は人に明かさないような本音を開示できる場でもあるが，それだけに先入観や偏見，悪意があからさまに表明され，「荒れた」状況になりやすい。集団での討議がいったん極端な方向に向かいだすと止められなくなるという集団分極化傾向は以前から指摘されていたことであるが，ネット上の議論ではその傾向が強くなり，サンスティーンがサイバー・カスケードと呼ぶような同調圧力に満ちた空間ができあがってしまう。インターネット上の掲示板などは，もともと似たような意見のもち主しか集まらない傾向があるので，反対意見をもっている人ははじめからそのような空間には参加しないのである。かくして，政治的に人びとの意見が対立しているような問題では，自分たちの考えの正しさを相互に支持しあう集団が，対立するグループを互いに貶(おとし)めて見下すという不毛な対立が続くことになる。

　この章では，第10章に続けて，民主主義という仕組みの中核にある，討議（議論・討論）というものの意味についてあらためて考えたい。そもそもなぜ討議が必要なのか，あるいは，どのような討議であればよい討議といえるのか。

2. 討議することはなぜ重要か
——公共圏の登場と変質

公共圏とは何か

　このことを考えるために，すでに何度か登場しているドイツの社会学者ハーバーマスの議論を参照してみよう。ハーバーマスは，言葉を用いて「誰かに／何かを／言う（伝える）」行為を「コミュニケーション的行為」と呼んで，他の行為と区別している。彼はここで，コミュニケーションを，人びとの間に共通の意味的世界をつくりだすような何ものかとして考えている。もちろん，コミュニケーションにはほかにもいろいろな水準（感情的な交流の面や，圧力をかけたり操作したりといった力関係の局面，相互に自己アピールする空間という面など）を見出すことできるので，これだけでコミュニケーションのすべてを論じられるわけではないけれども，われわれが行っているコミュニケーションにはたしかに共通の世界をつくりだすという役割があって，これはあらゆる社会にとって重要な機能であると考えられる。政治のプロセスである集合的意思決定はまさに共通の意味世界を前提にしてはじめて成り立つものにほかならず，ハーバーマスの理論は集合的意思決定を照らしだすものといえる。人びとの意見の対立を調整して集合的意思決定をどうしても行わなければならないとしたら，できるだけその決定を合理的で，かつ，道理にかなったものにするように模索しなければならない。

　『公共性の構造転換』（1994年［1962年］）という著作においてハーバーマスが注目した公共圏（Öffetntlichkeit/public sphere）という考え方は，こうした文脈で考えられたものだ。彼がとくに注目した「市民的公共圏」は，17～18世紀のイギリス・フランス・ドイツ（当時はまだ統一された「ドイツ」という国家はなかったけれども）などのヨーロッパ諸国で成立したとされる。たとえば，17～18世紀にかけて，ロンドンではコーヒーハウス（喫茶店）が流行し，最盛期には2000～3000軒の店が営業していたというが，ここにやってきた客同士の間では活発な情報交換や討議が行われた。こうした討議には誰が参

加してもよく，また，討議の勝敗は社会的身分の上下にかかわらず説得力だけをもって決するというルールが自然発生的に成立していた。こうした自然発生的な人びとの討議の空間を，彼は公共圏と呼んだのである。当初，コーヒーハウスなどの討議の場で人びとが論じていた内容は，芸術作品の善し悪しについてであり，そこに集った人びとは作品の読者・聴衆・観客として討議に参加していたのだが，しだいに政治的な事件や政策をめぐる討議に変わり，公共圏は政治的な機能を果たすようになってくる。このことを彼は，「文芸的公共圏」から「政治的公共圏」への変化としてとらえた。

ここでわれわれが注目したいのは，「公論（öffentliche Meinung）」というものの意味である。これ以前には，一般市民の意見は「信用できないもの」「信頼するに値しない素人の考え」，という否定的な意味で扱われるものであったが，公共圏が成立してくるにつれて，そこで成立する公論は，「多くの人に認められることでその価値を保証されたもの」「理性的な審判を経たもの」，という積極的な意味を獲得していくのである。ハーバーマスは，プロイセンのフリードリヒ2世が1784年に出した次の勅令を引用している。

> 私人は，君主や宮廷やその国吏，官僚，判廷の行動，手続き，法律，措置，指令などについて，公然たる判断，まして非難にわたる判断を下したり，これらについて入手した報告を公知させ，あるいは印刷によって流布させたりする資格はない。私人には事態や事由についての完全な知識が欠けているから，彼らにはこれらを批判する資格も全くないのである（ハーバーマス，1994年［1962年］：37頁）。

われわれはここで，プロイセンの宮廷が市民の意見を抑えこもうとしていたことと同時に，市民が宮廷に対して批判的なまなざしを向け，それを「意見」として公共圏のなかで表明していたことを読みとることができよう。そうでなかったら，わざわざこのような勅命を出す理由がない。この文脈では，公論はたんなる私的な利害の主張以上の普遍的なものを表している，と受けとめられている。

公論の妥当性を保証する条件

　このとき，公論の妥当性が保証されていると考えられた理由は，討論した結果導き出された結論の正しさというよりは，討論のやり方にほどこされた工夫（手続きといってもよい）である。私人たちの間の討論は，ある特定のやり方で行われたので（少なくとも建前としてはそのように信じられていたので），人びとはそこから出てきた公論には，ある程度の正しさが保証されると考えたのである。

　第一に，公共圏においては参加者の社会的地位は人びとの判断から排除されることになっていた。どんなに身分が高い人でも，あるいは逆に，どんなに素性が怪しい者でも，公共圏のなかでは対等なメンバーとみなされた。討議の空間は平等な空間として組織されなければならない，という規範意識がそこには見られる。公共圏においては，身分にかかわらず誰が話してもよく，その意見は説得力という判断基準のみに即して尊重されるべきだと考えられた。

　第二に，話題を限定しないことが奨励（しょうれい）された。言い換えれば，公共圏は何でも批判できる空間として認識されたのである。公式の解釈に対する批判が試みられ，権威の無効化がなされた。これには文化・芸術作品の市場化という事情もある。芸術作品はもはや一部のパトロンのものではなく，素人公衆がその善し悪しを判断する時代になったのである。批判の目は当然政治的権威にもおよび，フランスではフランス革命を準備する思想を生み出すにいたった。

　第三に，公共圏には誰でも参加できるものという了解が人びとの間に共有されていた。参加者たちは，自分たちがすべてではなく，より大きな公衆の一部なのだ，という自己理解をもっていた。それゆえ，新規に議論に参入して意見を述べようという人には扉がひらかれていたのである。逆にいうと，特定の人びと（貧民，労働者，外国人，女性……等々）を排除して得られた合意は，真の合意ではないとみなされることになる。

　こうした条件があったからこそ，そこから出てきた公論には一定の権威が

あると考えられていたのである。たとえこれが当時のブルジョアジーにおける自己理解，それゆえフィクションにすぎなかったとしても，一定の意味があったとハーバーマスは考えている。公共圏の概念には，民主主義という制度を支える理念的な価値を見出すことができるからである。これには，次の二つの意味がある。第一に，独裁者や一部の専門家がエリート主義的に「真理」を決定するよりも，公的な議論での批判にさらされた公論のほうが，より真理に近いはずであり，重要なのは批判に対してひらかれていることである，という可謬主義（いかなる見解も絶対的に正しいものではなく，誤っている可能性があるとする立場）の理念が表明されていること。第二に，自分たちのことは自分たちで決める，という自己決定の理念が組みこまれていること。公共圏への参加を通じて，人びとは公論の形成に，ひいては集合的意思決定にかかわることになるのである。

こうした理由から，西ヨーロッパを中心に「公共圏の制度化」と呼ばれる政治的な参加の仕組みが徐々に整えられていく。もちろん，集合的な意思決定に参加できる人びとは最初は少数であったが，しだいにその範囲を広げ，一般の国民が性別や財産にかかわらず参加する権利を得てくるのである。

公共圏の成立と構造転換

ハーバーマスによると，西ヨーロッパ近代に一時的に成立していたと思われる市民的公共圏は，19世紀後半から「構造転換」してしまい，その政治的機能を喪失したとされる。その理由はいくつも指摘されているけれども，われわれの文脈から重要なものを二つあげておこう。

一つは，新聞・広告などのメディアの発達を背景に，「公衆」の範囲が拡大し，それまで公共圏から実質的に排除されていた多様な人びとが政治の舞台に登場したこと。このため，広範な利害対立が激化し，それまでのような合意形成が期待できなくなってしまった。このことは，誰でも参加できるはずの公共圏に，多数の人びとが参加してみたら機能不全に陥ったことになるので，前述したように，そもそも公共圏の理念自体がイデオロギー（虚偽意識）

だったのではないか，という疑いを抱かせることになった。「街頭の圧力」で自分たちの支持する法案や政策を通そうとする政治プロセスもたしかに民主主義の一部分ではあり，かならずしもただちに否定すべきものとはいえないけれども，人びとが理性的に議論する空間としての公共圏モデルが適用できるものではなくなってくる。

　もう一つは，制度化された公共圏を利用する主体が登場したことである。「制度化された公共圏」である議会で多数の賛同を得られれば，「理性的な審判を経たもの」とみなされることから，公衆はむしろ圧力団体と政党からの宣伝の目標にされてしまい，与えられた選択肢のなかから特定のものを支持するだけの役割しか期待されないようになる。広報活動による意見形成・世論操作が公然となされるようになると，公共圏はかつて果たしていたような政治的な役割をもはや十全には果たしえない。人びとの声を反映させる制度的な仕組みをいろいろ整備してきたのだが，その制度が形骸化し，当初想定したようには活用されなくなってしまったのである。

　2011年の福島第一原発事故をきっかけにして日本中の原発がストップした際，運転再開や増設工事をめぐるプロセスにおいて，電力事業者などの関係団体が，公開ヒアリングや意見聴取の機会を利用して世論を操作しようとしていたことが明るみに出て批判されたが，こうした事例には，まさにハーバーマスが『公共性の構造転換』において批判した図式が，グロテスクなまでにぴったりとあてはまる。いくら民主的な仕組みをつくったとしても，運用の仕方によっては目的と正反対の結果になることをわれわれは注視する必要があろう。

3. 理念がもつ現実的機能

コミュニケーションの合理性

　さまざまな限界はあるけれども，やはり民主主義の理念を捨てるわけには

いかない。そもそもハーバーマスの研究にしても，公共圏の理念を実現すべき何ものかとして考えているからこそ，これを人びとに発信し，理想的な姿と対比させて現実の政治プロセスを批判することが意味をもつのである。

　前述したコミュニケーション的行為とは，了解をめざして言語を用いる行為をさしているが，その場合，話し手は，何らかの意味で自らの発言の妥当性を同時に主張し（妥当［性］要求），これに対して聞き手は「イエス／ノー」の態度決定を求められる。通常そのように意識することはあまりないだろうが，「今日は暑いね」とか，「昨日の映画はおもしろかった」といった発言でも，話し手は自らの判断の妥当性を聞き手が受け入れることを同時に求めていることになる。判断を求められたほうの聞き手は，原理的にはいつでもノーといいうるチャンスを与えられる。そもそも，話し手が一方的に何かを判断できるのであれば，わざわざ聞き手に同意を求める必要がないのである。仮に相手の発言にノーといいにくいとしたら，それは話し手と聞き手との間に何らかの権力関係が成立しているとか，対等な関係ではないことを意味するのかもしれない。ともあれ通常のケースでは，相互の了解を積み重ねていくことによって共通の意味的世界をつくりだしている，というのがハーバーマスの主張である（ハーバーマス，1985〜87年［1981年］）。

　とはいえ，私たちの日常生活において，何の気兼ねもなく相手の発言に対してノーといいうる瞬間はそれほど多くないかもしれない。授業中に教師が「質問はありますか」と問いかけても，学生がわかったふりをすることは頻繁にあるし，友人が新しい洋服を着てきたり髪形を変えたりしたときには「似合っている」とか「カッコイイね」などと（たとえ本心とは違っていても）いうものだ。なるほど「真の了解」や「真の合意」などというものは，理念としてはありうるかもしれないが，現実には滅多に成立しえない，ということを私たちは知っている。にもかかわらず，誰かに／何かを／いう（伝える）というコミュニケーション的行為の場合は，やはり言葉の真の意味での合意や了解をめざしている，とハーバーマスは主張している。たしかに私たちは「真の合意」と「偽りの合意」を区別することができるのであり，誰かとコミュニケーションに入るときには，めざすべき目的地としての理想的な合意の理

コラム 31：人の好みは説明できないか——ハーバーマス『コミュニケイション的行為の理論』

"There is no accounting for tastes."「蓼喰う虫も好き好き」という英語の諺を受験勉強のなかで覚えた人も多いのではないだろうか。もともとの英文は「人の好みというものは説明できない」という意味で，趣味や好みといったものは人によって感じ方が異なるのだから，合理的に説明できるものではない，という意味で用いられる。本文でも登場したハーバーマスの『コミュニケイション的行為の理論』には，こうした一般的な見方と真っ向から対立する見解が登場する。人の好みは，多くの場合は理由を示すことができる，というのである。

ハーバーマス自身があげている例を使えば，ある人が理由を示さないままに川底の泥をほしがったりすれば，おかしなことであろう。しかし，たとえば，その泥によって水の匂いや自然の豊かさを感じたい，という理由を示せばどうだろうか。このように理由を示されると，一見理解不能な欲求でも（共感はできないとしても）理解はできるのではないだろうか。

諺に反して，われわれは通常他人の感じ方や好みであっても理解可能だと思っている。犯人の動機が理解不能な（と思われる）犯罪が報道された場合に，落ち着かなくなるのはそのせいである。お金がほしいとか，恨みを抱いている相手を苦しめたい，といった通常の犯罪であれば，被害者に同情したり犯人を憎んだりすることはあるけれども，このような不安な気持ちにはならないものである。

妥当（性）要求（Geltungsanspruch）という言葉で示されるように，誰かに何かをいうとき，通常の場合，私たちは相手が自分の発言を受け入れてくれることを期待している。価値の多様性が指摘され，人びとの考えていることは容易に一致しないことは知られているけれども，われわれのコミュニケーションは共通の意味的世界をつくりだしていこうとするメカニズムを構造的に備えているのである。

念を知っているはずである（コラム 31 参照）。

　その意味で，コミュニケーションの合理性を問題にすることが可能である。「コミュニケーションの合理性」とは奇妙に響くかもしれないが，たとえば，議論のなかで意見が対立した場合に，ていねいに理由を説明して相手を説得しようとする態度と，「上司だから」とか「教授だから」といった権威や権力をもちだして相手に受け入れを強制する態度を考えれば，前者の態度のほうを「合理的」と呼びうるであろう（ある意味では，後者の態度を「合理的」ということも可能であるが，そこで達成された「了解」は真の了解とはいえないだろう）。

　このように考えると，批判可能性をいかに大きくするか，という観点から社会の発展を考えることができる。人類の歴史は，批判可能性を社会の仕組みとして組みこんできた歴史と見ることもできる。たとえば，学術論文の世界では，研究者は互いに論文を公開して世界中の研究者に批判的に検討してもらおうとする。研究に用いた実験・調査の方法や得られたデータを明記し，推論のプロセスに誤りがないかどうかをなるべく公開することで，相互の批判を可能にし，誤った仮説を棄却していくのである。したがって，いまわれわれが「正しい」と思っている科学の知識は，永遠不滅の真理というよりは「いまのところ有力な仮説」と考えるべきで，将来的にはさらに説明力のある仮説に取って代わられるかもしれないような何ものかである。こうした仕組みは科学の歴史のなかで徐々に形成されてきたもので，はじめからそのように考えられていたのではない。真理とされた公式の「理論」に対する懐疑や批判を許さない時代もあったことをわれわれは知っている。

　民主主義が望ましいのは，それが批判可能性をなるべく大きくとる態勢だからでもある。より平等な社会保障の制度はどのようなものか，望ましいエネルギー政策はどのようなものか，正義を実現する法のあり方はどうあるべきか，といったさまざまな問題に関する意見を互いに主張し，批判可能性を最大限生かそうとするものである。それは市民に負担を強いるものでもあり，これまで論じられてきたようなさまざまな問題を抱えていることもわかっているが，民主主義よりも望ましい制度はいまのところ見当たらないのである。

熟議デモクラシーにおける討議の意義

　とはいえ，民主主義の考え方のなかにもさまざまなものがある。近年，英語圏を中心に熟議（討議）デモクラシー（deliberative democracy）としてさかんに論じられている政治思想は，とくに討議の部分を強調したものだ。それは，個人や集団の選好や利害を所与のものとして，その計測と集計を行う世論調査的な方法に対する違和感を共有している。人びとはどんな決定を望むのか，どのような選択肢を選ぶのか，といった選好や利害は，むしろ社会や政治のプロセスのなかでつくられ，それゆえ，コミュニケーションのなかで他者の影響を受けて変化するような何ものかとしてとらえられる。そのうえで，公共の問題をめぐって人びとが討議を交わすことで，さまざまなメリットが得られる，とするものである。討議が果たす意義について，法学者の平井亮輔（2004年）は次のように整理している。

　第一に，討議を経ることで，結論の妥当性や正当性が保証される。討議が十全に機能した場合，多数の人びとの目でチェックされ，人びとは説得されたり考えを改めたりすることが起こりうる。その結果，私的な利害が排除され，それゆえ結論はより普遍的なものとなることが期待できるし，より説得力のある論拠をともなっているはずである。当初気づかれなかったような見落としや副次的影響などが多方面から指摘されれば，それだけ周到な政策や法が採用されることになる。これは，強力なリーダーシップの名のもとに一方的な決定を下したり，世論調査のようなかたちで私的な選択を集計した場合には得られない効果である。

　第二に，さまざまな見方を学習する機会が与えられる。結論にいたるまでのプロセスにおいて，多様な立場からの利害が開陳され，さまざまな価値観が表明されることは社会の学習プロセスとして望ましいものである。もちろん，参加者が他者から学ぶ姿勢をもっていることが前提ではあるが，知らないことを互いに学び，人びとの視野が広がる可能性があり，たとえ結論を出すまでにいたらない場合であっても，討議それ自体が価値のあるものとなる。

　第三に，決定に参加することそれ自体の意味として，参加したことによる

共同体感覚や連帯感の形成が期待できる。たとえ討議の結果たまたま少数派になったとしても，討議のプロセスに参加したという事実は，結果に対する責任と義務を生じさせるのである。

4. ミニ・パブリックスの可能性
―― 討論を機能させる仕組み

理想と現実の間で

　ハーバーマスの理論にせよ熟議デモクラシーの議論にせよ，どこか理想主義的で空虚な主張のように思われるかもしれないが，討議を通じたよりよい決定をもう一度取り戻そうとするさまざまな動きがあることに，われわれは注目しなければならない。政治学者の篠原一は「ミニ・パブリックス」を用いたさまざまな実験的な試みを熟議（討議）デモクラシーを現実化するものとしてまとめている（篠原編, 2012 年）。たとえば, 討議型世論調査 (Deliberative Polling : DP), コンセンサス会議, 計画細胞会議, 市民陪審といった，討議のメリットを活かすためのさまざまな工夫がなされている。専門家ではない素人の討議を重視するのは，利害関係者を排除することで逆にそこで行われる討議の中立性・公平性を確保し，ひいてはそれが自分たちのことは自分たちで決めるというデモクラシーの理念につながるという確信があるからである。

　「市民陪審」という名前が示しているように，ミニ・パブリックスの試みは司法における陪審制度や裁判員制度をモデルにして考えれば理解しやすいと思われる。たしかに素人が討議するのであるが，裁判員が専門家である判事の助けを借りながら討議するように，専門家の意見を参考にしながら，参加者が討議のプロセスにおいて見出していく結論は，それなりに公正で合理性を含んでいると考えられている。

なかでも，アメリカの政治学者ジェイムズ・フィシュキンが提唱しているDPは，将来のエネルギー政策を考えるという目的のために2012年に当時の日本政府が採用した経緯もあり，日本でもしだいに知られてきている（コラム32参照）。フィシュキンは，「制度化された公共圏」である代表民主制において熟慮された世論が形成されにくい理由として，次のような問題点を指摘している。
　第一に，合理的無知の問題。代表民主制の構造からいって，選挙のときに自分の投じた票は何万票，場合によっては何十万票のうちの1票にすぎず，それが結果を左右することはありえないことを人びとは知っている。だとしたら政治参加にコストをかけることは割に合わないと考えることは合理的である。いくらインターネットが発達してさまざまな情報を簡単に得られるようになったとしても，それだけの時間と労力を政治的な争点に向けるように人びとを説得するのは困難である。
　第二に，非態度と呼ばれる問題。これは，政策について明確な意見をもっていないにもかかわらず，世論調査などではもっているかのように回答するという問題である。ふだん社会保障の問題や景気対策などについて考えたことがない人でも，アンケートの選択肢を選ぶ際に「知らない」とか「関心がない」と答えることは避ける傾向があるが，よく考えたうえでの回答なのかそうでないのかを区別する方法はない。
　第三に，この章のはじめでも述べた集団分極化の問題がある。人びとは誰かと政治的な話題について議論するとしても，似たような社会的背景をもつ似たような意見のもち主同士でしか行わない。あらかじめ意見が対立することがわかっている人とは，むしろあたり障りのない話題しか取り上げないで，政治的な話題は避けるものである。上述したように，インターネット上ではこうした傾向はむしろ強化される。
　第四に，確かな知識に基づかない世論は，それゆえ不安定で操作されやすい。フィシュキンは大統領選挙のキャンペーンなどいくつかの実例をあげているが，明らかな虚偽の情報を流さないとしても，人びとに思い違いを起こさせるいろいろな広報戦略が発達している。とくに選挙の際には莫大な費用

コラム32：日本でも行われた原発をめぐるDP

日本でも将来のエネルギー政策をめぐって2012年夏に討論型世論調査（DP）が行われたことは記憶に新しい（当時は民主党・野田政権であった）。これは，①7月7日から22日にかけて無作為に選ばれた6849人を対象に実施した世論調査，②うち285人が参加した討論会（8月4日から2日間実施），③討論会の前と後に行われた調査，からなるものである。このときは，2030年時点での原発依存度を0％・15％・20〜25％の三つのシナリオから選ぶかた

討論型世論調査の参加者が支持する各選択肢の構成比

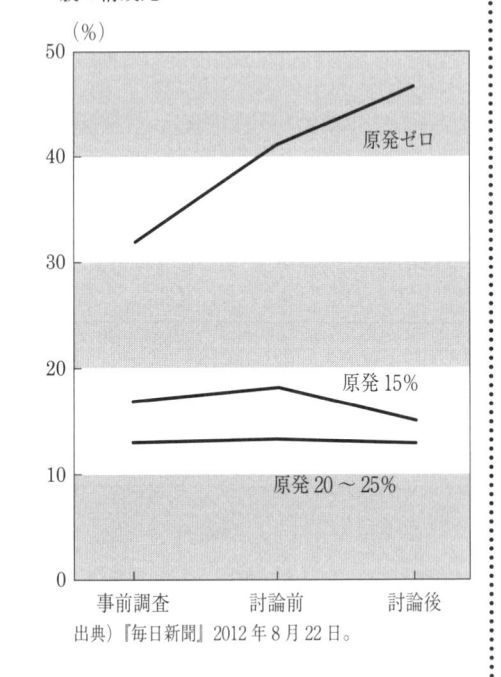

（グラフ：原発ゼロは事前調査32％、討論前41％、討論後46％台へ上昇。原発15％は17％前後で推移し微減。原発20〜25％は13％前後でほぼ横ばい。）

出典）『毎日新聞』2012年8月22日。

ちで調査と討論が行われたが，討論を通じて0％を支持する回答が増えていったという（事前調査で32.6％，討論前で41.1％，討論後は46.7％）。15％を支持する回答は微減，20〜25％を支持する回答はほぼ同率で推移した。また，原発比率の判断材料として「安全の確保」をもっとも重視すると答えた比率は調査を通じて一貫して上昇したという（『毎日新聞』2012年8月22日，日本経済新聞［同］など）。

このときは，本文でも言及したフィシュキンを委員長とする監修委員会が，理性的な討論を実現するためにいくつかの工夫を施している。たとえば，「社会の縮図」であるミニ・パブリックスを実現するために，無作為抽出によって対象者を選び出すだけでなく，全国の市民に参加してもらえ

> るように，交通費・宿泊費・日当も支払われており，相当のコストがかかっている。原発をめぐるエネルギー政策関連の公聴会やヒアリングにおいては，利害関係者による世論操作が疑われる事件が頻発したこともあり，この点は注目すべきであろう。
>   その後の政権交代によってこのときの DP の結果が政策に活かされる可能性は低くなってしまったけれども，DP を含めたミニ・パブリックスの活動が今後も広がりを見せる可能性はある。

が広告に費やされるため，世論は操作される危険性が高いという。このような状況では，世論調査を行ったとしても結果は調査のたびに変動して安定せず，討議を行ったとしても理性的な意見の交換など望むべくもない。選挙は行われるけれども，そこで結果として示されるのは人びとの理性的な選択の結果というよりは，さまざまなキャンペーンや情報操作からなる広報戦略の成否としか受けとられない可能性がある。

ミニ・パブリックスが示す可能性

　フィシュキンが提唱している DP という特殊な世論調査は，こうした問題に対処するために考案されたものである。これは無作為抽出によって選ばれた 1000〜3000 人程度の対象者のなかから 300 人程度の討議グループをさらに選び出して，数か月かけた討論をしてもらい（実際に顔を合わせての討議は 2 泊 3 日程度），討議の前と後にアンケート調査を行う，というものである。参加者の抽出は偏りをなるべくなくすように工夫されており，ある程度の報酬も用意して参加バイアスを避けるように考えてある。また，参加者たちはそのテーマに関しては素人なので，専門家にさまざまな疑問をぶつけて回答を得るというかたちで，時間をかけた学習と討議を行うことが期待されている。参加者たちは 10〜15 名程度のグループに分かれてあらかじめ定められたサブテーマごとにグループ討議を行い，そこで出された疑問を全体会議で専門家にぶつけることを何度か繰り返すことになっている。このプロセス

を通じて，参加者はあるテーマについて学習し，疑問を出しあい，専門家の話を聞き，他者の考えを聞き，また自らの考えを述べることになる。小グループのなかでは一人ひとりの貢献度が目に見えることから，合理的無知や非態度の問題も解消し，結果として得られる意見の脆弱(ぜいじゃく)さも克服されるという。

討議に参加する一般の市民と専門家には，異なる役割が割り当てられている点は注意が必要である。たとえば，原発問題について話しあうような場合には，原子力について研究している核物理学や放射線の専門家はもちろん，長い間反原発運動に携わってきたような活動家や，電力行政の内情に詳しい利害関係者は，このプロセスには「専門家」としてのみかかわり，討議そのものには参加しない。討議に参加する人びとは，いわば裁判にかかわる裁判員のようなかたちで，中立的で普遍的な判断を行うことが期待されているのである。

坂野達郎の解説によれば，DP は 1994 年イギリスで犯罪をテーマとして行われたのが最初であるが，すでに日本を含む 16 か国で 45 回以上実施されており，そのテーマも，教育，エネルギー，環境，少数民族，外交，公共事業計画，選挙候補者の選定など多岐にわたっている（坂野，2012 年）。そして多くの場合，参加者は討議に参加することで当該テーマに関する知識を増やし，意見を変えていることがわかっている。しかも，個別集落の利益ではなく村全体の利益を重視するようになったり，環境保全を目的とした電力料金の値上げに賛成する割合が増えるなど，特殊な利益よりも一般的な利益を支持する方向に変化している。また，DP 終了後の追跡調査によれば，DP を経たあとの態度は容易には変化せず，脆弱性が克服されたとみなすことができるという。

ハーバーマスの想定では，公共圏に誰でも参加できることが正当性の根拠であったが，本書の著者の 1 人である鈴木宗徳も指摘しているように，むしろ参加資格を制限することによるメリットもあることを認めるべきであろう（鈴木，2012 年）。討議の内容をある程度コントロールするために，無作為抽出によって参加者の中立性に配慮しつつ，人数を制限することで動機づけを確保し，専門家からの知識の供与によって学習機会を与えるという工夫は道

コラム 33：アーキテクチャによる制御

　濱野智史が情報社会を論じた『アーキテクチャの生態系』（2008 年）で取り上げて有名になった概念に「アーキテクチャ」がある。もともとはアメリカの法学者ローレンス・レッシグ（Lawrence Lessig, 1961 年～）が『CODE』（1999 年）で論じたものだ。レッシグによると，人の行動や社会秩序を制御する方法には，①法，②規範，③市場，④アーキテクチャの4 通りがあるという。たとえば，喫煙者を減らそうとする場合，法律で禁止してしまう（法），喫煙は道徳的に悪いことだという考えを広める（規範），税金をかけて煙草の値段を高くしてしまう（市場），などのやり方がある。見落とされがちなのがアーキテクチャで，これは物理的・制度的な環境を変えることで，人びとの行動をコントロールすることである。喫煙の例でいうと，自販機で買いにくくするとか，喫煙できる場所を限定してそれ以外の場所から灰皿を撤去する，などの方法が実際にとられている。

　アーキテクチャがほかと異なるのは，それとわからないうちに制御されてしまう場合がある点である。とくにインターネット上の人びとの振る舞いはシステムの構造を工夫することでかなりの制御が可能であり，自分では意識しないうちにある方向に導かれたり，不利益を被るような選択をしてしまうことがありうる。これはアメリカの憲法に保障された自由を侵すものだとしてレッシグは警鐘を鳴らしている。

　レッシグや濱野はインターネット上のアーキテクチャを対象として議論を展開しているけれども，もちろんオフラインの世界でもさまざまなアーキテクチャが人びとの行動を制御している。本章で紹介した DP 等のミニ・パブリックスの試みも，ある意味ではアーキテクチャを工夫することで，結果的に起こる人びとの行動を制御していることになる。もちろん理由があってそのような方法をとっているのであり，こうした工夫の積み重ねによって望ましいコミュニケーションが実現できる可能性があることは重要な指摘である。

理にかなったものといえる。現実の討議はさまざまな制約条件のなかで行わざるをえない以上，こうした制度設計上の工夫はむしろ有用なものであろう（コラム 33 参照）。

　本章では，ハーバーマスの理論を導きの糸としながら，民主主義の中核にある討議の理念が，近代の政治の仕組みのなかでいかにして成立・制度化し，さらには変質してきたかという経緯を確認したうえで，にもかかわらず活かしていくべき討議の中核的理念がどのようなものであるかを考察してきた。さらに，こうした理想を現実化する動きについても取り上げ，われわれがこれからの社会を構想する可能性の一端をも示した。民主主義の仕組みを本当の意味で活かせるかどうかは，一人ひとりの参加者・市民にかかっていることは確かであるが，制度上のさまざまな工夫についてはまだまだ議論する余地があるといえよう。

参考文献
小林傳司『誰が科学技術について考えるのか――コンセンサス会議という実験』名古屋大学出版会，2004 年
小林傳司『トランス・サイエンスの時代――科学技術と社会をつなぐ』NTT 出版，2007 年
坂野達郎「討議型世論調査（DP）――民意の変容を世論調査で確かめる」篠原一編『討議デモクラシーの挑戦』2012 年
サンスティーン，キャス『インターネットは民主主義の敵か』（石川幸憲訳）毎日新聞社，2003 年（原著 2001 年）
篠原一『市民の政治学――討議デモクラシーとは何か』岩波新書，2004 年
篠原一編『討議デモクラシーの挑戦――ミニ・パブリックスが拓く新しい政治』岩波書店，2012 年
鈴木宗徳「公共性と熟議民主主義を分離・再接続する――「ミニ・パブリックス」の可能性」舩橋晴俊・壽福眞美編『規範理論の探究と公共圏の可能性』法政大学出版局，2012 年
ハーバーマス，ユルゲン『公共性の構造転換――市民社会の一カテゴリーについての探究』（細谷貞雄・山田正行訳）未来社，1994 年（原著 1962/90 年）
ハーバーマス，ユルゲン『コミュニケイション的行為の理論（上・中・下）』（河上倫逸・藤澤賢一郎・丸山高司ほか訳）未来社，1985〜87 年（原著 1981 年）
濱野智史『アーキテクチャの生態系――情報環境はいかに設計されてきたか』，NTT 出版，2008 年
平井亮輔「対話の正義―対話的正義論とデモクラシーの可能性」平井亮輔編『正義――現代社会の公共哲学を求めて』嵯峨野書院，2004 年
フィシュキン，ジェイムズ・S.『人々の声が響き合うとき――熟議空間と民主主義』（曽根泰教監修・岩木貴子訳）早川書房，2011 年（原著 2009 年）
レッシグ，ローレンス『CODE ――インターネットの合法・違法・プライバシー』（山形浩生・柏木亮二訳）翔泳社，2001 年（version 2.0：2007 年，原著初版 1999 年）

（伊藤賢一）

第12章

愛国心から国の「カタチ」へ
──憲法パトリオティズムを考える

1. 国民国家の二重性

右傾化する日本？

　あるワークショップ（研究会）で海外の研究者が日本人の政治的立場をレフト（左翼），ライト（右翼）という図式で分類するのは難しいと話していたことがある。実際その彼が述べたように，左（翼）や右（翼）という言い方は，現実の複雑な政治的見解を分類するにはあまりに単純で，日本の学問の世界ではすでに死語になっている。それに対し海外のメディアは，昨今の日本の世論や政治状況を「日本の右傾化」と表現することが多い。また国内に目を向けても，レッテルとしての左，左翼，サヨクという言葉は健在であり，その反対の右や右翼という言い方，そして「ネット右翼」「ネトウヨ」という造語も，ある種の記号としていまも流通している。しかし，そもそも「右傾化」とはいったい，いかなる事態を指し示すのか。

　一般に右翼的，右傾化というとき，ある人の政治的立場が内に対しては愛国主義的で，外に対しては排外主義的であることを意味する。この内と外の境界を決定するのが，国家という枠組みである。そしてそこから生じる人びとの意識の形態がナショナリズムである。ナショナリズムが強化されて内に向かうと愛国心となり，外に増幅されると排外主義となる（コラム34参照）。しかし，ここで一つの問題に突きあたる。内に向かう愛国主義と外に向かう排外主義は，互いにどのような関係にあるのだろうか。愛国主義的態度を批判する人は，そこに差別，侵略，戦争へと発展しかねない排外主義の萌芽を

コラム34：日本における外国人労働
——外国人研修制度から経済連携協定まで

　欧米諸国では1960年代から非熟練労働力としての移民労働力の受け入れ施策が始まっていたが、日本での議論は1980年代後半以降のことである。欧米諸国の場合，移民受け入れの背景に，経済成長にともなう深刻な労働力不足があったのに対し，日本では農村から都市への人口移動により労働力不足を補うことができたからである。しかしその結果，移民労働力の問題は彼ら出稼ぎ外国人の不法滞在の問題として顕在化した。1980年代後半に入ると，日本でも製造業を中心に労働力不足が深刻化し，外国人労働者受け入れの要望が強まったが，日本政府は原則として外国人の非熟練労働者の受け入れを認めなかった。ただし，抜け道として日系二世，三世に定住者の資格を付与し，彼らを実質的には非熟練労働力として受け入れた。法的に彼ら日系人は労働者ではなく定住者と位置づけられた結果，移民問題は再び先送りされた。もう一つの抜け道は，アジアの若者を日本の進んだ技術を身につける研修生や実習生として受け入れる研修・技能実習制度の導入である。これは，実質的な労働を研修や実習という名目で行わせるもので，高度な技術習得をめざすという理念のもと，実際には低賃金労働に従事させることになった。とりわけ，技能実習の前段階にある研修生は労働者とみなされず，過酷な労働条件が強いられている場合が多い。しかも，来日に際して多額の借金を重ねてくることが多く，帰国することも許されない状況のなかで，心身ともに追いつめられる研修生もいる。現在注目を集めているのが経済連携協定に基づく介護・福祉の領域でのフィリピン，インドネシアからの人材受け入れである。しかし看護職の場合，3年間の滞在期間内に日本語習得と国家資格取得をめざさねばならず，合格者は増加傾向にあるものの，2013年度実績で来日者の9.3％となっている。現実的には滞在期間は看護補助業務に従事し，期限が切れれば帰国せざるをえないという状況にある。

見出し，反対に排外主義的な主張を展開する人は，その主張の根拠を国を守るという愛国心に求める。ここには愛国主義的であるということの帰結が排外主義的立場となり，同時に排外主義的立場を愛国心に帰着させる構図がある。この構図のもとで，愛国主義と排外主義が互いを根拠としながら深く結びついている。その結果日本の右傾化は，そのまま日本の愛国心の高揚であると同時に排外主義の高まりを意味するようになる。実際，近年の日本の右傾化は，愛国心を涵養することの重要性を強調する言説と，北方領土や竹島（独島），尖閣諸島（釣魚諸島），いわゆる在日韓国・朝鮮人の「特権」をめぐる排外主義的主張をさしており，両者は表裏一体のものとみなされている。しかし，この構図にとらわれてしまうと，排外主義的ではあるが愛国主義的ではないという事実，愛国心のなかに排外主義を失効させる契機を組みこんだ理念（本章で紹介する憲法パトリオティズム）などは入りこむ余地がない。

　右傾化について，辻大介と藤田智博は現代日本の社会意識を見る場合，愛国心と排外主義を区別して考える必要があると主張している（辻・藤田，2011年）。彼らは自身が行った実証研究の結果から，排外主義的な社会層がかならずしも愛国的であるわけではないという結論を導き出している。ちなみに彼らの調査は，日本において愛国心が高まったという主張にも根拠がないこと，排外主義の高まり自体もじつはごくわずかにすぎないこと（政策の場面ではともかく，人びとの意識の水準では「日本が右傾化した」とは断言できない），そして嫌韓意識と嫌中意識は同時並行現象ではないことなども指摘している。いずれにせよ，愛国主義と排外主義はかならずしも連動せず，現時点では独立の現象と考えうる。むろん，愛国心と排外主義は歴史的にも強く結びつく傾向があり，そうした結合の歴史を繰り返してきたことを忘れてはならない。

　そこで本章では，愛国主義と排外主義を生み出す国民国家の性質やナショナリズムが形成される仕組みを考えることによって，グローバル化の時代にふさわしい愛国心を模索してみたい。

想像の共同体

　とはいえ，われわれが日常生活のなかでナショナリズムに出会うことは少ないのではないか。海外メディアによる日本の右傾化言説に少し戸惑いを感じている読者のほうが多いだろう。そこで一つの思考実験を提案してみたい──以下の記述では，とりあえず日本国籍をもつ読者をのみ想定しているが，外国籍の読者は，「日本人」のところを「〇〇人」に差し替えて読み進めてもらえばよい。

　海外旅行での一場面を思い出してみよう。日本人観光客がほとんど訪れないような場所を訪れた際，偶然日本人を見かけると，なんとなく親しみや安心感を覚えた経験はないだろうか。おそらく，たまたま出会ったその人は，これまで会ったこともなければ，見たこともないまったくの赤の他人である。そして，その同じ人と日本国内でなら電車で隣の席に座ったり，あるいは満員の食堂で相席することがあっても，けっして親しみを感じたり，こちらから話しかけたりすることはないだろう。しかし，外国で外国人に囲まれていると，ただ日本人というだけで根拠のない仲間意識が生じてしまう。こうした事態に対し，ベネディクト・アンダーソンは『想像の共同体』のなかで，国家（nation）の存在を実在する集合体ではなく，人びとの心のなかに想像上の存在としてある想像の共同体（imagined community）であると述べている（アンダーソン，2007年［2006年］）。それはつまり，人びとの間に具体的な関係性や相互作用がある顔見知りの集まりではなく，心のなかの想像力によってのみ実在性をもちうるという意味である。たしかに，同国人といっても生涯のうちで実際に出会い，知りあうことになる人はごくわずかでしかない。にもかかわらず，われわれは大多数が赤の他人から構成されるこのフィクションとしての共同体に，ほかの集団にはけっして感じない特殊な共属意識を抱いている。しかし以下で明らかにするように，こうした共属意識は，たんなる仲間意識によって支えられているのではない。むしろ，ある種の宗教的な神聖性すら帯びている。ただし，それはたとえばアメリカの大統領が大統領就任式で聖書の上に手を乗せるとか，国民統合の象徴といわれる日本

の天皇が神道に由来する儀式の主催者でもある，という意味においてではない。これらの事例は目に見える宗教に支えられているために，われわれにとってはわかりやすい。ここでいう国家がまとう宗教的な神聖性とは，表面的には非宗教的で世俗的な制度であるにもかかわらず，われわれの意識にとっては宗教と機能的等価である事態，すなわち宗教とその機能において同じ役割を果たしていることを意味する。さらに思考実験を続けてみよう。

　「国のために死ぬ」という言葉を聞いたとき，どんな感想を抱くだろうか。そんなことは「とうてい自分にはできない」と思う人も多いだろうが，その発言自体に「滑稽さ」を感じることはないだろう。しかし「〇〇県のために死ぬ」とか，「〇〇市のために死ぬ」あるいは「〇〇大学のために死ぬ」という言葉を聞くと何かの喩え話か，ちょっとした冗談か，そうでなければ悪ふざけとしか感じないだろう。われわれは，身近な地域社会や毎日通学している大学のためには死ねないが，国という共同体のためには——むろん自分自身がそう行動するかどうかは別の話だが——死を厭わない局面があることを感知しているのである。では「国のために死ぬ」のと「〇〇大学のために死ぬ」のとでは，何が違うのだろうか。

　何かに「命をかける」ということは，そこにかけた命が無意味なものではなく，価値あるものとして承認されることを意味する。「国のために死ぬ」ということは，国という集合体が，その成員の死を称え，意味と価値を約束することを前提にしている。そしてそうした意味と価値を保証するという約束を実現させるために，共同体は成員に対して，共同体自身が過去から未来へと脈々と受け継がれているというイメージ（共同体の超歴史性），そしてその成員に共同体に一体化しているという感覚（運命共同体としての絆の意識）を与えなければならない。したがって，〇〇県，〇〇市，〇〇大学のためには死ねない理由も明らかだろう。県や市というのは明治以降形成された統治という「目的のための手段」となる単位であり，道州制や市町村合併が起これば将来消滅する可能性が高い。また，大学という組織も本来的には学業という「目的のための手段」であり，その大学に属する運命的な必然性はない。逆に国という共同体は想像の産物にもかかわらず，いやむしろ想像の産物で

あるがゆえに，人生の「目的そのもの」に転化しうる。先に紹介したアンダーソンも，国民国家の秩序がヨーロッパにおけるキリスト教信仰にとってかわるように登場したことに注目する。宗教の重要な機能は，人びとの死や死後の世界に意味を与えること，そしてそのことを通して生そのものに意味を与えること（死の有意味化による生の救済）であった。宗教的秩序が失われた代わりに登場した近代国家も，かつての宗教に代わって人びとに死と生の意味とを保証するものとして機能しているのである。

ゲマインシャフトとしての国家／ゲゼルシャフトとしての国家

　国家という共同体には国家そのもののほかに，国，国民国家などさまざまな名称がある（コラム35参照）。それは，こうした名称で呼ばれる共同体に帰せられる複雑な様相のためである。以下では，国家という共同体がもつ複雑な性質を明らかにするために，社会学で頻繁に用いられるひと組の対立概念（ゲマインシャフト／ゲゼルシャフト）を導入して議論を進めていく。ドイツの社会学者フェルディナント・テンニースは，人びとが形成する社会集団をゲマインシャフトとゲゼルシャフトの二つに類型化している。現在最新の『現代社会学事典』（弘文堂）によると，ゲマインシャフトは実在的・有機的生命体に喩えられ，「全人格的な融合・愛着・信頼」の関係に基づく。対してゲゼルシャフトは，契約によって成立する観念的・機械的な形成物であり，「利益のために結合し，合理精神に基づく契約」を取り結ぶことによって成立する。具体例をあげるとすれば，前者は家族のような共同体，後者は会社や企業のような利益団体をイメージすればよい。テンニースによると，これら二つの集団および内部の結合様式の類型について，ゲマインシャフトは前近代社会に，ゲゼルシャフトは近代以降の社会に広く見られる。

　こうした定義をふまえると，第10章で議論した契約論的な政治的共同体としての国家は，典型的なゲゼルシャフトに分類することができる。ルソーのいう「社会契約」が実際に締結されたかどうかとはかかわりなく，近代国家という共同体は，その成員の生命と財産を保護するための機能的な集団で

コラム35：国家をめぐる概念の多義性
——家族国家観とnationを中心に

　社会科学では，近代以降成立した国の形式を nation state と呼んでいる。日本語の国民国家はその訳語である。この場合，国民は nation に，国家は state に対応するが，日本語の国家にはその組み合わせ「国－家」が表しているように，state に回収できない「家」共同体のニュアンスがある。一般に近代化の過程で，公的領域に属する国家と私的領域に属する家族（および市民社会）は機能的に分化し，社会学においても前者はゲゼルシャフト，後者はゲマインシャフト的集団に類型化される。第11章で議論してきた政治的公共圏も，国家／家族（市民社会）という分化を前提としている。しかし国－家という概念には，戦前の日本の家族国家観のもとで，国としての国家は個々の家族の延長にある，と理解された経緯があり，国家と家族および市民社会の間の機能分化が意識化されず，両者の間に出現する公共圏の位置も不明確なままであった。さらに英語の publicness（公共性）が国家と対置されるのに対し，日本語の公共性は公共事業という言葉が表しているように，国家の領域に包摂されてきた。しかし1995年の阪神淡路大震災以降，日本においても NPO の活動が活発化し，またその後のインターネットの発達，原発事故後の討議型世論調査の導入に見られるように，国家とは区別される市民社会や公共圏の活性化に期待が寄せられている。もちろん概念をめぐる問題は，日本語のみならず，英語の nation にも存在している。nation には国民と同時に民族という意味があるが，これは近代以降，言語文化を共有する民族（nation）が基礎単位となって国家（nation）を形成したことに由来する。しかし，現実には一つの国家の内部には，国家の主体となる民族とそうではない少数民族が混在し，近代以降の民族対立の大半はこうした多数派の民族と少数派の民族との支配，対立構造から生じた。そのため，近年では民族一般をさす場合，エスニシティ（ethnicity）もしくはエスニック集団（ethnic group）という概念が使用される。

ある。その機能を十全に果たすために，近代国家は強固な官僚組織と常備軍を備え，市民はそれに対して租税を支払う。つまり，国家と市民は合理的な契約関係にあるといえる。しかしその一方で，アンダーソンが指摘するように，国家は自然発生的で，超歴史的な運命共同体という性質を帯びている。国家の構成員は，空間と歴史とそして祖先を共有する共同存在とみなされ，その結びつきも，個人の利害や選択，個人間の合理的な契約を超えた必然的なものとみなされている。こうした点から見ると，国家はむしろゲマインシャフトである。国家は，われわれの生存に「手段」として貢献するゲゼルシャフトでありながら，同時にゲマインシャフト的でもある。ただし，この場合注意すべきは，ゲマインシャフト的な絆を可能にしているナショナリズムは，あくまで想像のなかでのみ実在性をもつという点だ。先に指摘したように，実際にわれわれが接触し親しく交流し，生活をともにする日本人はいわゆる「日本人」のごく一部にすぎない。われわれが身近に知っている日本人といえば，同じ町（コミュニティ）に住む地域住民か，同じ集団に集う友人が中心である。しかし，ナショナリズムの発明によって，人びとの間にある個別の人間関係が一挙に切り捨てられ，「日本」という巨大で神聖性を帯びた共同体に回収されてしまう。その結果，手段であるはずの国家が，超歴的運命共同体という疑似的ゲマインシャフトの性格を帯びるのである。要約すると，近代国家は，「国」としてイメージされるゲマインシャフトの論理から自立して発展した契約体，ゲゼルシャフトであるにもかかわらず，ナショナリズムの発明を通して，再び自然発生的で，超歴史的な運命共同体（ゲマインシャフト）としての性格をもつようになるのである（コラム 36 参照）。

コラム 36：ゲマインシャフト
　　　　／ゲゼルシャフトと近代化論

　集団や集団内部の関係性を表現すると同時に，前近代から近代への変化（近代化）を表す概念である。「ゲマインシャフトからゲゼルシャフトへ」という表記が用いられるのもこのためである。本文で紹介した定義に加え，社会変動の過程を記述している場合，「有機的な全体性」が解体した結果，ばらばらの個人が伝統的共同体の内部や周辺に出現し，それらが新たに利害と目的合理性によって再結合する事態を指し示す。こうした概念が頻繁に使用されるのは，社会学という学問自体が伝統社会から近代社会への移行期に成立し，その変動過程を主たる対象としていたことと密接にかかわっている。その後 1970 年代に入ると，哲学や現代思想の領域では近代の終焉やポストモダンの到来が叫ばれるようになり，一時的に社会学においても近代化は死語と化した。ただし，社会学ではポストモダンという歴史意識が十分定着せず，アンソニー・ギデンズやウルリッヒ・ベックらによって再帰的近代化という表現が使用されるようになる。再帰的近代化は，近代化の帰結として誕生した個人（個のアイデンティティ）と社会（社会的制度）という二つの次元で観察される。再帰的近代のもとでは，個人の自己アイデンティティはつねに反省的なものとなる。社会の急激な変化のなかで，自己は一貫したアイデンティティを維持する必要があり，自己の人生物語のなかでつねに新しい出来事に経験的に取り組み，反省的に書き換えつづける必要が生じるからである。制度的な次元では，科学的な知識や発見によって社会の変動やあり方をつねにモニターしながら，新たに制度化を繰り返す必要性に迫られる。こうした自己と制度の再帰性の高まりは，自己アイデンティティや社会構造の流動化を招きよせ，再び強固なアイデンティティ基盤や社会の構造的土台を確保するために，社会のさまざまな領域で，伝統的価値の復権やゲマインシャフトへの回帰と呼ばれる現象が見られるようになる。

2. 国語, 日本文化, 日本人アイデンティティ
近代の発明品としての国語

　国家が, 超歴史的な運命共同体としてイメージされるようになると, そこに所属するわれわれは,「日本人」というアイデンティティをもつことができるようになる。そしてそうした共同体は, 逆にわれわれ市民一人ひとりにとっての手段ではなく, 目的それ自体となる。また歴史学者のエリック・ホブズボームは自身の編著『創られた伝統』(1992年 [1983年]) のなかで, そうしたゲマインシャフト的な側面や, それを象徴する国家的な儀式も, これまで論じてきたナショナリズム同様, 19世紀以降に発明された人工物——つまり「超歴史的」ではなく歴史的出来事——である場合が多いという事実を明らかにしている。では, 日本の歴史を超えた伝統文化の場合はどうだろうか。まず歴史, 伝統文化の土台となる日本語の発明について紹介しよう。

　運命共同体としての国民国家は, その起源とともに歴史, 文化, 言語を共有するとされている。しかし明治政府による近代化, 具体的には廃藩置県が行われる以前, 人びとの意識する「国」といえば, 現在の国民国家がカバーする日本全体のことではなく, 自分自身が生まれ育った村落共同体であり, せいぜい藩という封建的な統治単位に限定されていた。したがって, 言語に関しても現在イメージされる標準日本語や「国語」というものは存在しなかった。

　日本語について論じる際, つねに漢字との関係が問題となる。しかし18世紀以前の日本社会, つまり江戸時代, 幕藩体制下の日本では, 武士階級は漢文・漢詩の読み書きができたにもかかわらず, 日本語と中国語という国家語を単位とした比較の視点は存在しなかった。むしろ, 当時の使用者にとっては言葉の表記法として「真名」つまり漢字と「仮名」という二つの方法があるという認識であった。ここで重要な点は, 真名と仮名の違いが中国語と日本語の「国 - 語」間の違いとみなされていたわけでないという点だ。中国語やその精神——つまり儒教や仏教——の影響を排除して, 純粋な言葉や

精神を発掘したのは，国学という学問であった。しかも，国学による純粋な日本の言葉や精神の復興という思想それ自体，当時の漢学や蘭学（洋学）に影響されて生まれてきたものである。諸外国の文化や学問の影響がなければ，国学や国学による純粋日本という表象は生まれなかった。つまり，純粋な言語や文化の再建という問題設定それ自体が，異文化との交流のなかではじめて可能となるのである。

　話を日本語の発明に戻そう。江戸時代の国学の試みは，明治新政府によって「国語」の構築というかたちで引き継がれる。正しい「国語」という規範的な言語観は，近代国家の国家意識が事後的に生み出すものであると同時に国家意識そのものの原因でもある。明治以前の〈日本語〉は，地域ごと，階層ごとに多様であった。しかも当時の〈日本語〉は言文不一致で，書き言葉と話し言葉は分離しており，多くの知識人が用いていた正式な書き言葉も今日的にいえば中国語，つまり漢文もしくはそれをもとにした漢文訓読体であった。それが明治20年代に国家意識の高まり，とくに軍隊における共通語の必要性から東京語，そのなかでも伝統的な江戸下町庶民の言葉を排除することによって国語としての「日本語」が人工的に生み出されたのである。

　国家意識の高まりが国語という体系をつくりあげたのだが，一度形成された国語は，今度は一つの規範として「国民」創設の武器となる。国語としての「日本語」は日本人の精神育成，文化や伝統を継承する手段として教育現場で積極的に活用される。国語が形成される以前は，漢文訓読文を自由に使いこなす上流階級と下町言葉を話す庶民，東京以外の地域の方言が混在しており，ある種の強固な文化障壁が存在したが，規範的な国語の発明によって，そのすべてのメンバーが単一の国語を通じて時代を超えた文化と伝統を共有するような「国民」が形成されたのである。言語を共有することで，歴史を超歴史的に共有する自然発生的な運命共同体という意識も準備される。こうして，神聖な「われわれ日本人」という抽象的アイデンティティが可能となるのである。しかも先の国学における純粋日本の精神の探究と同じく，国語の発明を促進したのが，国内の日本語教師ではなく，当時の台湾や朝鮮半島で活躍した日本語教師だったということである。植民地の住民を新しい「日

本人」にするために，多様な話し言葉からなる日本語ではなく，規範となる国語としての日本語が必要とされたのである。ここであらためて確認すべき点は，まさに国民（日本人）や国語（日本語）というゲマインシャフト的な観念が，近代国家というゲゼルシャフト的組織によって，人工的に創造されたという事実である。

帝国主義と「日本人」のつくり方

　日本語を武器に，「日本人」という国民をつくりだした近代国家は，他の西洋諸国と同じく，植民地獲得をめざす帝国という側面をもっていた。つまり，国内において「〜村」もしくは「〜藩」というアイデンティティを日本国民（臣民）というアイデンティティへとつくりかえたのと同じく，植民地へと「日本人」の枠を拡大したのである。その際，日本語とその教育が重視されたのはいうまでもない。しかしここでは，日本語の普及から「日本人」という境界に議論の中心を移したい（小熊，1998年）。

　現在の北海道にはアイヌ語を母語とする人びと（アイヌ人）が生活しており，その活動領域はオホーツク海一帯から日本の本州，中国の満州にまで広がっていた。江戸時代になると松前藩が北海道の南端に設置され，アイヌの人びととはその支配下におかれるようになった。それ以降，アイヌの日本への同化が急速に進んだ。とくに明治新政府が北海道開拓使を設置し，千島樺太交換条約によって国境を画定するのと並行して，「日本人」に組みこまれていった。また現在の沖縄もよく知られているように，尚氏が支配する独立王国として琉球王国と呼ばれていた。当時琉球は清国の冊封(さくほう)体制に組みこまれ，中国に対する朝貢関係を有していたが，江戸時代初期に幕府公認のもと，薩摩藩の支配を受けるようになった。明治になると廃藩置県によって沖縄県が設置され，それ以降，琉球の人びとも「日本人」の範疇(はんちゅう)に組みこまれていった。これら二つの地域は，それぞれ北海道，沖縄県として現在は日本政府の施政下にあり，そこで暮らす人びとに日本国籍が与えられている。しかし，かつては「日本人」として日本国籍を有していたが，戦後，日本国籍を失った人

びともいる——もちろん日本国籍が「与えられる」ことが，つねによいことではない。

　日清戦争によって中国から割譲した台湾および日露戦争後に併合を進めた朝鮮は，戦前日本の植民地とされていた。これらの地域は日本の統治下にあるということで，住民および出身者には日本国籍が与えられた。国籍が与えられると同時に，参政権が与えられたり，徴兵の義務が生じたりする可能性がある。徴兵制度による派兵は現実化しなかったものの，多くの台湾および朝鮮半島出身者が軍人・軍属として戦争に参加することとなった。また本土（内地）で生活することで参政権を得て，帝国議会に議席をもった朝鮮半島出身者も存在した。しかし，日本が戦争に敗れ台湾と朝鮮半島が独立すると，こうした地域の出身者に対しては，たとえ植民地時代から引きつづき，日本で生活する道を選択しても，外国人とみなされ，かつて有していた日本国籍を剥奪されることになったのである。

　台湾と朝鮮半島の事例を通して興味深いのは，日本国籍という「日本人」の境界を定義する根拠が，かつて出生地主義に傾斜したことがあるという点である。一般に日本の国籍制度は原則的には血統主義と考えられている。外国人が帰化という手続きをとろうとする場合を除き，原則として国籍は親から子へと受け継がれる。それに対して出生地主義とは，国籍が親から子ではなく，その国家の主権が及ぶ地域で生まれた者に与えられるとするものである。この場合，原則として親の国籍は無関係である。現在の日本の国籍管理は厳しく，日本国内で生まれたというだけで日本国籍は与えず，血統主義と呼ばれる理由がここにある。しかし，戦争中と戦後の一時期までは，血統とはかかわりなく出生地（本土と植民地）によって日本の国籍が付与されたのである。アイデンティティの内実を国籍の付与／剥奪によって定義することはできないが，国民国家という共同体は，血統という運命共同体の論理——ゲマインシャフトの論理——ではなく，植民地支配の手段，つまり内地出身者に植民地出身者を同化する手段——ゲゼルシャフトの論理——によって，「日本人」の客観的境界線＝定義を自由に行ったのである。

3. 代用宗教としての伝統か，憲法パトリオティズムか

アイデンティティの選択と憲法パトリオティズム

　ナショナリズムが個人の意識に対して強い影響力を及ぼすのは，国家という共同体が，たんなる個人の合理的利害に訴えるだけではなく，個人を超えた超歴史的な価値や意味を約束するためである。しかし同時に，そうした超歴史的な価値や意味は，逆説的だが，近代国家や植民地支配というきわめてゲゼルシャフト的な目的によって，過去の歴史から呼び覚まされたり，あるいは創造されたりするものであった。近年，ナショナリズムを呼び覚まし，称揚しようとするのは，グローバル化に基づく自由競争的環境を制度的に整備する一方，そうした競争の圧力によって弱体化する絆を強化する必要性が上からも下からも噴き出してきたことによる。その意味では，現在も国民国家の誕生期と同様，ゲゼルシャフトがゲマインシャフトの論理を再び呼び覚まそうとする時代といえる。ただし，問題は過去の遺物を再生させたり，あるいは伝統を新たに創造すること自体にあるわけではない。むしろ，古き良き伝統は保存し，後世に広く残していくべきかもしれない。問題は，われわれ自身の想像力が生み出した再生物や創造物が，あたかも超歴史的に実在しているかのように錯覚させられたり，伝統的という理由だけで過去が現在の自由を抑圧してしまう事態にある。

　ドイツの社会哲学者ユルゲン・ハーバーマスは，ナショナリズムやナショナル・アイデンティティを特定の「歴史的神話」に依拠させることはできないと主張している。ハーバーマスによると，近代社会の成果は，「自由で民主的な基本秩序」にあり，それは超歴史的な（＝神話的な）運命共同体への盲目的なコミットメントではなく，自由な個人の間のコンセンサスによってはじめて可能になるという。徹底した合理化（再帰的近代化）の果てに生きるわれわれは，盲目的な神話や伝統に戻ることはできない。そうした神話や伝統の真偽，根拠，帰結に対して自覚的＝懐疑的にならざるをえないからである。

そのうえで，自覚的＝意識的にコンセンサスを形成し，基本秩序の根拠とするほかない。たとえば日本でいうならば，日本人の精神として「和の精神」や「恥の文化」，あるいは家制度や家族主義的な集団主義を道徳的・社会的な規範として，盲目的に呼び入れることはもはやできない。価値を社会的な規範としてルール化するためには，合理的な討議と自覚的＝意識的なコンセンサスを経て，そこにルールとしての正当性を付与しなければならないのである。

　ハーバーマスが，実体的な価値への無自覚な依存を批判する背景には，戦後のドイツがおかれた特殊な歴史的状況がある。周知のように，戦後のドイツは東西に分裂していた。1991年のドイツ統一は1986年当時の状況では考えられず，ドイツは西の連邦共和国と東の民主共和国の分断国家として生きていかざるをえなかった。しかもドイツはアウシュヴィッツに代表されるユダヤ人虐殺という負の歴史を背負っており，当時の西ドイツ（連邦共和国）はそうしたドイツの過去との決別によってのみ，ナショナル・アイデンティティを保持することができたのである。つまり，分断国家ドイツはその国家的統一を回復できないのと同時に，そのナショナル・アイデンティティを連綿と続く歴史のなかに求めることができなかったのである。こうした状況のなかで提唱されたのが憲法パトリオティズムあるいは憲法愛国主義という考え方である。ハーバーマスがこの憲法パトリオティズムに注目したのは，保守的な歴史家による歴史修正主義に危機感を抱いたことに由来する——憲法パトリオティズムの主張自体は，政治学者ドルフ・シュテルンベルガーという憲法学者による。

　分断国家——その分断もナチスの侵略戦争に原因がある——というアイデンティティ喪失状況のなかで，保守的な歴史家たちはヒトラーと第二帝国の歴史を「過ぎ去らない過去」と呼び，ドイツの歴史をすべて第三帝国の過ちに結びつける戦後の歴史認識の基本構図を相対化し，伝統と歴史の連続性を回復しようとした。もちろん，歴史学の研究のなかで，新しい歴史的知見をもって歴史認識を修正すること自体には，何の問題もない。

新たな国のカタチを求めて

　ハーバーマスが問題視したのは，たんに新たな歴史認識の地平を切りひらくのではなく，歴史の「連続性」を回復することによって，その伝統文化に依拠したナショナル・アイデンティティを(再)構築しようとする傾向である。日本でも右傾化，つまりナショナリズムが高まると周辺諸国から批判の声が上がるが，その理由は戦前の日本が行ったアジア諸国に対する侵略戦争にある。逆に伝統文化に根差したナショナリズムを擁護しようとした瞬間に，侵略戦争という歴史の壁にふさがれる。事情はドイツでも同じである。

　戦後から学生運動を経て1970年代にいたる間，表面的にはドイツの歴史はヒトラーが生み出した第三帝国とその残虐行為（絶滅収容所での虐殺）を抜きに語ることができない，という暗黙の了解が広く存在していた。ところがドイツ統一が遠のくことによって分断国家，暫定国家という負の自己認識から脱却できない状況が生じ，それに対して第三帝国の歴史を相対化することにより，ドイツの伝統文化に根差したナショナル・アイデンティティを回復しようという要求が高まったのである——ドイツではこうした歴史修正主義をめぐって論争が巻き起こった。

　ハーバーマスが歴史の修正主義に異議を唱える第一の理由は，歴史の解釈をただ一つの解釈に収斂(しゅうれん)させることはできず，複数の個人の多元的な解釈にひらかれざるをえない点にある。価値観が多様化し，再帰性が高まった近代以降の時代においては，閉じた歴史像を描き出すことは不可能なのである。むしろ，さまざまな批判にさらされ多元化した歴史と伝統を批判的にわがものとするしかない。では，再帰性や多元的伝統にひらかれたアイデンティティは，どのようにして保障されるのだろうか。それは，そうした批判と多元的解釈（とそれに基づくコンセンサス）を保障するような制度，つまり自由で民主的秩序を保障してくれる憲法そのものに求めるほかない。

　しかし，人工的に定めた手続き規定にすぎない法規範に，われわれは，はたしてアイデンティティやナショナリズムの根拠をおくことは可能であろうか。国家がその市民に対してアイデンティティの根拠を与えるためには，国

家そのものが神聖不可侵の特殊な価値を帯びている必要がある。立憲的な国家の普遍的な法規範は，そうした神聖性を維持することができるのだろうか。ここでアイデンティティを支える価値のあり方について考察してみたい。たとえば，日本人のアイデンティティが伝統文化によって維持されている局面を想像してほしい。そのときの伝統文化は，特殊，日本固有のものでなければならない。しかし同時に，たんに日本国内だけで通用するような価値であってはならないのではないだろうか。もし日本国内だけで通じるものにすぎないのであれば，逆に自身を誇るアイデンティティの根拠とはなりえないのではないだろうか。「和の精神」「礼儀正しさ」「おもてなしの精神」が「日本人」の誇りとなっているとすれば，それは「日本人」以外の外国人にとっても価値のある行動様式であり，彼らからの尊敬と承認を得ることができるからである。つまり，固有性や特殊性に特徴づけられるアイデンティティであっても，その内部には外部へと訴えかける「普遍性」の契機を含んでいる必要があるのである。ハーバーマスによれば，ドイツという国家に普遍主義的要素（自由と民主的秩序）をもたらしたのが，アウシュヴィッツという「特殊」な経験である。アウシュヴィッツが現代のわれわれに教えてくれたのは，アウシュヴィッツ以降，素朴にナショナリズムを礼賛することは許されず，つねに普遍主義のフィルターを潜り抜けなければならない，という「普遍」的な歴史の教訓である。冒頭の問題に立ち返るならば，アイデンティティの源泉は，普遍主義というフィルターを通過しうるような文化を歴史に向かって形成し，将来において特殊性と普遍性を兼ね備えた社会を構想することによって，未来に向かって紡ぎ出していくしかない。もはや国のカタチは，過去や盲目的な宗教の代用物であってはならないのである。

　ところで，現在のドイツの憲法（基本法）には，第三帝国の反省のうえに形成された制度が存在している。その代表的な例が基本法16条に明文化された庇護権の規定である。この規定は市民の権利と義務を定める法規としての憲法にあって，外国人の亡命権を保障する画期的なものとなっており，戦前のドイツが多数の難民，亡命者を生み出したことの反省のうえに成立したものである。しかしその一方で，庇護を求めて難民申請を行う移民の数が膨

張し,ドイツ人住民との軋轢(あつれき),ドイツ社会から隔絶した外国人コミュニティの形成など,その負の結果が顕在化しはじめている。ドイツの基本法と同様,第二次世界大戦の結果生み出された日本国憲法の場合はどうであろうか。

　日本国憲法には,戦争放棄を規定した第9条が存在している。元来,交戦権は国家の絶対的な主権の一つと考えられてきた。そうした意味で国の「カタチ」を定めるべき憲法に,交戦権を否定した条文が書きこまれたこと自体,驚くべき事実である。しかし先のドイツにおける庇護権と同様,第9条や憲法そのものの改正に向けての動きが活発化している。その背景には,竹島(独島)や尖閣諸島(釣魚諸島)の領有権争いや中国の台頭,北朝鮮によって脅(おびや)かされているアジア全体の安全保障問題が存在していることは指摘するまでもない。その意味でドイツ基本法と同じく,予期せぬ戦後の状況に直面している。日本国憲法もまた侵略戦争の敗北の結果手にした制度(交戦権の放棄)を手放すか否かが問われている。憲法パトリオティズムの観点からその際重要となる論点は,他国を前にして普遍化可能な国の「カタチ」をわれわれ自身が合意し,選び取ることができるかどうかという点にある。

国のカタチと連帯の涵養

　最近,国のカタチをめぐる論議が活発化する一方,愛国心や排外主義の高まりが懸念(けねん)されている。本章では先行研究を参照しながら,かならずしも愛国心と排外主義が連動していないこと,またかならずしもナショナリズムが高まっているわけではないことを確認しておいた。しかし,内外のメディアが日本の右傾化に関心を示すのには,やはり理由があるように思われる。本書のいくつかの章で議論してきたように,われわれが生きている社会は,グローバル化による徹底した競争と管理,自己責任,そして個人化とアイデンティティの孤立が進む社会である。愛国心と排外主義は,じつはこうした急速な社会変化によって,これまで個人を保護してきた社会的連帯が弱体化しつつあることに対する心理的・社会的反応という側面がある。それに対して憲法パトリオティズムは,排外主義や排他的なナショナリズムを回避しなが

ら，歴史と将来を見据えた国のカタチを構想する試みである。しかもそれは同時に，新たな社会的連帯を涵養（かんよう）するプロセスでもある。将来の国のカタチを決めるのも，また社会に絆や連帯を回復するのも，抑圧的な宗教的価値や伝統的価値のなかにではなく，コンセンサスを形成するプロセスの内部にしかないからである。

参考文献
アンダーソン，ベネディクト『定本・想像の共同体——ナショナリズムの起源と流行』（白石隆・白石さや訳）書籍工房早山，2007 年（原著改訂増補版 2006 年）
五十嵐泰正編『労働再審②越境する労働と〈移民〉』大月書店，2010 年
イ・ヨンスク『「国語」という思想——近代日本の言語認識』岩波現代文庫，2012 年（初出 1996 年）
大澤真幸・姜尚中編『ナショナリズム論・入門』有斐閣，2009 年
小熊英二『〈日本人〉の境界——沖縄・アイヌ・台湾・朝鮮植民地支配から復帰運動まで』新曜社，1998 年
小谷敏・土井隆義・芳賀学・浅野智彦編『若者の現在・政治』日本図書センター，2011 年
酒井直樹『死産される日本語・日本人——「日本」の歴史－地政的配置』新曜社，1996 年
辻大介・藤田智博「「ネット右翼」的なるものの虚実——調査データからの実証的検討」小谷敏ほか編『若者の現在・政治』日本図書センター，2011 年
テンニエス，フェルディナンド『ゲマインシャフトとゲゼルシャフト——純粋社会学の基本概念』上・下（杉之原寿一訳）岩波書店，1957 年（原著 1887 年）
ハーバーマス，ユルゲン『近代・未完のプロジェクト』（三島憲一訳）岩波現代文庫，2000 年
ベック，ウルリッヒ・ギデンズ，アンソニー・ラッシュ・スコット『再帰的近代——近現代における政治，伝統，美的原理』（松尾精文・小幡正敏・叶堂隆三訳）而立書房，1997 年（原著 1994 年）
ホブズボウム，エリック・レンジャー，テレンス『創られた伝統』（前川啓治・梶原景昭訳）紀伊國屋書店，1992 年（原著 1983 年）

（出口剛司）

あとがき

　多くの専門家でさえ，自分自身が社会学を学びはじめたときに，感じる素朴な疑問がある。今も昔も，社会学史の教科書を開いてみると，社会学の祖としてオーギュスト・コントの名があげられている。そのコントが唱えた社会学のスローガンとして，「予見するために見る」とか，「社会の再組織化」といったフレーズが紹介されている。しかし，コントからだんだん現代の社会学に近づけば近づくほど，コントのような単純な理論では複雑な社会を解明することなどできないとか，まして未来を予見するなどとんでもない，あるいは社会を研究することと社会を変えていくこと（コントの言葉でいえば「再組織化」ということになろうか）とは別である，といったことが語られる。知らず知らずのうちに，そんなものか，と納得してしまった記憶がある。しかし，予見もしないし，社会も変えられない社会学って，いったいなんだろう？

　もちろん，根拠のない予言や，変革ばかりに気をとられた理想論は，百害あって一利なし，である。実際，こうして本格的に社会学を研究してみると，コントに向けられた批判にいちいち納得せざるをえない面もある。しかしそれにしても，予見するために社会を観察し，そうした社会を再組織化し，立て直すことを高々に宣言したコントから見ると，現代にいたるまでの社会学の歩みは，まるで暗い衰退の道をひたすらたどっているようにも感じられる。社会学を学びはじめた学生諸君も，密かにそうした印象をもちはじめているのではないだろうか。本書は，そんな社会学の冴えないイメージを打破することをめざしている。そしてそのために，社会学が現実の社会と格闘し，新しい社会を構想してゆくチカラを読者諸君に体感してもらうことをめざしている。本書が打ち出した社会学とは，社会を観察し（Ⅰ部），それと格闘し（Ⅱ部），新しい社会を構想する（Ⅲ部）学問としての社会学である。

　コントが活躍した社会は，大革命後の大混乱時代のフランスであり，彼はその未来を予測し，それにふさわしい社会の再組織化（連帯と協働社会の実現）をめざした。そのために彼が重視した理念が，社会学の観察が「実証的であ

る」ということである（彼の『実証哲学講義』という本のなかで「社会学」という言葉が登場する）。私たちはそれに、学生諸君にとって身近な現象を取り上げることによって答えようとした。本書には、貧困と格差、雇用と働き方、私らしさと自己実現、監視社会と道徳、欲望と消費、ネット社会における恋愛といった多様な社会現象の観察が随所にちりばめられている。それから、本書は単なる「観察」ではなく、コントのいう社会の再組織化を行う方法、つまり未来の社会を「構想」する方法についても詳しく論じている。私たちの社会は、じつにさまざまな問題を抱えている。そうした問題を解決していくために、どのような社会や制度を設計していく必要があるのか、過去の思想や現代の事例を紹介しながら、そのためのいくつかの提案を行っている。

　本書の企画と執筆は、各自がばらばらに与えられたテーマに取り組むのではなく、四名の執筆者と担当の編集者が法政大学の一室に何度も集まり、研究会を重ねながら進めてきた。一読すれば明らかなように、本書は「協働型の討議民主主義」による制度設計を提案している。読者諸君にお届けする本書もまた、そうした協働と討議の産物であることを紹介するとともに、最後に読者という立場を超えて、この輪に加わることを提案したい。

2014年4月

執筆者一同

索　引

あ
アイヒマン，アドルフ（Eichmann, Adolf Otto 1906～62）　62
雨宮処凛（1975～）　9, 20
アーレント，ハンナ（Arendt, Hannah 1906～75）　63
アンダーソン，ベネディクト（Anderson, Benedict Richard O'Gorman 1936～）　206, 208, 210, 221
イ・ヨンスク（1956～）　221
五十嵐泰正（1974～）　221
乾彰夫（1950～）　108, 109, 113
井上俊（1938～）　153, 163
ヴァカン，ロイック（Wacquant, Loïc J. D. 1960～）　54, 56
ヴェーバー，マックス（Weber, Max 1864～1920）　17, 42, 56, 59-63, 68, 76, 86, 141
ヴェブレン，ソースティン（Veblen, Thorstein Bunde 1857～1929）　89, 94
内田隆三（1949～）　79-81, 94
エリクソン，エリク・H．（Erikson, Erik H. 1902～94）　18, 100, 103-108, 110, 111, 113
エーレンライク，バーバラ（Ehrenreich, Barbara 1941～）　123, 125, 126
エンゲルス，フリードリヒ（Engels, Friedrich 1820～95）　9
オーウェル，ジョージ（Orwell, George 1903～50）　46
大塚久雄（1907～96）　65, 76
小熊英二（1962～）　214, 221

か
片桐新自（1955～）　97, 113
片山恭一（1959～）　145
ガルブレイス，ジョン・ケネス（Galbraith, John Kenneth 1908～2006）　88
川合清隆（1940～）　178, 183
河合隼雄（1928～2007）　116
川島武宜（1909～92）　65
河地和子（1943～2007）　96, 113
ギデンズ，アンソニー（Giddens, Anthony 1938～）　145, 149, 152, 158-161, 163, 211, 221
木村涼子（1961～）　29, 40
熊沢誠（1938～）　76
クリントン，ビル（Clinton, William Jefferson "Bill" 1946～）　69, 154
後藤和智（1984～）　71
後藤道夫（1947～）　35, 40
小林多喜二（1903～1933）　7, 20
小林傳司（1954～）　202
今野晴貴（1983～）　20

さ
斎藤環（1961～）　30, 32, 40
佐伯啓思（1949～）　86-88, 94
酒井直樹（1946～）　221
作田啓一（1922～）　129, 130, 133, 145
サンスティーン，キャス・ロバート（Sunstein, Cass Robert 1954～）　185, 186, 202
シヴェルブシュ，ヴォルフガング（Schivelbusch, Wolfgang 1941～）　89, 94
篠原一（1925～）　196, 202
シュッツ，アルフレッド（Schütz, Alfred 1899～1959）　17
シュテルンベルガー，ドルフ（Sternberger, Dolf 1907～89）　217
シュミット，カール（Schmitt, Carl 1888～1985）　169-170, 174, 178, 179, 183, 184
ジュリアーニ，ルドルフ（Giuliani III, Rudolph William Louis "Rudy" 1944～）　53, 54
ジラール，ルネ（Girard, René 1923～）　145
スマイルズ，サミュエル（Smiles, Samuel 1812～1904）　148
セネット，リチャード（Sennett, Richard 1943～）　121, 122, 126, 155-158, 161, 163
芹沢一也（1968～）　56
ゾンバルト，ヴェルナー（Sombart, Werner 1863～1941）　141, 145

た
高山智樹（1975～）　110, 111, 113
竹内洋（1942～）　148, 164
辻大介（1965～）　205, 221
辻村みよ子（1949～）　38, 40
テイラー，チャールズ（Taylor, Charles Margrave 1931～）　132
デュルケム，エミール（Durkheim, Émile 1858

～1917) 44
テンニース，フェルディナント（Tönnies, Ferdinand 1855～1936) 151, 164, 208, 221
土井隆義（1960～) 101, 103, 113, 221
土居健郎（1920～2009) 65
ドゥルーズ，ジル（Deleuze, Gilles 1925～95) 49, 56

な
内藤朝雄（1962～) 71
中島浩籌（1946～) 116, 117, 126
中西新太郎（1948～) 110, 111, 113
中根千枝（1926～) 65
中村正直（1832～91) 148
夏目漱石（1867～1916) 130, 145
野田佳彦（1957～) 198
ノーバーグ＝ホッジ，ヘレナ（Norberg-Hodge, Helena 1946～) 93, 94

は
バウマン，ジグムント（Bauman, Zygmunt 1925～) 69, 76
バージェス，アーネスト（Burgess, Ernest Watson 1886～1966) 138
パーソンズ，タルコット（Parsons, Talcott 1902～79) 17, 118
バックスター，リチャード（Baxter, Richard 1615～91) 61
パットナム，ロバート・デイヴィッド（Putnam, Robert David 1941～) 156, 164
バトラー，ジュディス（Butler, Judith 1956～) 23, 40
ハーバーマス，ユルゲン（Habermas, Jürgen 1929～) vi, 17, 20, 134, 187, 188, 190-193, 196, 200, 202, 216-219, 221
浜井浩一（1960～) 51, 56
濱口桂一郎（1958～) 150, 164
濱野智史（1980～) 201, 202
バーン，ロンダ（Byrne, Rhonda 1945～) 123
平井亮輔（1957～) 195, 202
広井良典（1961～) 112, 113
フィシュキン，ジェイムズ・S（Fishkin, James S. 1948～) 197-199, 202
フォード，ヘンリー（Ford, Henry 1863～1947) 80

福沢諭吉（1835～1901) 148
フーコー，ミシェル（Foucault, Michel 1926～84) 43-46, 48, 49, 55, 56, 60, 76
フランクリン，ベンジャミン（Franklin, Benjamin 1702～90) 59
フリードリヒ2世（プロイセン王 Friedrich II 1712～86) 188
ブレア，トニー（Blair, Anthony Charles Lynton "Tony" 1953～) 69
フロイト，ジークムント（Freud, Sigmund 1856～1939) 32, 103-105
プロクター，ロバート・N．（Proctor, Robert N. 1954～) 47
フローベール，ギュスターヴ（Flaubert, Gustave 1821～80) 134, 135, 145
フロム，エーリッヒ（Fromm, Erich Seligmann 1900～80) 171, 184
ベック，ウルリッヒ（Beck, Ulrich 1944～) 117, 119, 126, 152, 164, 211, 221
ベラー，ロバート（Bellah, Robert Neelly 1927～2013) 181, 184
ヘルダーリン，フリードリヒ（Hölderlin, Johann Christian Friedrich 1770～1843) 46
ベンサム，ジェレミ（Bentham, Jeremi 1748～1832) 44
ベンジャミン，ジェシカ（Benjamin, Jessica 1946～) 145
ホックシールド，アーリー・R．（Hochschild, Arlie Russell 1940～) 122, 126
ホッブズ，トーマス（Hobbes, Thomas 1588～1679) 176, 178
ボードリヤール，ジャン（Baudrillard, Jean 1929～2007) 84, 94, 140, 145
ホネット，アクセル（Honneth, Axel 1949～) 132, 182-184
ホブズボーム，エリック（Hobsbawm, Eric John Ernest 1917～2012) 212, 221
堀江貴文（1972～) 11-16, 20
ホール，スチュアート（Hall, Stuart 1932～2014) 52
本田透（1969～) 145
本田由紀（1964～) 71, 120, 126

ま
マシーセン，トーマス（Mathiesen, Thomas

1933 〜) 49
マルクス，カール（Marx, Karl Heinrich 1818 〜 83） 9-17, 20, 61, 86, 87
丸山眞男（1914 〜 96） 65
三浦展（1958 〜） 91, 92, 94
見田宗介（1937 〜） 82, 94
ミード，ジョージ・H.（Mead, George Herbert 1863 〜 1931） 45, 102, 113
ミルズ，チャールズ・ライト（Mills, Charles Wright 1916 〜 62） 31
森真一（1962 〜） 126
森岡正博（1958 〜） 31, 32, 40

や

山田昌弘（1957 〜） 3, 20
ヤング，ジョック（Young, Jock 1942 〜 2013） 55, 56
横塚晃一（1935 〜 78） 74, 76
吉田民人（1931 〜 2009） 93, 94
吉野耕作（1953 〜） 65

ら

ライアン，デイヴィッド（Lyon, David 1948 〜） 48, 50, 56
ライシュ，ロバート・バーナード（Reich, Robert Bernard 1946 〜） 154, 155, 161, 164
リースマン，デイヴィッド（Riesman, David 1909 〜 2002） 81, 82, 94
リッツァ，ジョージ（Ritzer, George 1940 〜） 63, 76, 85, 86, 94
ルソー，ジャン=ジャック（Rousseau, Jean-Jacques 1712 〜 78） 98-100, 113, 176, 178-181, 184, 208
ル・ボン，ギュスターヴ（Le Bon, Gustave 1841 〜 1931） 104
ルーマン，ニクラス（Luhmann, Niklas 1927 〜 98） 41, 56
レッシグ，ローレンス（Lessig, Lawrence 1961 〜） 201, 202
ロジャーズ，カール（Rogers, Carl Ransom 1902 〜 87） 116
ロック，ジョン（Locke, John 1632 〜 1704） 176
ロールズ，ジョン（Rawls, John 1921 〜 2002） 177, 184

豊泉周治（とよいずみ　しゅうじ）1955年生
群馬大学名誉教授，2022年4月〜大東文化大学社会学部特任教授
主な著作：『ハーバーマスの社会理論』世界思想社，2000年，『若者のための社会学——希望の足場をかける』はるか書房，2010年，『幸福のための社会学——日本とデンマークの間』はるか書房，2021年

鈴木宗徳（すずき　むねのり）1968年生
法政大学社会学部教授
主な著作：『21世紀への透視図——今日的変容の根源から』（共編著）青木書店，2009年，『リスク化する日本社会——ウルリッヒ・ベックとの対話』（共編）岩波書店，2011年，Individualizing Japan: Searching for its Origin in First Modernity（共著），*The British Journal of Sociology*, 61/35, 2010

伊藤賢一（いとう　けんいち）1965年生
群馬大学社会情報学部教授
主な著作：『社会学を問う——規範・理論・実証の緊張関係』（共著）2012年　勁草書房，「社会情報過程としての討議デモクラシー」『社会情報学』第1巻2号，2012年，「消費社会論の存立構造—— Ritzer 再魔術化論をめぐる考察」『群馬大学 社会情報学部研究論集』第16巻，2009年

出口剛司（でぐち　たけし）1969年生
東京大学大学院人文社会系研究科教授
主な著作：『エーリッヒ・フロム——希望なき時代の希望』新曜社，2002年，「批判理論の展開と精神分析の刷新——個人の終焉から新しい個人主義へ」『社会学評論』61-4, 2011年，「文化産業論再考——ミメーシスと大衆欺瞞のはざまで」『社会学史研究』28, 2013年

装幀　森デザイン室

シリーズ　大学生の学びをつくる
〈私〉をひらく社会学——若者のための社会学入門

2014年4月21日　第1刷発行	定価はカバーに
2024年3月15日　第9刷発行	表示してあります

著　者　　豊　泉　周　治・鈴　木　宗　徳
　　　　　伊　藤　賢　一・出　口　剛　司

発行者　　中　川　　　進

〒113-0033　東京都文京区本郷2-27-16

発行所　株式会社　大月書店　　印刷　太平印刷社
　　　　　　　　　　　　　　　　製本　中永製本

電話（代表）03-3813-4651　FAX 03-3813-4656　振替 00130-7-16387
http://www.otsukishoten.co.jp/

©TOYOIZUMI Syuji et al. 2014

本書の内容の一部あるいは全部を無断で複写複製（コピー）することは法律で認められた場合を除き，著作者および出版社の権利の侵害となりますので，その場合にはあらかじめ小社あて許諾を求めてください

ISBN978-4-272-41233-4　C0010　Printed in Japan